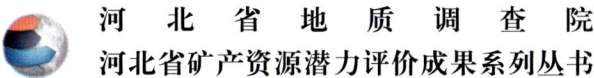

河北省地质调查院
河北省矿产资源潜力评价成果系列丛书

河北省矿产资源潜力评价磁测资料应用研究

HEBEISHENG KUANGCHAN ZIYUAN QIANLI PINGJIA CICE ZILIAO YINGYONG YANJIU

刘俊长　张亚东　龚红蕾　董　杰　王轶轲　著

中国地质大学出版社
ZHONGGUO DIZHI DAXUE CHUBANSHE

内 容 简 介

本书对河北省铁、铜等17个矿种的磁测资料应用研究成果和省级编图与解释成果进行系统的总结与提炼，主要内容包括矿产资源评价中磁测资料应用方法、成矿亚带区域磁异常特征及找矿标志、磁性铁矿矿产资源潜力、矿产资源潜力评价中磁测资料的应用效果、磁测工作部署建议等。针对河北省具体情况，对磁测资料解释推断重要地质构造及铁矿资源量估算方法进行了总结；重点阐述了Ⅲ级成矿亚带区域磁异常特征和各个预测矿种的区域磁异常特征及找矿标志；通过省级、成矿带及预测工作区3种尺度的铁矿资源潜力的研究，系统地分析了河北省的铁矿资源潜力；书中从以下3个方面说明了矿产资源潜力评价中磁测资料的应用效果：在磁性铁矿资源潜力评价中的应用、在预测工作区中的应用、在省级范围中的应用。根据磁测研究成果，提出了磁测工作部署建议，并从工作目标任务、以往工作程度、工作量及具体工作部署、资金估算几个方面进行了详细说明。

图书在版编目(CIP)数据

河北省矿产资源潜力评价磁测资料应用研究/刘俊长,张亚东,龚红蕾,董杰,王轶轲著. —武汉:中国地质大学出版社,2017.1

ISBN 978-7-5625-3978-0

Ⅰ. ①河…

Ⅱ. ①刘…②张…③龚…④董…⑤王…

Ⅲ. ①磁测量-应用-矿产资源-资源潜力-资源评价-研究-河北

Ⅳ. ①F426.1

中国版本图书馆 CIP 数据核字(2017)第 001858 号

河北省矿产资源潜力评价磁测资料应用研究		刘俊长 张亚东 龚红蕾 董 杰 王轶轲 著	
责任编辑:舒立霞 马 严	选题策划:毕克成		责任校对:张咏梅
出版发行:中国地质大学出版社(武汉市洪山区鲁磨路388号)			邮政编码:430074
电 话:(027)67883511	传真:67883580		E-mail:cbb@cug.edu.cn
经 销:全国新华书店			http://www.cugp.cug.edu.cn
开本:880毫米×1 230毫米 1/16		字数:373千字	印张:11.5
版次:2017年1月第1版			印次:2017年1月第1次印刷
印刷:湖北睿智印务有限公司			印数:1—1 000册
ISBN 978-7-5625-3978-0			定价:280.00元

如有印装质量问题请与印刷厂联系调换

3. 串珠状或线性异常带

串珠状磁异常带往往反映断裂带内断续有充填物的情况。如沿断裂带的岩浆活动不均匀,因而其磁性物质的分布也不均匀,这就会引起呈串珠状的、断断续续分布的线性磁异常,因此线状的、拉长的磁异常可作为划分断裂的依据,磁异常轴线反映的断裂便是岩浆岩的通道。如果沿断裂磁性物质连续充填,则形成线性异常带。在化极磁场图上,负异常带不是由充填到断裂内的岩石产生的,而是由于磁性岩石引起的整个磁异常的天然组成部分。负异常带单独出现时,多表明存在挤压性质的断裂或断裂带。当断裂带为一构造破碎带时,磁性岩层或岩体的磁场因为断裂破碎的影响而降低,磁场在断裂带分布范围显示为磁性降低的特点,往往形成磁场的间断或明显的窄长负磁异常带或降低磁异常带。这种负的低异常带在大比例尺的高精度地面磁测中显示更为明显。

划分方法:以异常极值附近(化极资料)或水平导数零线附近为断裂所在位置。

如图1-3所示,乌龙沟-上黄旗断裂是河北省一条重要的控矿、控岩断裂,沿断裂有大量的中酸性岩

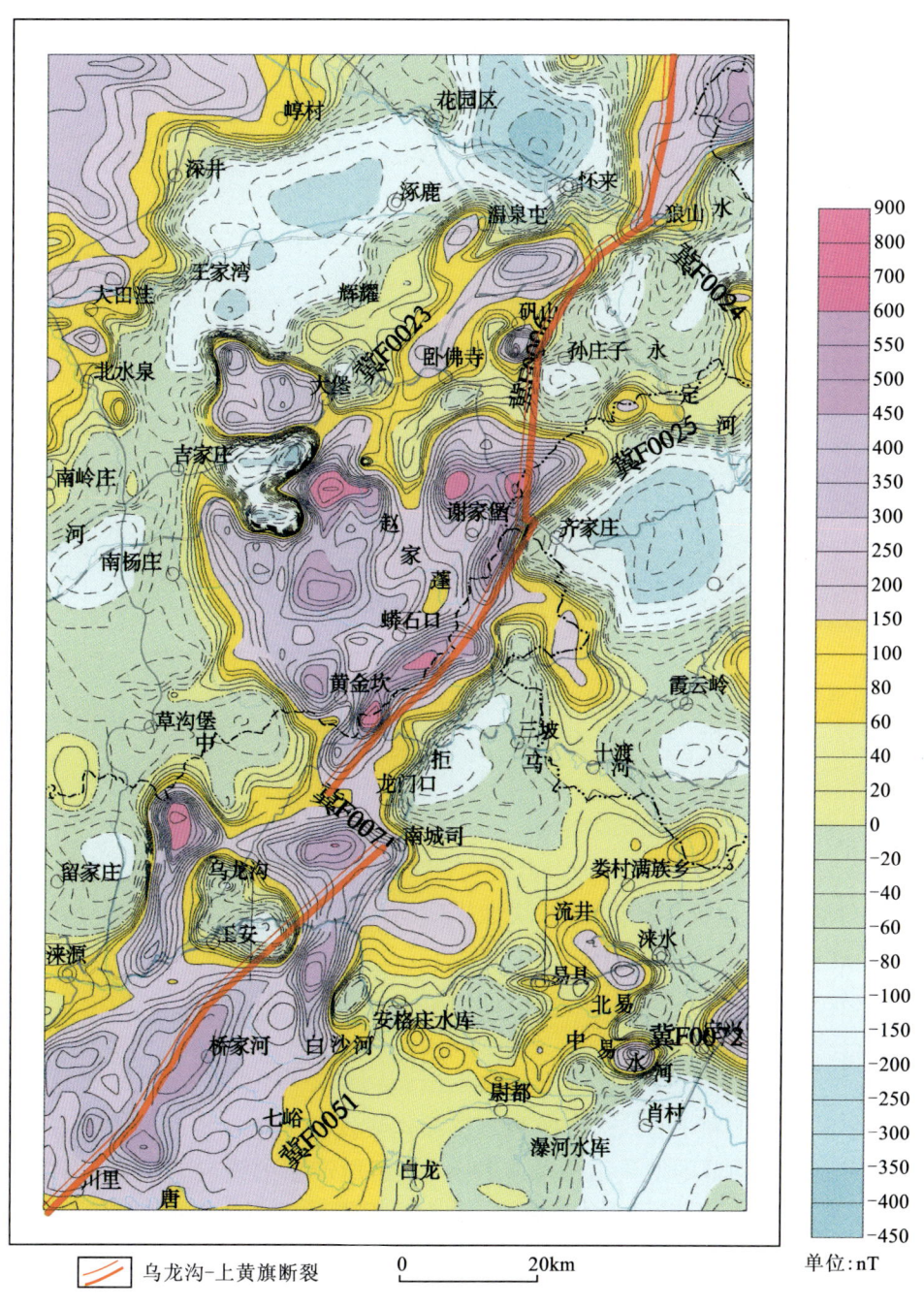

图1-3 乌龙沟-上黄旗断裂

侵入,形成串珠状异常带。如王安镇岩体、大河南岩体、大海陀岩体沿北北东向一线形成一个串珠状正磁异常带,乌龙沟-上黄旗断裂就从该异常带通过,这一断裂带是河北省著名的构造岩浆岩带,也是一条多金属成矿带。

4. 磁异常突变带

磁异常突变带是指异常走向的水平方向上强度的突然大幅度升高或降低,这预示磁异常反映的地质体可能被断裂断开,或者被断裂截止了。

划分方法:以磁异常突变带为断裂或断裂带之所在。

如图1-4所示,郝家营-宇宙营断裂产于一火山盆地的边缘。以断裂为界,其西北侧结晶基底隆起呈半隐伏状,局部出露地表,磁异常强度较高。其东南侧由于断裂影响形成断陷,其上被流纹质火山岩覆盖,磁异常强度降低,形成磁异常突变带。

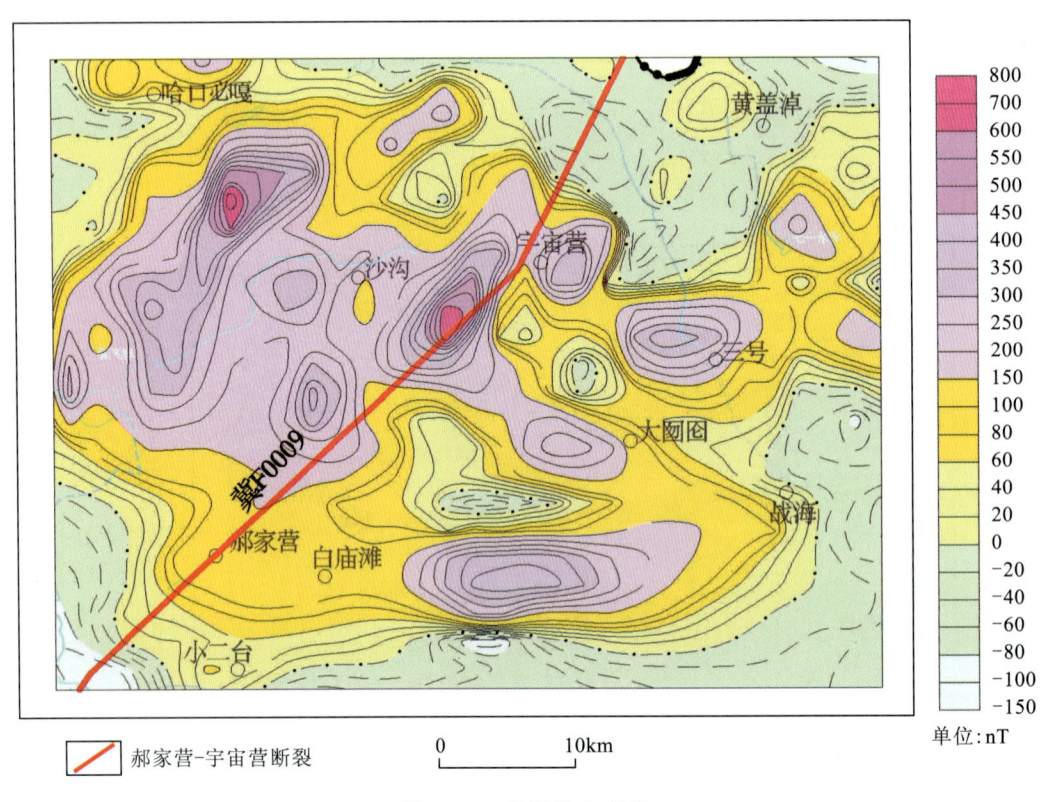

图1-4 磁异常突变带

5. 异常带的错动

在磁场图上,一条或几条比较容易对比的、线性排列的磁异常带发生明显错动时,表明磁性标志层或脉岩体发生了错动,这通常是断裂作用的结果。

划分方法:以磁异常错动的位置作为断裂构造的位置。

二、火山构造的解译

火山通常分为裂隙式火山和中心式火山两种。裂隙式喷发的火山在空间上多呈带状分布,中心式喷发的火山多呈群展布。火山构造的地质结构虽多种多样,但所产生的磁异常形态、强度和符号却大致相同,通常火山喷口相的岩石往往具有较高的剩磁,在火山口周围形成强度较大、具有一定分布规律的环状且有正负局部磁异常伴生的正磁场区或负磁场区,中心式火山构造在磁场平面等值线磁场图中多表现为圆形或椭圆形负磁异常或正磁异常;裂隙式火山构造在磁场平面等值线磁场图中多表现为带状负磁异常或正磁异常。复式火山构造由多期火山喷发形成,在磁场图中多呈环中有环的嵌套式环状磁场特征。

裂隙式喷发的火山构造，根据磁场等值线平面图上异常梯度带来圈定。

圆形、椭圆形或复式中心式喷发火山构造，根据磁场等值线平面图上圆环状磁异常群外围异常的外侧梯度带圈定；孤立分布的负磁异常或以负异常为主的磁异常反映的火山构造（可能为火山角砾岩筒），根据磁场等值线平面图上磁异常梯度带来圈定。

河北省火山活动主要发生于晚侏罗世至早白垩世，岩性以酸性火山岩为主，多为负磁异常，在火山岩区火山构造主要为中心式，磁场上表现为圆或近圆的负磁异常，如图1-5所示，哈里哈中心式火山构造、围场-广发永中心式火山构造、张三营中心式火山构造、大光顶山中心式火山构造均为近圆形负磁异常。个别火山构造表现为近圆形负磁异常，如蓝旗卡伦中心式火山构造。

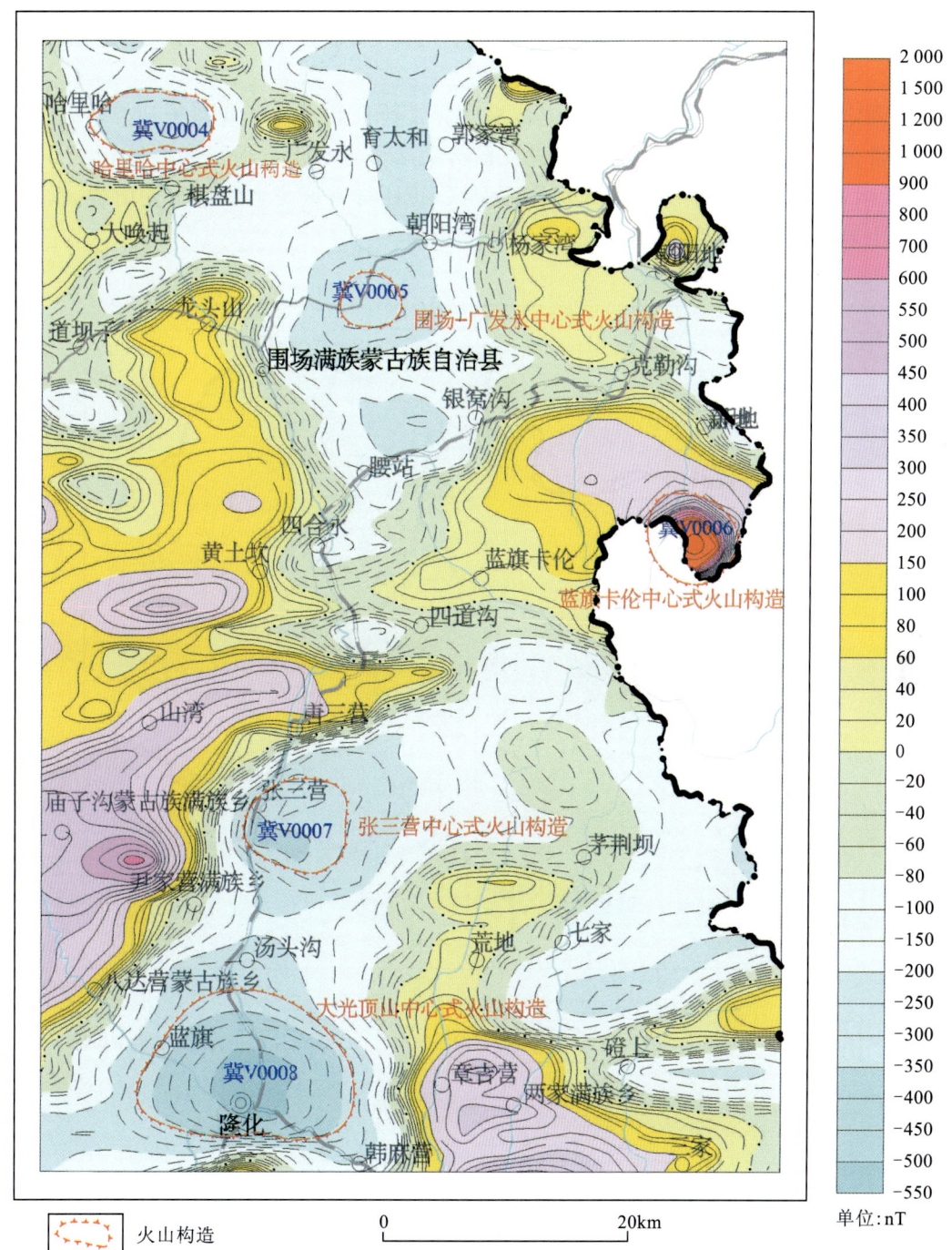

图1-5　火山构造

三、地层的解译

1. 火山岩地层的解译

火山岩磁场中,玄武岩磁异常峰值常达几百至几千纳特,但也有异常很弱的地方;一般安山岩比玄武岩磁性弱,异常峰值为几百至上千纳特,同样也有磁性很弱的地区;酸性火山岩,由于其暗色矿物含量少,磁性较弱。火山岩磁场的共同特点是沿剖面方向场值跳跃变化,在相邻测线上难于对比,随着火山岩埋深增大,其跳跃变化特征逐渐减弱或消失。此外,有时在玄武岩的杂乱磁场中,可出现一条或数条狭窄的正的或负的线性异常,这可能是火山岩喷出裂隙的反映;有时还可在异常图中发现一个极强的异常,这可能是火山口的反映;有些酸性熔岩盆地上,异常幅度为几十纳特,而酸性熔岩的剩余磁化强度往往比感应磁化强度大好几倍。

用磁测资料圈定火山岩地层的方法是,首先依据磁异常特征和地质环境判断是否是火山岩地层,在此基础上利用磁异常带外部异常的外侧拐点或垂向二阶导数等圈定火山岩地层的边界。

如图 1-6 所示,为河北省围场县北部火山岩地层区,正磁异常区是大北沟组安山岩、汉诺坝组玄武岩和义县组玄武安山岩,负磁异常区是张家口组流纹质火山岩。

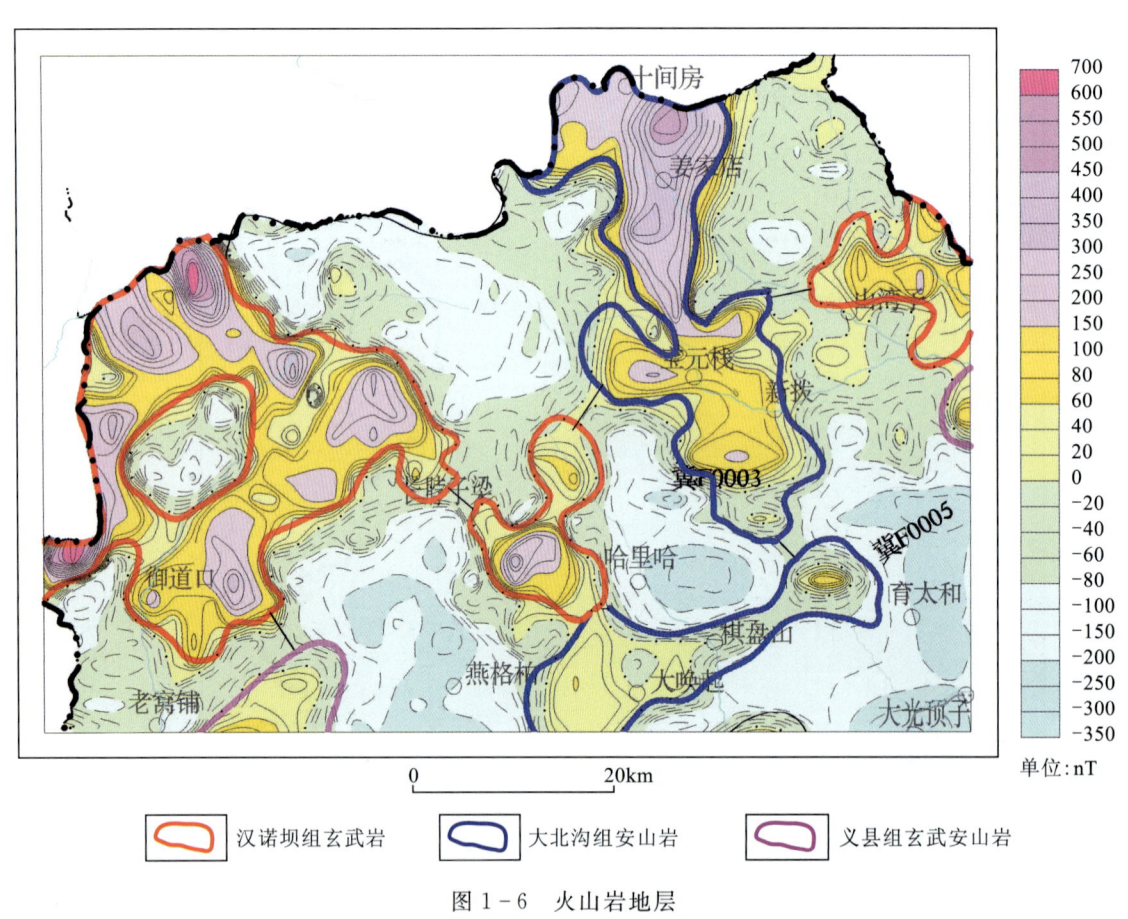

图 1-6 火山岩地层

2. 变质岩地层的解译

变质岩分为两类,即正变质岩和副变质岩。正变质岩一般磁性较强,可观测到几百乃至上千纳特的异常,其异常一般也不稳定,由于变质岩经受热力作用,铁质成分重结晶,磁性矿物分布不均匀,常使磁场出现较大跳动。总体上说,由于正变质岩往往成片分布,因此往往形成大的区域背景磁异常,其上常叠加一些次级异常。图 1-7 为冀东地区太古宇磁性变质岩磁场特征。

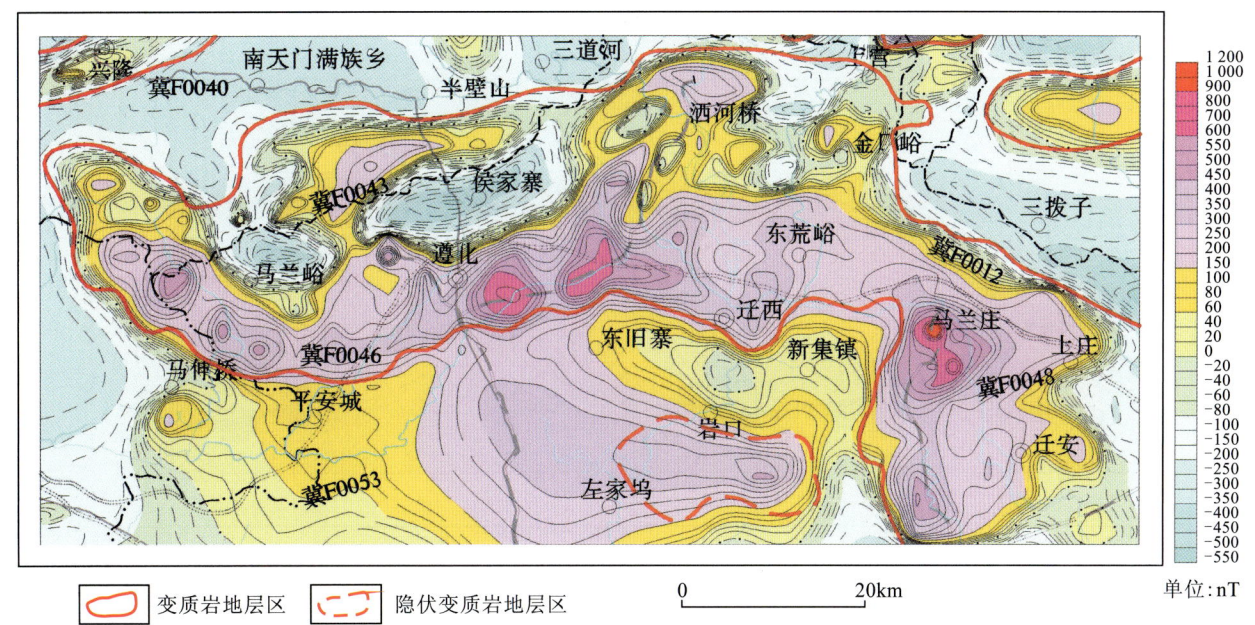

图 1-7 冀东地区太古宇磁性变质岩磁场特征

副变质岩的磁性通常较弱,在磁测资料中的表现与沉积岩地层差不多,一般情况下用磁测资料也难以圈定出来,只是当其处于特定环境(由强磁性体包围)时才可以间接地圈定出。

用磁测资料圈定正变质岩地层的方法是,首先依据磁异常特征和地质环境判断是否为正变质岩地层,在此基础上利用磁异常带外部异常的外侧拐点或垂向二阶导数等圈定正变质岩地层的边界。

四、侵入岩的解译

1. 岩浆岩体圈定依据

除岩浆岩能引起磁异常外,火山岩、变质岩等也能引起磁异常。如何判断磁异常为岩浆岩,通常从3个途径来考虑。其一是磁异常所处的地质环境,根据地质构造环境进行研究;其二是根据磁异常的特点进行判断;其三是根据物化遥综合信息进行研究,如重力图上,花岗岩通常表现为重力低。

岩浆岩往往成群成带分布,因此往往形成磁异常群或磁异常带。但就单个岩体来说,特别是中酸性岩体的顶部,往往呈近似等轴状,其接触带蚀变后磁性往往变强,因此平面上常出现等轴状的异常区和环形异常带,这也可作为识别岩体的标志。但应注意的是,不同类型的岩体,因其磁性矿物含量的不同,由酸性岩到超基性岩,磁性由弱到强;同一种类的岩石,因其产出时代和条件的不同,岩石中的分相、分带以及蚀变风化等原因,磁性可能变化很大。

本次工作主要是通过航磁异常解译侵入岩体,岩体与围岩的物性差异是航磁异常解译岩体的基础,根据河北省的情况,变质岩中的中酸性岩主要为负磁异常,变质岩中的基性—超基性岩体主要为正磁异常;沉积岩的岩体一般为正磁异常;火山岩中的岩体多为火山期后侵入岩体,其磁性与火山岩差异不大或为略正或略负磁异常。总之,岩体的解译要考虑其围岩及岩体本身的磁性特征,才能作出正确的判断。

一般来讲,各类岩石有以下磁场特征。

(1)超基性岩类。一般超基性岩体的磁性最强,在其上常可见到上千纳特的磁异常。由于超基性岩磁性不均匀,岩体上的磁异常呈现出在升高背景上的起伏变化。不同岩相、不同蚀变情况的超基性岩,其磁性特点因地区不同,规律各异。一般蛇纹石化常使超基性岩磁性增强,而碳酸岩化使其磁性减弱。图1-8为超基性岩体反映的串珠状异常特征。

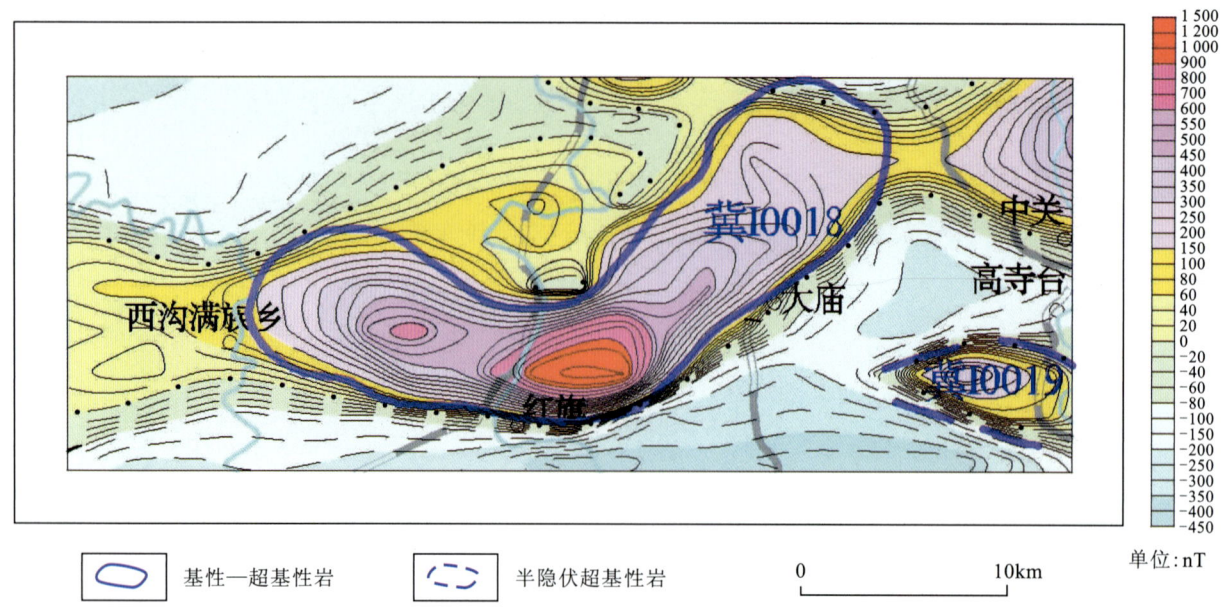

图 1-8 超基性岩体航磁异常特征

(2) 基性岩类。基性岩体常可观测到几百纳特的磁异常。辉长岩磁性变化较大,有的磁性较强,有的地区辉长岩磁性很弱。辉绿岩的磁性一般也很显著,它常呈脉状穿插在其他岩石中,在其上可观测到明显的磁异常。

(3) 基性—超基性岩类。基性与超基性岩有时在磁场上无法区分,这种情况归为基性—超基性岩类,不再细分。

(4) 中性岩类。闪长岩和花岗闪长岩,一般均有磁性,在其上可观测到数百纳特甚至更强的异常。

(5) 中酸性岩类。中酸性、酸性岩有时磁场特征差异明显,如阜平变质杂岩区(图1-9),晚侏罗世中酸性及中酸性变质深成岩为正磁异常带,酸性变质深成岩为负磁异常。有时差异不明显,这与岩浆岩所在的地质环境及成因等因素有关。

2. 岩浆岩体圈定方法

不论是基性岩体还是酸性岩体,其圈定方法基本相同,具体为:①通常以磁异常的梯度陡变带为岩体的边界;②对规模较小的磁性体,可按磁异常一阶导数零值线圈定;③对规模较大的磁性体,可采用磁异常二阶导数零值线圈定;④对岩体本身无磁性但因接触带蚀变后磁性增强而引起磁异常时,通常使用环状磁异常内侧的梯度陡变带来圈定。

五、磁性蚀变带的解译

一些磁性较弱的岩浆岩体或构造的周围,由于岩浆热液作用,常形成磁铁矿化带,在磁场图上往往出现正磁异常。磁性蚀变带可采用磁异常的拐点或梯度带进行圈定。如河北涞源地区矽卡岩型铁矿产于酸性的花岗岩类与中新元古界白云岩、白云质灰岩的接触带上,接触带上由于热液蚀变产生矽卡岩化及磁铁矿化等,从而沿接触带产生正磁异常,如图1-10所示。又如河北平泉小寺沟含铁铜钼矿,在岩体与蓟县系雾迷山组白云岩的接触带产生矽卡岩化及磁铁矿化,形成正磁异常带,异常走向即蚀变矿化带的走向,如图1-11所示。

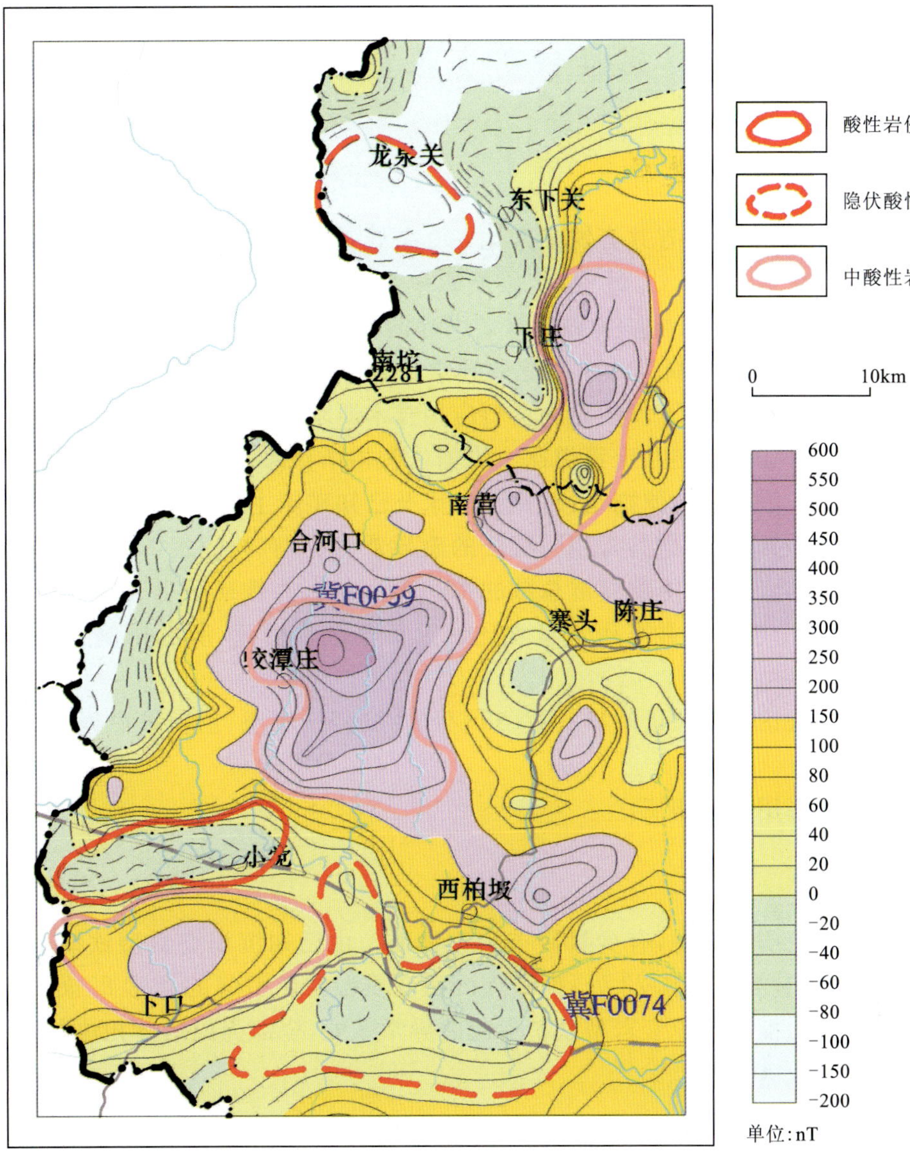

图 1-9 阜平地区中酸性岩

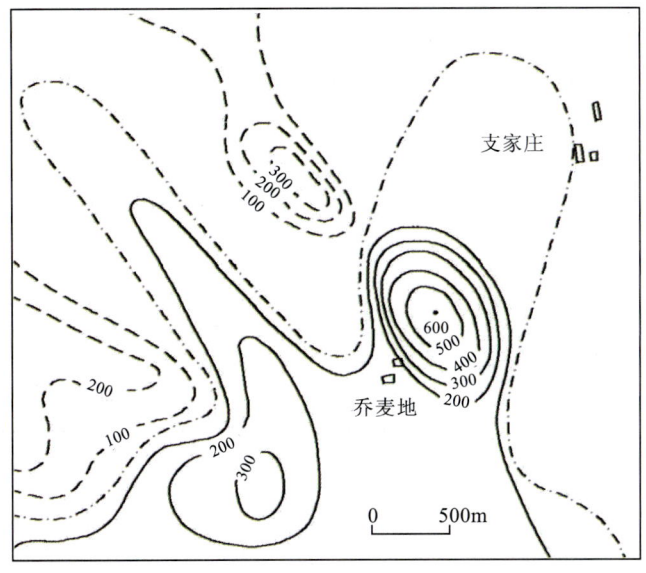

图 1-10 涞源县支家庄中型铁矿航磁 ΔT 等值线平面图

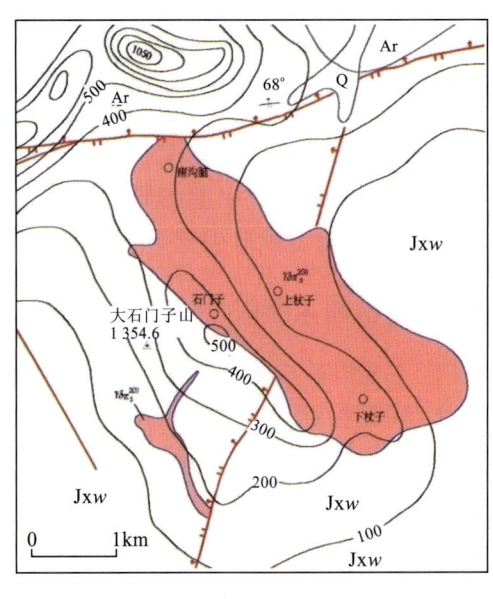

图 1-11 小寺沟中型含铁铜钼矿航磁 ΔT 等值线平面图

第二节　磁性铁矿资源量估算方法

一、预测资源量估算方法选择

河北省是一个铁矿大省,据统计全省共有铁矿产地500余处,探明的储量位居全国第三位。以往资料显示河北省共有编号的航磁异常2 463处,其中,矿致航磁甲类异常298处、定性为磁性铁矿引起的异常224处,有找矿意义的乙类异常521处、推断为磁性铁矿引起的异常285处。本项目利用现有资料筛选出的铁矿矿致航磁异常(甲类)220处,推断为铁矿引起的异常(乙类)183处,矿致地磁异常49处。因此,根据河北省的实际情况,依据全国项目办下发的磁测资料应用技术要求的相关规定,对于磁性矿产预测资源量估算,我们主要采用以磁法体积法为主、定量类比法为辅二者相结合来完成。

我们对预测资源量估算方法选择的原则是:对典型矿床及已知矿床主要采用磁法体积法估算资源量;只有少数小型矿床引起的航磁异常,依据具有相同特征的磁异常、应具有相同资源量的简单原则,采用定量类比法估算其资源量,定量类比只占甲类异常总数的15.28%;推断为铁矿所引起的异常(乙类)大部分采用磁法体积法估算,对一部分乙类异常采用定量类比法进行资源量估算,所占比例为乙类异常总数的1/3。

本项目总体上磁法体积法估算资源量的异常数(356处)占到了所有甲、乙类航磁异常,地磁异常总数(451处)的78.94%。

各预测工作区估算方法采用情况如下。

1. 冀东预测工作区

该区铁矿主要是以沉积变质型为主,有少量矽卡岩型铁矿。由已知沉积变质型铁矿引起的异常119处,磁法体积法估算96处,定量类比估算23处;推断为沉积变质型铁矿引起的异常87处,磁法体积法估算46处,定量类比估算41处,推断为矽卡岩型铁矿引起的异常8处,全部为磁法体积法估算。

2. 承德预测工作区

该区主要为岩浆岩型钒钛磁铁矿,由已知铁矿引起的航磁异常13处,全部为磁法体积法估算;推断为岩浆岩型铁矿引起的航磁异常(乙类)25处,磁法体积法估算19处,定量类比估算6处。共计算1:1万地磁异常40处,其中,钒钛磁铁矿引起的异常14处、铁磷矿引起的异常26处,全部为磁法体积法估算。

3. 阜平预测工作区

该区铁矿主要是以沉积变质型为主,见有少量岩浆岩型铁矿。共有铁矿引起的航磁异常(甲类)11处,其中,沉积变质铁矿引起的异常9处,岩浆岩型铁矿引起的异常2处,推断为铁矿引起的异常(乙类)16处,均为沉积变质型铁矿引起,全部为磁法体积法估算。

4. 涞易预测工作区

该区主要以矽卡岩型铁矿为主,并有少量沉积变质型和岩浆岩型铁矿。其中,矽卡岩型铁矿引起的异常10处,沉积变质铁矿引起的异常1处,岩浆岩型铁矿引起的异常1处,全部为磁法体积法估算;航磁乙类异常32处,其中,推断为矽卡岩型铁矿引起的异常22处,磁法体积法估算18处,定量类比估算4处;推断为沉积变质型铁矿引起的异常10处,磁法体积法估算6处,定量类比估算4处。

5. 邯邢预测工作区

该区的铁矿类型全部为矽卡岩型,共有铁矿引起的航磁异常(甲类)62处,磁法体积法估算42处,定量类比估算20处;推断为铁矿引起的异常(乙类)15处,磁法体积法估算10处,定量类比估算5处。

二、预测资源量估算过程

1. 磁法体积法预测资源量估算过程

总结我们在资源量估算时的工作步骤,主要有以下几方面。

(1)收集资料:我们首先将筛选出的航磁矿致异常和地面物化探工作程度图在 MapGIS 平台上套合在一起,根据异常区内显示的以往地面检查资料、地质矿产资料、钻探验证等资料,首先确定筛选出的矿致磁异常准确、可靠,在此基础上依据航磁或地磁圈出的矿致异常进行正反演拟合计算或定量类比法估算其资源量。

(2)磁测剖面:地磁资料有精测剖面的直接用精测剖面计算,对于没有精测剖面的地磁异常和航磁异常,若测线方向与异常轴线方向(矿体走向)垂直或近似垂直(夹角大于 70°)的可直接用原剖面进行拟合计算;若测线与异常轴线不垂直(夹角小于 70°),在 MapGIS 下将异常平面等值线图或剖面平面图矢量化,然后按垂直异常方向切剖面取数,再进行正反演拟合计算。

(3)建立模型:地质剖面和地形线有勘探精测剖面资料的用实测剖面资料,没有资料的依据磁测剖面的两端点坐标,在 1:5 万电子版地形图和地质图或大比例尺矿区地质矿产图上切剖面,分别由地质人员做出地质剖面和电脑直接读取地形高程数据,提供拟合计算时设计模型使用。对于推断隐伏矿体的位置、规模、倾向、厚度及埋深等要根据磁测剖面曲线的形态、规模、强度、梯度变化等因素确定。

(4)确定推断矿体长度(L):有资料已知矿体的走向长度的取已控制的长度,没有资料的或推断磁性矿体长度的,从航磁异常图上直接量取磁异常长轴两端曲线陡变带间的距离,沿剖面方向看,剖面右侧异常边界为"近端"、左侧异常边界为"远端",如图 1-12 所示,剖面方向指南,L_1 为"近端"、L_2 为"远端",L_1+L_2 为矿体的长度。

(5)参数设置与选择:拟合计算中所用参数分为设置固定参数和选择变量参数两类。设置的固定参数有地磁场强度、地磁场倾角、地磁场偏角,用工区的中心点经纬度和平均高程,在软件 RGIS2010 中可直接求出;剖面方位角按软件编制所要求的确定,取数方向由南向北为 0°、西向东为 90°、北向南为 180°,其他依此类推。选择的变量参数如下。

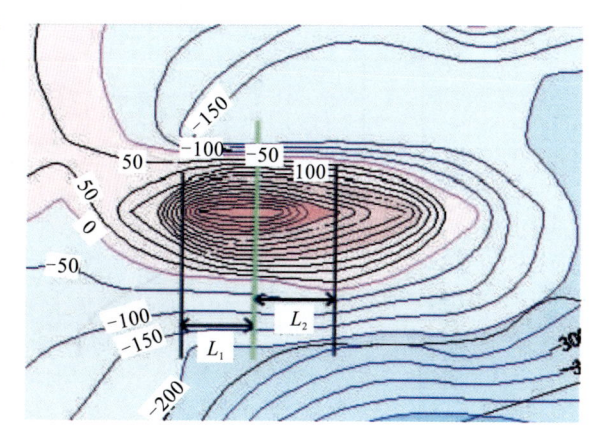

图 1-12 矿体走向长度关系示意图

磁化强度:矿体和围岩的根据物性参数计算求出,可在它们的变化范围内视情况而定。

磁化倾角:磁性不高的围岩与地磁场倾角一致,矿体的磁化倾角由拟合确定。

磁化偏角:不考虑剩余磁化强度时应为零。背景场设置要注意,若有要给出背景场值,没有的要给零。

(6)矿体截面积(S):从拟合剖面上量取推断铁矿体的截面积。

(7)形态系数(k)和含矿系数(K):形态系数依据《磁测资料应用技术要求》的相关规定确定;含矿系数由预测区同类铁矿典型矿床已探明的资源量与磁法体积法在勘探资料控制下所求出该矿体的资源量的比值作为预测区该矿床的含矿系数。

(8)资源量估算:依据正反演拟合计算结果求出的矿体截面积、矿体长度、收集到的典型矿床或其他矿床的实测矿体平均密度值,经过含矿系数、形态系数、剖面方位夹角等改正,即可求出该异常对应矿体的资源量。已知或推断磁性矿体资源量的估算公式为:

$$Q = S \times L \times k \times \sin a \times d \times K$$

式中:S 为 2.5D 拟合出磁性矿体的截面积;L 为矿致磁异常的走向长度;$\sin a$ 为矿致磁异常长轴线与拟合计算剖面线夹角 a 的正弦(a 必须为 70°~90°),用于对截面积进行近似校正;d 为磁性矿石密度,为已知矿体的平均密度;k 为形态系数;K 为含矿系数。

(9) 资源量分级:估算结果分为3级。334-1资源量:在已知矿床的深部及周边,利用钻孔或勘探地质剖面进行建模,使用大比例尺(大于或等于1:5万)航磁或地磁测量数据估算的资源量;334-2资源量:在已知矿床、矿点或矿化点的地区,使用测量比例尺大于或等于1:20万的磁测资料(未利用钻孔或勘探地质剖面进行建模)估算的资源量;334-3资源量:其他情况下取得的资源量(包括定量类比法估算的资源量)。

(10) 资源量统计:以预测区及省为单位,按预测方法类别、精度、延深和矿产预测类型分别进行统计。

下面以冀东预测工作区河北省著名铁矿——滦县司家营北矿区 N26 勘探剖面为例,说明资源量估算过程。

这是一个有已知勘探地质模型的实例,图1-13所示的综合剖面图,为河北省地球物理勘查院1973年在冀东司家营铁矿区开展的1:5 000地面磁法详查工作 N26 测线的实测磁法剖面以及野外技术人员依据异常形态等特征、结合钻孔资料建立的综合地质模型。

司家营铁矿床位于司家营-大贾庄复式倒转向斜中,含矿岩系地层属滦县群,岩石组成简单,主要由黑云变粒岩及少量角闪黑云变粒岩和黑云角闪变粒岩构成铁矿层顶底板及夹层,岩石成层性较好。铁矿层主要为磁铁石英岩,矿体呈层状、似层状分布,受含矿岩系地层及基底构造控制。

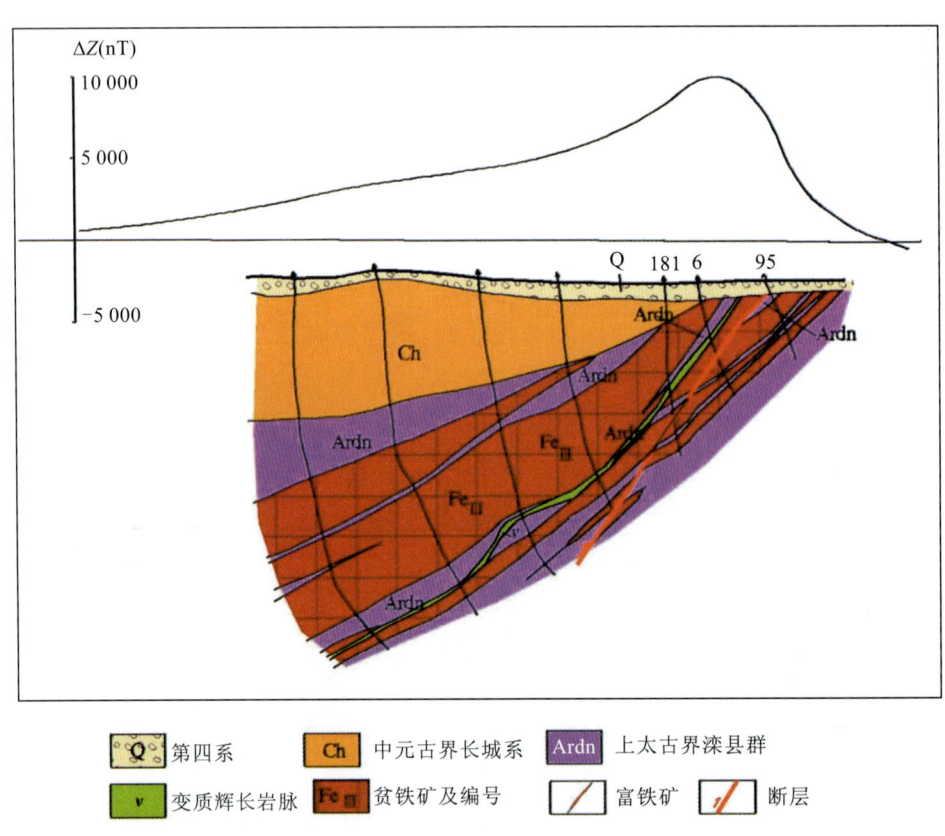

图1-13 司家营铁矿区1:5 000地磁 ΔZ 等值线平面图

地磁 ΔZ 等值线平面图上(图1-14),异常强度较高,极大值达万余纳特,走向近南北,梯度东陡西缓,低值异常明显膨大,向西突出,反映矿体西倾并加厚,向下延深很大。

据司家营铁矿区物性资料,计算统计出矿体的有效磁化强度在 $60\,000×10^{-3}$ A/m~$120\,000×10^{-3}$ A/m 之间变化,常见值为 $70\,000×10^{-3}$ A/m,拟合时矿体所用磁化强度(J)为 $70\,000×10^{-3}$ A/m。围岩的黑云斜长片麻岩磁性较强,有效磁化强度(J)为 $550×10^{-3}$ A/m。磁化方向与地磁场磁化倾角一致,为 $59.5°$。拟合确定矿带的磁化倾角为 $100°$。地磁异常图上异常长轴两端曲线的陡变带间的距离(剖面方向指向南东 L_1 为近端 650m,L_2 为远端 675m)作为矿体的长度,约为 1 325m,量出矿体的截面积约为 154 719m²,矿石的比重约为 $3.5×10^3$ kg/m³,磁异常长轴线与拟合计算剖面线夹角近于 $90°$,形态系数 k 为1,估算资源量约为:

$$Q = S \times L \times k \times \sin a \times d \times K = 154\,719 \times 2\,079 \times 3.5$$
$$= 112\,581.3 \times 10^4 \text{t}$$

司家营南矿体勘探累计已查明资源量 $Q\text{t}$ 为 $106\,948.1 \times 10^4 \text{t}$,则含矿系数为:
$$K = Q\text{t}/Q = 106\,948.1/112\,581.3 = 0.95$$

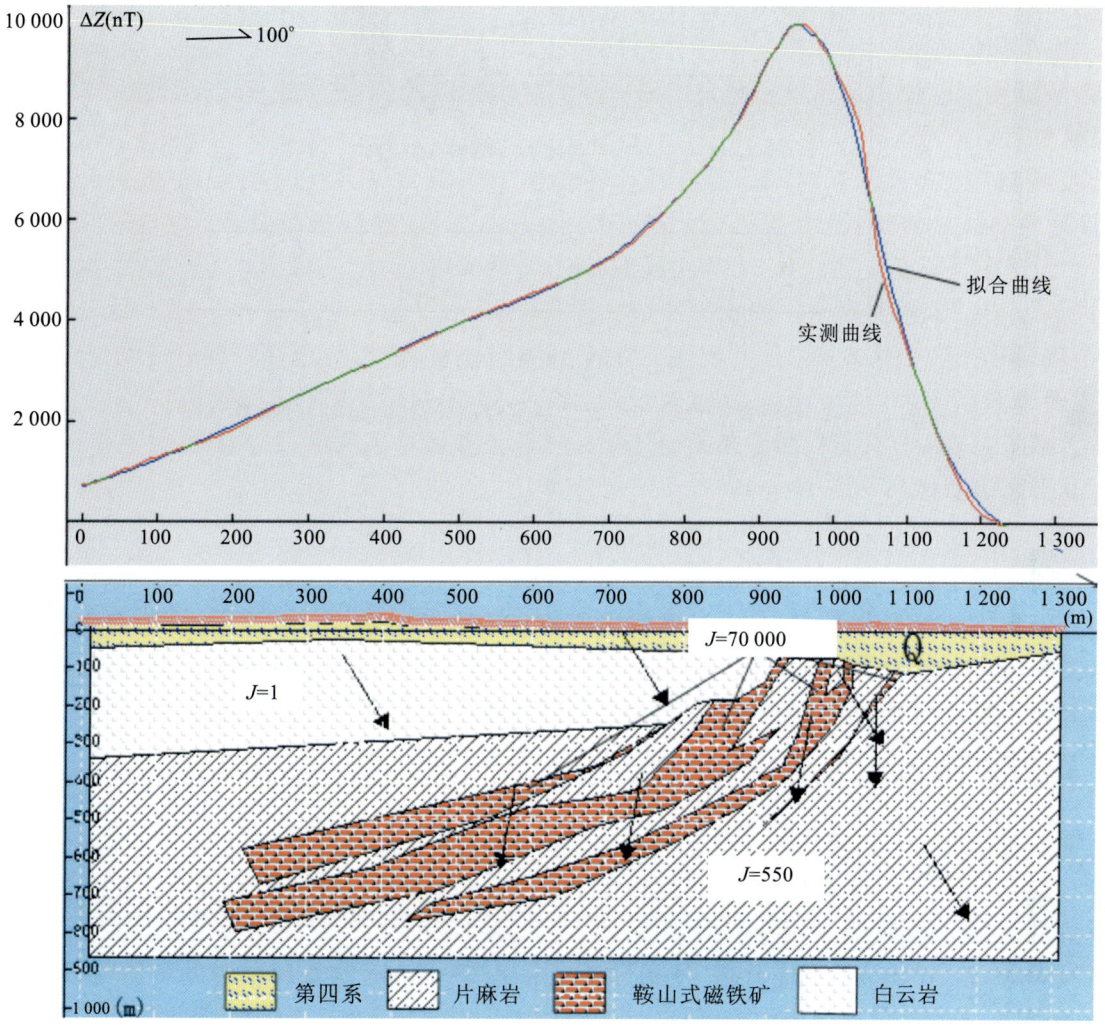

图 1-14 河北省冀东司家营铁矿北区 N26 勘探剖面正演拟合计算结果

(司家营大型磁铁矿)

2. 定量类比法预测资源量估算过程

除阜平预测区完全采用正反演拟合计算法外,在冀东、承德、涞易和邯邢预测区对少量小型铁矿引起的异常和一些推断为铁矿引起的异常,我们采用类比法进行了资源量估算。下面以邯邢预测区甲类异常类比计算为例进行简要介绍。

邯邢预测区共筛选出的甲类异常 61 处,正反演拟合计算 50 处,然后统计这 50 处异常所圈出的面积、幅值、资源量,将异常面积与幅值相乘取自然对数,作为自变量 x,对估算出的资源量取自然对数作为因变量 y,作散点图(图 1-15)。

对上述散点图进行一元线性回归分析,求得回归方程为:$y = 1.098\,3x - 12.685$,航磁异常规模的自然对数与资源量的自然对数之间的相关系数平方 R^2 为 $0.905\,6$,表明显著相关,为具有较高可靠性的函数式。

在航磁异常图上量取 11 处没有正反演拟合计算的小型铁矿引起的异常幅值 T、平面面积 S,则航磁异常规模的自然对数为:
$$X = \text{Ln}(T \times S)$$

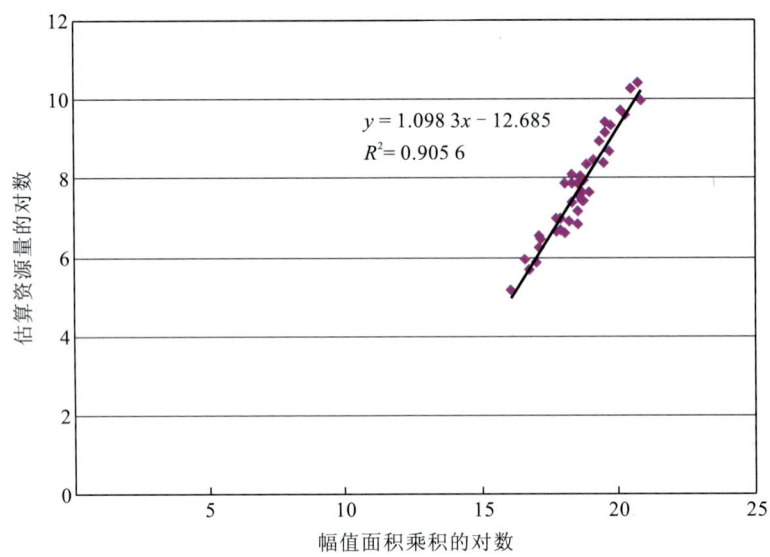

图 1-15 航磁异常规模——正反演拟合估算资源量回归分析散点图

航磁异常的资源量 Q 为：
$$Q = \mathrm{Exp}(1.098\,3x - 12.685)$$
据此公式,估算出 11 处航磁异常的资源量。

乙类异常类比是以乙类正反演拟合计算出的资源量取自然对数为因变量 y,以异常面积与幅值相乘取自然对数作为自变量 x,进行一元线性回归分析,求得回归方程后,按上述公式进行类比计算,估算铁矿资源量。其他预测区的类比法估算资源量与邯邢预测区相同。

三、预测资源量估算可靠程度分析

本次资源量估算的可靠程度用可信度来衡量,可信度最高为 1,并将可信度按以下标准进行分类:

(1) 在已知矿床的深部及外围,利用详细地质物探资料进行建模,使用大于或等于 1∶5 万航磁或地磁数据计算的资源量,可信度大于或等于 0.75。

(2) 在已知矿床、矿点或矿化点地区,使用大于或等于 1∶5 万磁测资料估算的资源量,以及在已知矿床的深部和周边,未利用详细地质物探资料建模,使用大于或等于 1∶5 万磁测资料估算的资源量,可信度为 0.5~0.75。

(3) 其他情况,可信度为 0.25~0.5。河北省资源量估算的可信度没有此类别出现。

预测工作区及省级可靠程度分别按所包括的磁性矿床的可靠程度进行统计。

1. 磁性矿床预测资源量可信度分析

以磁性矿床为单元,预测参数确定依据及预测资源量可信度分析见表 1-1,由于篇幅所限仅示意性地列出了 1 号至 22 号。

截面积计算依据:

3—用详细地质物探资料建立初始模型,用地磁数据计算。

4—用详细地质物探资料建立初始模型,用航磁资料计算。

6—使用可信度较高的物性参数建立模型和计算。

走向长度和形态系数确定依据:

1—根据大于或等于 1∶5 万比例尺地磁资料确定。

2—根据大于或等于 1∶5 万比例尺航磁资料确定。

含矿系数确定依据:

3—用累计探明资源储量 $Q\mathrm{t}$ 与物探体积法求出的该矿床已控制矿体体积的资源量(不包括矿床深部

及外围未控制体积的资源量)的比值,即

$$K=Qt/(S\times L\times k\times \sin a\times d)$$

表 1-1 磁性矿床预测资源量可信度统计表

编号	磁性矿床编号	磁性矿床名称	矿质磁常编号	截面积计算依据	走向长度确定依据	形态系数确定依据	含矿系数确定依据	矿体资源量可信度类别
1	冀Fe-000001-013	滦平县张庄	冀Fe-000001-013-01	4	2	2	3	1
2	冀Fe-000001-014	滦县司家营南	冀Fe-000001-014-01	4	2	2	3	1
3	冀Fe-000001-016	滦县司家营-大贾庄	冀Fe-000001-016-01	4	2	2	3	1
4	冀Fe-000001-018	滦县安各庄	冀Fe-000001-018-01	4	2	2	3	1
5	冀Fe-000001-021	迁安县西峡口	冀Fe-000001-021-01	4	2	2	3	1
6	冀Fe-000001-022	滦县高官营	冀Fe-000001-022-01	4	2	2	3	1
7	冀Fe-000001-025	滦县沈官营	冀Fe-000001-025-01	4	2	2	3	1
8	冀Fe-000001-026	滦县东安河	冀Fe-000001-026-01	4	2	2	3	1
9	冀Fe-000001-029	滦南县马城	冀Fe-000001-029-01	4	2	2	3	1
10	冀Fe-000001-030	滦南县李夏庄	冀Fe-000001-030-01	4	2	2	3	1
11	冀Fe-000001-035	迁西县安家峪	冀Fe-000001-035-02	4	2	2	3	1
12	冀Fe-000001-036	迁西县苇庄	冀Fe-000001-036-01	4	2	2	3	1
13	冀Fe-000001-037	遵化县柏尔峪	冀Fe-000001-037-02	4	2	2	3	1
14	冀Fe-000001-041	迁西县于家沟	冀Fe-000001-041-01	4	2	2	3	1
15	冀Fe-000001-042	迁西县崔家堡子	冀Fe-000001-042-01	4	2	2	3	1
16	冀Fe-000001-044	迁西县连水峪	冀Fe-000001-044-01	6	2	2	3	1
17	冀Fe-000001-045	迁西河北庄	冀Fe-000001-045-01	6	2	2	3	1
18	冀Fe-000001-046	遵化石人沟	冀Fe-000001-046-01	4	2	2	3	1
19	冀Fe-000001-048	遵化市小王庄	冀Fe-000001-048-01	4	2	2	3	1
20	冀Fe-000001-052	遵化市惠陵	冀Fe-000001-052-01	4	2	2	3	1
21	冀Fe-000001-053	遵化市铁山岭	冀Fe-000001-053-01	4	2	2	3	1
22	冀Fe-000001-057	遵化市塔头寺	冀Fe-000001-057-01	4	2	2	3	1

通过对表1-1分析,截面积计算用详细地质物探资料建立初始模型和用地磁数据计算共3个,占1%;用详细地质物探资料建立初始模型和用航磁资料计算共132个,占41%,使用可信度较高的物性参数建立模型和计算共185个,占58%。走向长度根据大于或等于1∶5万比例尺地磁资料确定共3个,占1%;根据大于或等于1∶5万比例尺航磁资料确定共317个,占99%。形态系数根据大于或等于1∶5万比例尺地磁资料确定共3个,占1%;根据大于或等于1∶5万比例尺航磁资料确定共317个,占99%。可信度大于或等于0.75,共137个,占43%,可信度为0.5~0.75,共183个,占57%。

2. 预测工作区预测资源量可信度分析

以预测工作区为单位,磁性铁矿预测资源量统计分析结果见表1-2。

表 1-2　河北省预测工作区预测资源量可信度统计表

预测工作区编号	预测工作区名称	≥0.75(×10⁸t)			(0.5~0.75)×10⁸t			(0.25~0.5)×10⁸t			备注
		334-1	334-2	334-3	334-1	334-2	334-3	334-1	334-2	334-3	
冀Fe-000001	冀东预测工作区	27.37	53.83				47.23				沉积变质型
							5.89				矽卡岩型
冀Fe-000002	承德预测工作区	1.54	0.82				18.64				岩浆岩型
冀Fe-000004	涞易预测工作区						2.18				沉积变质型
		1.48					6.05				矽卡岩型
冀Fe-000005	阜平预测工作区	0.39	0.19				7.26				沉积变质型
冀Fe-000006	邯邢预测工作区	10.19	0.55				3.05				矽卡岩型
合计		40.97	55.39				90.30				

3. 全省预测资源量可信度统计分析

以省为单位，磁性铁矿预测资源量统计分析结果见表 1-3。

表 1-3　河北省磁性铁矿预测资源量可信度统计表

矿种	≥0.75(×10⁸t)			(0.5~0.75)×10⁸t			(0.25~0.5)×10⁸t			矿床预测类型
	334-1	334-2	334-3	334-1	334-2	334-3	334-1	334-2	334-3	
铁矿	1.54	0.82				18.64				岩浆岩型
	27.76	54.02				56.67				沉积变质型
	11.67	0.55				14.99				矽卡岩型
合计	40.97	55.39				90.30				

四、预测资源量估算精度分析

磁异常估算磁性矿产资源量的可靠性级别分为3级，其中，334-1资源量为一级资源量，可靠性最好；其次是334-2资源量，为二级资源量，可靠性较好；334-3为三级资源量，可靠性一般。

334-1资源量：在已知矿床的深部和周边，利用钻孔或勘探地质剖面进行建模，使用大比例尺(大于或等于1∶5万)航磁或地磁测量数据计算的资源量。

334-2资源量：已知铁矿的甲类异常，使用测量比例尺大于或等于1∶20万的磁测资料(未利用钻孔或勘探地质剖面进行建模)估算的资源量。

334-3资源量：推断的矿致异常(乙类异常)，利用已有或收集到的地质资料进行建模，使用航磁异常正反演拟合计算或类比法估算的资源量。

地磁为已知铁矿引起的异常，利用已有地质、磁测精测剖面进行建模，正反演拟合计算获得的资源量为334-1级。

推断为铁矿引起的异常,利用地质、磁测精测剖面进行建模,正反演拟合计算获得的资源量为334-2级。

1. 预测工作区预测资源量精度统计分析

我们将典型矿床、其他已知矿床深部及外围的预测资源量和推断为磁性铁矿的预测资源量,按预测精度,以预测区为单位进行资源量统计,其结果见表1-4。

表1-4 河北省预测工作区预测资源量精度统计表

预测工作区编号	预测工作区名称	预测资源量($\times 10^4$t)				备注
		334-1	334-2	334-3	合计	
冀Fe-000001	冀东预测工作区	271 516.7	546 513.9	472 334.8	1 284 365.4	沉积变质型
				58 891.1	58 891.1	矽卡岩型
冀Fe-000002	承德预测工作区	15 433.1	8 234.8	186 351.7	210 019.6	岩浆岩型
冀Fe-000004	涞易预测工作区			21 754.9	21 754.9	沉积变质型
		14 773		60 481.7	75 254.7	矽卡岩型
冀Fe-000005	阜平预测工作区	3 865	1 871.2	72 603.5	78 339.7	沉积变质型
冀Fe-000006	邯邢预测工作区	101 905.2	5 483.1	30 470.3	137 858.6	矽卡岩型
合计		407 493.0	556 103.0	902 888	1 866 484.0	

2. 全省预测资源量精度统计分析

我们将典型矿床、其他已知矿床深部及外围的预测资源量和推断为磁性铁矿的预测资源量,按预测精度,以全省为单位进行资源量统计,其结果见表1-5。

表1-5 河北省预测资源量精度统计表

省编号	省名称	预测资源量($\times 10^4$t)				备注
		334-1	334-2	334-3	合计	
13	河北省	15 433.1	8 234.8	186 351.7	210 019.6	岩浆岩型
		275 381.7	542 385.1	566 693.2	1 384 460	沉积变质型
		116 678.2	5 483.1	149 843.1	272 004.4	矽卡岩型
合计		407 493.0	556 103.0	902 888.0	1 866 484.0	

第二章　成矿亚带区域磁异常特征及找矿标志

本章首先简要介绍了成矿亚带的地质特征、矿床分布规律和区域磁异常特征,然后对区内17种矿产按成矿亚带、矿床集中区介绍了地质矿产特征、磁异常特征,在此基础上总结了矿床找矿标志。通过本区研究表明磁异常边部是各种矿床重要的产出部位,总结归纳矿床找矿标志为矿产资源潜力评价提供了重要预测要素。

第一节　成矿亚带区域磁异常特征

河北省共划分7个Ⅲ级成矿亚带,1个Ⅲ级成矿带,航磁异常特征分述如下。

一、Ⅲ-50 突泉-翁牛特 Pb-Zn-Ag-Fe-Sn-REE 成矿带

(一)地质特征

该成矿带出露于河北省北部边缘康保-围场断裂以北地区,属兴蒙造山系,主要为一套海相沉积,厚度较大,并夹有火山熔岩、火山碎屑岩,有泥盆纪、二叠纪侵入岩侵入,其中二叠纪侵入岩较发育,在康保-围场断裂以南也有分布。二叠纪末的海西运动,使兴蒙造山系回返为陆,从中生代开始与南侧陆块区连为一体,共同经历了叠加造山过程。之上为中生代火山-沉积岩覆盖,并有同期花岗岩侵入。

地层仅包含照阳河-围场古岛弧亚相,由三面井滨浅海灰岩-碎屑岩、额里图滨浅海碎屑岩-陆相火山岩、于家北沟海陆交互碎屑岩-灰岩组成。该套地层受断裂作用影响,支离破碎,均遭受不同程度的蚀变与轻微变质。火山岩赋存层位主要为早二叠世额里图组,主要岩石类型为中性岩类——安山岩、粗安岩、英安岩及相应成分的火山碎屑岩,形成于海相或海陆交互相的岛弧环境。

泥盆纪侵入岩包括满德堂碰撞侵入杂岩主要分布于围场兴巨德一带。主要有闪长岩、斜长花岗岩、二长花岗岩等。钙碱性系列,岩石成因类型属壳幔混合型,为 G_2 组合,俯冲造山内带环境。

二叠纪侵入岩主要分布于康保满德堂、五百顷一带,在崇礼石窑子、赤城马营、丰宁上黄旗、华吉营一带也有分布。划分为满德堂同碰撞高钾二长花岗岩-(斑状)正长花岗岩组合(P_2)和五百顷同碰撞高钾(斑状)花岗闪长岩-二长花岗岩组合(P_1)。前者由二长花岗岩→正长花岗岩演化。岩石化学参数值:属钙碱性系列;固结指数较低;分异程度高,铝弱过饱和,为 G_1G_2 组合,俯冲造山内带环境。后者主要分布于康保五百顷一带。由早而晚由(斑状)花岗闪长岩→二长花岗岩变化。钙碱性系列,成因类型属壳幔混合型。为 $T_1T_2G_2$ 组合,俯冲造山外带环境。

中生代自中侏罗世晚期开始强烈活动,由于结晶基底的刚性较强,故以断裂变形为主。新生的主构造线为北北东—北东向和北西向。基底和新生构造线的交叉与活动,产生了若干大小不等的晚侏罗世—早白垩世断凹及其间的断凸,并伴有强烈的火山喷发和岩浆岩侵入。火山岩以白垩纪义县组、大北沟组为主,仅在东部光顶山一带有少量下花园组和南大岭组分布。

(二)矿床分布规律

该成矿带矿产以萤石矿为主,其次为锰银矿。区内有萤石矿15处,锰银矿1处。

本区西部康保县有萤石矿1处,小型,为热液充填型,与海西期花岗岩有关。区内其余萤石矿均分布在东部围场县一带,中型5处、小型9处,为热液充填型,成矿时代为燕山期,分别产于侏罗纪张家口组火

山岩、白垩纪义县组火山岩及晚侏罗世流纹斑岩中,成矿均与火山及次火山热液有关。

本区锰银矿位于东部侏罗纪张家口组火山岩中,成矿受火山机构控制,小型,成矿类型为热液型。

区内萤石及锰银矿的分布也受深大断裂控制。本区东部围场县一带处于康保-围场深断裂与乌龙沟-上黄旗深断裂的交会部位,致使晚侏罗世及早白垩世火山活动强烈,为区内萤石及锰银矿提供了有利的成矿地质条件,造成了此类矿床的密集分布。断裂对矿床的控制还表现在以下两个方面:一是矿床主要分布在靠近围场-康保断裂附近,矿带呈近东西向分布;二是矿床主要分布在乌龙沟-上黄旗深断裂以东地区。上述情况说明围场-康保深断裂、乌龙沟-上黄旗深断裂是本区热液矿床的导岩导矿构造。

(三)航磁异常特征

如图2-1所示,该成矿带主体位于内蒙古境内,在河北省分布于康保、围场附近,磁异常总体以负异常为主,正异常主要分布在围场北部附近。区内异常幅值不大,为−200~600nT。康保-围场东西向深断裂附近异常轴向为北北东、北东方向,向北远离深断裂轴向为北西和近南北向。异常轴向的这种变化,是康保-围场深断裂与乌龙沟-上黄旗北北东向深断裂共同作用的结果。

区内东部围场附近正磁异常主要由中酸性火山岩引起,包括中生代安山岩、新生代玄武岩。玄武岩引起的磁异常最高值达600nT,主要分布在围场西北部;安山岩引起的磁异常主要分布在围场北部,最高值为500nT。正磁异常多为窄闭状,梯度变化明显。负磁异常主要由酸性火山岩引起,岩性为张家口组流纹岩等,磁异常强度在−100~200nT之间,梯度较小,呈平缓面状异常。本区火山机构多呈负磁异常,如哈里哈火山机构,小扣花营银矿产于该火山机构的边部,负磁异常边部指示矿床有利成矿部位。

本区西侧康保附近正磁异常由安山岩引起,呈宽缓的面状异常,幅值较低,为150nT,轴向北北东。负磁异常主要由花岗岩侵入体引起,异常平缓,最低值为−80nT。

二、Ⅲ-57-1内蒙隆起东段Fe-Au-Ag-Pb-Zn-Mo-U-磷-膨润土成矿亚带

(一)地质特征

该成矿亚带北界为康保-围场断裂带,南界西段为尚义-赤城断裂带,东段为丰宁-隆化断裂带,向东、向西均延出省外。包括康保陆棚和冀北陆缘古弧盆系两个Ⅲ级构造单元(前人称内蒙地轴)。后期叠加不同时代的侵入体,古生代再造现象明显,中生代火山岩广布其上。

1. 康保陆棚(Pt_1)

康保陆棚仅有康保滨浅海一个Ⅳ级构造单元,系指内蒙古化德、河北康保一带的滨海-浅海。北界为康保-围场断裂带,南界与红旗营子岩群断层接触。总体上为一套滨海-浅海相沉积,称化德群,以变质粗砂岩、砂砾岩、板岩、石英岩、片岩、千枚岩为主,夹钙硅酸盐及不稳定大理岩。在砂岩或泥质岩中普遍出现铁铝榴石,应为高绿片岩相区域变质作用的产物,对应于铁铝榴石变质带。

2. 冀北陆缘古弧盆系(Pt_1^1)

冀北陆缘古弧盆系北界为康保-围场断裂带,南界西段为尚义-平泉断裂带,东段为丰宁-隆化断裂带,向东、向西延出省外。由变质的古元古代变质表壳岩和变质深成(侵入)岩组成。包括蹬上-阎油房古边缘岛弧(Pt_1^1)、卢家营非造山侵入杂岩(Pt_2)、海流图非造山侵入杂岩(Pt_2)和驿马图后碰撞变质侵入杂岩(Pt_1^2)。

冀北陆缘古弧盆系是一个广阔的大陆边缘活动带,沉积了红旗营子岩群中性火山岩-沉积碎屑岩-碳酸盐岩,伴有TTG和二长-正长花岗质片麻岩侵入。红旗营子岩群以含石墨、石榴石黑云斜长变粒岩为主,夹黑云角闪斜长变粒岩、角闪斜长变粒岩、浅粒岩、片麻岩及大理岩等。

晚期有张家口片麻岩套侵入,主要岩石类型有闪长质片麻岩、二长花岗质片麻岩、奥长花岗质片麻岩和正长花岗质片麻岩等,其与红旗营子岩群界线不仅截然,有时可见有明显的侵入关系。划分为蹬上

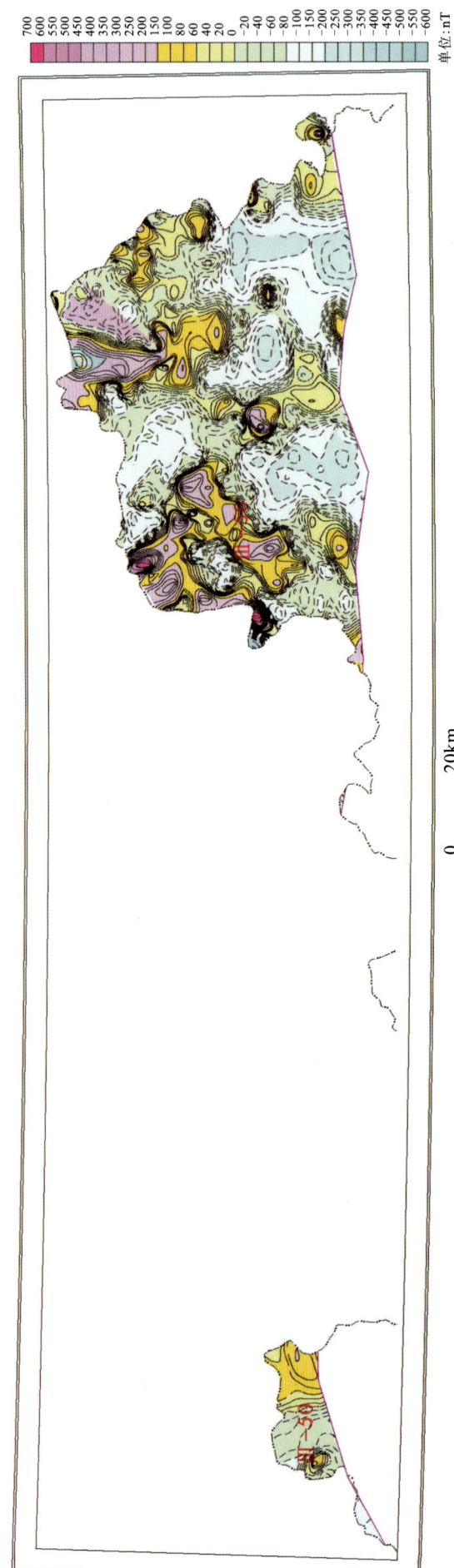

图2-1 Ⅲ-50突泉-翁牛特Pb-Zn-Ag-Fe-Sn-REE成矿带航磁ΔT化极等值线图

TTG组合(Pt_1^1),其成因类型属同熔型,形成于造山环境。

古元古代晚期的驿马图碰撞变质侵入岩在河北省北部广泛分布,主要分布于丰宁-隆化断裂以北。侵入红旗营子岩群、化德群。主要岩石类型有辉长岩、闪长岩、石英闪长岩、石英二长岩、花岗闪长岩、二长花岗岩、正长花岗岩、巨斑状二长花岗岩等,上述岩石均遭受变形变质作用改造,具弱片麻状构造和变余结构。

康保卢家营—孟家营一带及张北海流图一带,零星分布有中元古代沙厂环斑花岗岩-斑状花岗岩组合。成因类型总体属壳幔混合型,形成于拉张构造环境。

中侏罗世晚期开始强烈活动,火山沉积岩覆盖全区。由于结晶基底的刚性较强,故以断裂变形为主。新生的主构造线为北北东—北东向和北西向。进入早白垩世,我国东部地区发生了强烈的造山运动(燕山运动主期),产生了以北东向、北北东向为主的一系列不同方向断裂构造,形成了北北东向大型火山构造洼地、断陷盆地。

伴随张家口期和义县期火山活动,有强烈的中酸性和偏碱性岩浆岩侵入,形成了围场同造山侵入杂岩和窟窿山后造山侵入杂岩。主要岩石类型为流纹岩、粗面岩及其火山碎屑岩,少量石英粗面岩、粗安岩。义县期以丰宁四岔口-赤城为界,以西火山岩仅零星可见,以沉积岩为主,以东则以火山岩为主,火山岩与沉积岩呈指状交互穿插。火山岩主要岩石类型为溢流相粗安岩、安山岩,爆发相粗安质、粗面质火山碎屑岩。

进入古近纪—新近纪,除形成一些小的陆相盆地外,以汉诺坝期大规模的基性火山喷发为主要特征。

(二)矿床分布规律

该成矿带夹于康保-围场深断裂和尚义-赤城、丰宁-隆化深断裂之间,是河北省重要的东西向银铅锌钼等多金属成矿带,该带在地质上具有典型的二元结构,即下伏太古宙变质岩结晶基底覆盖侏罗纪火山-沉积岩盖层,基底的凹陷与隆起形成了侏罗纪火山盆地、太古宙变质岩隆起呈东西向相间排列。以乌龙沟-上黄旗深断裂为界,成矿带可分为东、西两部分,西部出露地层主要为中生代—新生代火山岩,东部出露主要为中生代—新生代火山岩与海西期—燕山期中酸性岩浆岩。该区矿产主要有萤石、铅锌、银、钼及金等。

1. 矿产的空间分布规律

本区矿产的空间分布主要受乌龙沟-上黄旗断裂控制,断裂西部地区矿产以铅、锌、银为主,少量金、萤石、钨、磷等矿产,矿产分布较为稀疏。东部地区以铅、锌、钼、银及萤石为主,少量金等矿产,矿产分布较为密集。东、西两地区矿产主要为热液型。

2. 矿产的时间分布规律

(1)太古宙:分布于崇礼—赤城一带的岩浆岩型磷矿和沉积变质型铁矿。
(2)晚三叠世(印支期):区内已知晚三叠世(印支期)产出的矿产仅有撒岱沟门钼矿(215.5Ma)。
(3)侏罗纪、白垩纪(燕山期):燕山期岩浆及构造活动强烈,有关矿产为铅锌、银、钼、萤石等,丰宁一带的金矿也为燕山期。

3. 矿产与成矿地质要素的关系

1)矿产与地层的关系

区内控矿地层有红旗营子群变质岩、侏罗纪火山岩。红旗营子群变质岩Au、Ag、Pb、Zn、Mo等多金属元素含量较高,区内金矿均产于该地层中。部分银、铅锌矿也产于该地层中,如木头凳—烟筒山一带银铅锌多金属矿、西官营—旧屯一带银矿等。分布于红旗营子群变质岩中的基性—超基性岩多有岩浆岩型磷矿产出,如石嘴子—红旗营一带磷矿。此外区内尚有少量沉积变质型铁矿产于红旗营子群变质岩中。

侏罗纪火山岩尤其是晚侏罗世张家口组火山岩与本区银铅锌及萤石关系密切,区内这些矿产多数产于张家口组火山岩中。

2）矿产与构造的关系

乌龙沟-上黄旗深断裂在燕山期强烈活动，对区内矿产控制作用明显，断裂以东火山喷发、岩浆侵入活动较为强烈，萤石及银、铅锌、钼多金属矿分布较为密集；断裂以西岩浆活动以火山喷发为主，相关矿产主要为银铅锌多金属，偶有萤石，矿产分布的密集程度也大不如东部。

本区东西向断裂有尚义-赤城深断裂、丰宁-隆化深断裂，金矿均分布在断裂附近的变质岩中，控制作用明显。沿尚义-赤城深断裂附近分布着一些基性—超基性岩浆岩侵入体，与岩浆岩型磷矿关系密切。

火山盆地构造也是本区重要的控矿构造，在盆地边缘银、铅锌多金属有利于成矿，如蔡家营铅锌银多金属矿位于板申图火山盆地西北边缘。

3）矿产与岩浆岩的关系

区内矿产均为内生矿产，与岩浆岩关系密切。

铅锌、银、钼多金属及萤石矿主要与侏罗纪晚期火山岩、次火山岩等有关，是成矿热液、成矿物质的重要来源。

钼除与火山岩、次火山岩等有关外，海西期花岗岩与钼成矿关系密切，常为成矿母岩，如撒岱沟门斑岩型钼矿产于海西期花岗斑岩中。

岩浆岩型磷矿主要与基性—超基性岩侵入体有关，如崇礼县窄西沟磷灰石矿等。

（三）航磁异常特征

如图2-2所示，该区夹于康保-围场深断裂和尚义-平泉断裂、丰宁-隆化断裂之间，航磁异常轴向以东西向为主，靠近乌龙沟-上黄旗断裂异常轴向为北东向。区内异常呈线状或面状，磁场强度为$-500\sim 1500\text{nT}$，梯度变化中等至较强。

区内玄武岩、玄武安山岩、安山岩及中酸性侵入体等多引起正磁异常，此类异常呈面状，强度较低、梯度较缓。酸性岩引起的磁异常为低缓异常，或正或负，与其成因有关。幔源型酸性岩多引起正磁异常，硅铝壳重熔型多引起负磁异常。区内较低缓的负磁异常多由中生代流纹岩等引起。在负磁异常区，常有火山机构产出，其磁异常强度一般较低，多在$-350\sim -500\text{nT}$之间，异常多为圆形，反映火山口的位置。如大光顶山中心式火山构造，张三营中心式火山构造等。本区磁异常梯度带多与断裂有关，如乌龙沟-上黄旗"Y"字形断裂主要与磁异常梯度带有关。

三、Ⅲ-57-2燕辽（坳陷、拉张）Cu-Mo-Pb-Zn-Ag-Au-Fe-Mn-煤成矿亚带

（一）地质特征

该成矿亚带北界为尚义-赤城-隆化断裂，东、南界大致在抚宁—滦县—塘沽—衡水—永年一线。克拉通基底在构造应力场的作用下发生断裂，形成北东向的裂谷，发展为燕辽拗拉槽（燕辽裂陷海）。坳陷最强烈地段位于蓟县—宽城一带。其底界不整合在太古宙及古元古代变质岩之上，顶界被寒武纪地层覆盖。由一套未变质的板内海相、潟湖相富镁碳酸岩和少量碎屑岩、黏土岩组成，含微体古生物和叠层石，出露良好，分布广泛，发育齐全，蓟县—宽城一带厚度近万米。经历了陆地—裂谷—海洋—陆地的演化过程。中新元古代为夭折裂谷期，早古生代为陆表海，晚古生代为海陆交互环境，早—中三叠世为坳陷盆地。在裂谷的演化期间，伴随有不同时期的岩浆侵入，中生代构造岩浆岩带贯穿中部。

区内长城纪伊始，首先形成底砾岩，不连续地分布在整个区内。其上由石英砂岩类→页岩类夹赤铁矿层→白云岩类→石英砂岩、白云岩夹粗玄质火山岩层→白云岩类变化。蓟县纪地层由下而上岩类排序为泥质白云岩类→硅质条带（结核）白云岩类→页岩类→白云岩类。

青白口纪地层自下而上发育了细砂岩—页岩→石英砂岩—泥质粉砂岩→泥晶灰岩夹页岩的组合。

昌平期开始海水由东向西侵入本区，沉积了属局限海相的碎屑岩-碳酸盐岩建造。奥陶纪，以阜平—

第二章 成矿亚带区域磁异常特征及找矿标志

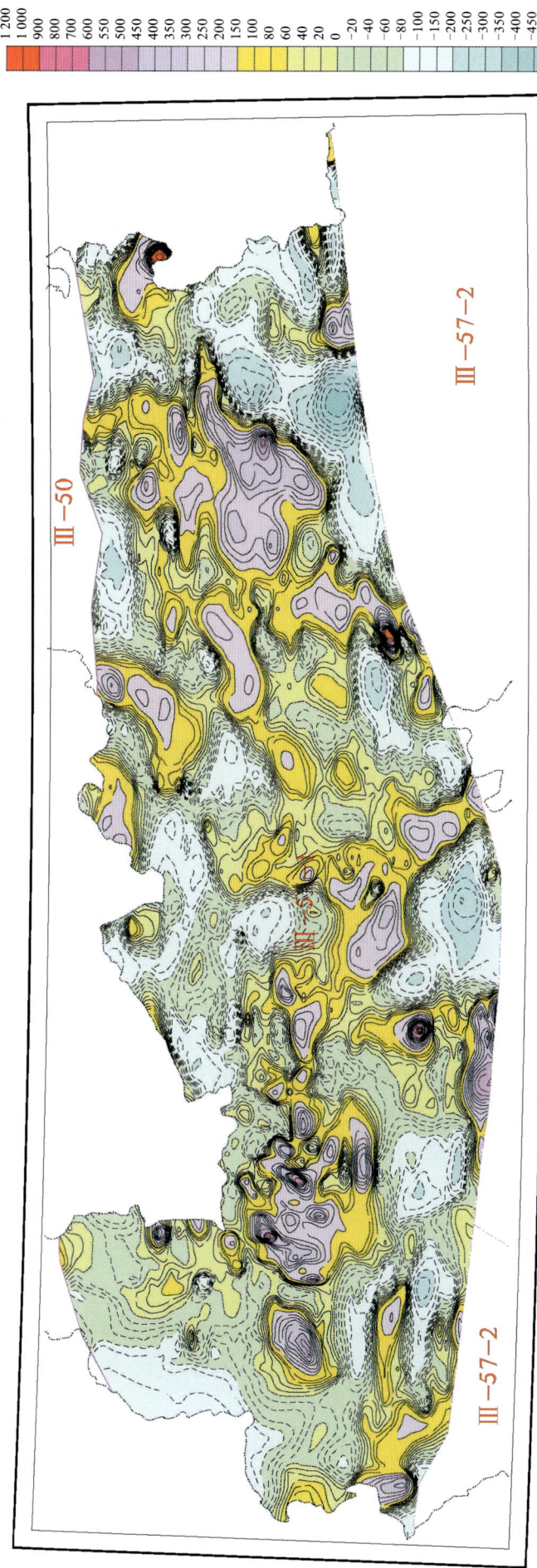

图2-2 Ⅲ-57-1内蒙隆起东段Fe-Au-Ag-Pb-Zn-Mo-U-磷-膨润土成矿亚带航磁ΔT化极等值线图

保定—沧州一线分界，以北为局限海-潮间潟湖相碳酸盐岩建造；以南为潮间潟湖相镁质碳酸盐岩夹膏盐建造。中石炭世本溪早期初始沉积铝土、铁质岩系，随后沉积砂岩夹紫红色页岩和煤层。中晚石炭世太原早期到早二叠世，形成一套海陆交互相含煤碎屑岩-碳酸盐岩建造。晚二叠世，发育一套灰色粉砂质页岩-黄绿色（含砾）石英砂岩-页岩-含砾粗砂岩，夹煤层。是河北省最重要的成煤期。早二叠世后，本区结束了海侵历史，全为陆相红色碎屑岩建造。

中元古代早期，伴随华北克拉通裂解，大规模基性岩、中酸性岩浆侵入，形成非造山深成岩。主要沿尚义-赤城、丰宁-隆化、大庙-娘娘庙断裂带东西向分布，形成韩麻营非造山二长岩-正长岩组合、下方营非造山闪长岩-花岗闪长岩组合、红石砬非造山角闪石岩-角闪辉石岩组合、大庙非造山斜长岩组合。另外，在密云沙厂、康保赤城、康保等地，有环斑花岗岩、斑状花岗岩出露。

海西旋回侵入岩活动，构成冀北陆缘构造岩浆岩带的丰宁-娘娘庙构造岩浆岩亚带和张北-宽城构造岩浆岩亚带，形成北头营碰撞高钾闪长岩-花岗闪长岩-斑状花岗岩组合、樱桃沟门碰撞高钾二长花岗岩-正长花岗岩组合、大石柱子碰撞高钾石英闪长岩-二长花岗岩组合、孤山子碰撞辉石-辉石闪长岩组合。近东西向成带分布，但分布零星。

印支构造旋回岩浆活动较为强烈，主要分布于平泉娘娘庙、丰宁、怀柔喇叭沟门等地，包括喇叭沟门后造山石英闪长岩-斑状二长花岗岩组合、娘娘庙-丰宁后造山石英二长岩-二长花岗岩组合。

早侏罗世门头沟群形成时期是一个火山作用活动较弱时期，在南大岭晚期才有中基性火山岩喷发。地层断续分布于百花山—妙峰山和滦平—承德火山—沉积洼地的边缘。另外，在下花园、丰宁石人沟的火山-沉积洼地内亦有出露。侵入活动较弱，形成王坪石—肖营子前造山侵入岩组合。

中侏罗世在各中生代洼地中喷发的酸性物质呈夹层或夹正常沉积层，构成九龙山组。之后，中性岩浆的喷发，形成了髫髻山组。这次火山喷发在本区火山构造中多可见到，堆积了以喷溢相、爆发相为主的大量火山岩及潜火山岩。岩浆侵入活动较强，舍龙城-燕子窝同造山侵入岩亚相，分布于本区和冀北俯冲-碰撞火山岩带。晚侏罗世在断陷或坳陷盆地中堆积了土城子组巨厚的类磨拉石建造。

早白垩世强烈的造山运动（燕山运动主期），产生了以北东向、北北东向为主的一系列不同方向的断裂构造，这个时期侵入活动相当强烈，形成了著名的王安镇、大河南、大海陀等岩体。构成大河南构造岩浆岩亚带、军都山构造岩浆岩亚带。

（二）矿床分布规律

该区基本包括了燕山沉降带，地层主要有太古宇、元古宇和中生界。区内构造、岩浆活动强烈，尤以燕山期为主。岩浆岩以中酸性岩为主，其次还有基性—超基性岩，主要有乌龙沟-上黄旗中酸性岩浆岩带、大庙-娘娘庙基性—超基性岩浆岩带。断裂以北东向及东西向为主，有乌龙沟-上黄旗断裂、平坊-桑园断裂、尚义-平泉断裂、丰宁-隆化断裂、大庙-娘娘庙断裂、密云-喜峰口断裂等，其次还有北西向断裂，如松枝口-马市口断裂。该区矿产十分丰富，主要有金、铅锌、钼、铁、铜、萤石，其次锰、磷、钒钛、铬、硫铁等也有较多分布。

1. 矿产的空间分布规律

按矿带的展布方向可分为东西向成矿带、北东向成矿带两类，东西向成矿带有丰宁-隆化金成矿带、大庙-娘娘庙铁钒钛铬磷成矿带。北东向成矿带有乌龙沟-赤城铅锌银钼金铁铜成矿带、寿王坟-小寺沟铜钼铅锌多金属及萤石硫铁成矿带。其次区内还有几处成矿集中区，有崇礼-赤城-宣化金银成矿集中区、宣化宣龙式铁矿集中区、易县-孔各庄金矿集中区等。

2. 矿产的时间分布规律

该区北部靠近尚义-赤城东西向断裂、大庙-娘娘庙东西向断裂附近的矿产成矿时代较老，主要有元古宙和古生代成矿期。南侧与北东向断裂有关的成矿时代较新，主要为燕山期。

（1）古中元古代成矿期：以铁族元素为主，主要为沿大庙-娘娘庙东西向断裂分布的岩浆岩型铁钒钛铬磷等矿产。

(2) 中晚元古代成矿期：以铁为主，主要为宣化附近的宣龙式铁矿集中区。

(3) 古生代成矿期：也即海西期，以金银为主，主要为崇礼-赤城-宣化金银成矿集中区。该期是区内金规模最大的成矿期。

(4) 中生代成矿期：也即燕山期，以亲硫多金属为主，有乌龙沟-赤城铅锌银钼金铁铜成矿带、寿王坟-小寺沟铜钼铅锌多金属成矿带、易县-孔各庄金矿集中区等。该期是区内多金属规模最大的成矿期。

3. 矿产与成矿地质要素的关系

1) 矿产与地层的关系

太古宙地层区主要与金关系密切，崇礼-赤城-宣化金银成矿集中区和丰宁-隆化金成矿带金均产于太古宙地层中，太古宙地层金含量较高，成为金成矿的矿源层。

元古宙地层区与金、铅锌等关系密切，易县-孔各庄金矿集中区产于长城纪地层中，如易县孔各庄金矿产于长城系高于庄组三段白云岩中。元古宙地层与铅锌的关系表现在兴隆高板河层控铅锌矿中，矿体产于长城系高于庄组三四段白云岩中；该地层中也常有海相沉积型硫铁矿产出，如兴隆县黄土梁黄铁矿、兴隆县高板河铅锌黄铁矿等。

中生代侏罗纪火山岩与火山热液型锰矿关系密切，如涿鹿相广一带锰矿产于张家口组火山岩中。

中生代白垩纪火山岩地层与萤石关系密切，如平泉县郝家楼普通萤石矿产于中生界白垩系西瓜园组、花吉营组中。

2) 矿产与构造的关系

主要表现为断层对矿产的控制，乌龙沟-赤城北东向断裂在燕山期强烈活动，成为区内最重要的导岩、导矿构造，使该断裂带成为河北省铅锌、银、钼及铁、铜等矿产成矿带。大庙-娘娘庙东西向断裂带上分布有一系列基性—超基性岩体，也使得该断裂带成为铁钒钛铬磷等矿产成矿带。沿丰宁-隆化断裂带太古宙变质岩东西向分布，金矿岩断裂呈带状分布。受平坊-桑园大断裂控制，寿王坟-小寺沟成为一条北东向铜、钼、铅锌等多金属成矿带，如该带上分布有寿王坟铜钼矿、轿顶山铅锌矿、小寺沟铜钼矿等。北西向松枝口-马市口大断裂与区内热液型锰矿关系密切，该断裂带上样田-相广一带锰矿集中分布，成为河北省重要的锰矿集中区。

3) 矿产与岩浆岩的关系

区内基性—超基性岩与铁族元素成矿关系密切，如大庙-娘娘庙铁钒钛铬磷成矿带。

在崇礼-赤城-宣化金银成矿集中区岩浆岩与金矿的关系表现在两方面：一是岩体成为金矿围岩，如东坪金矿产于水泉沟碱性正长岩中；二是岩体为变质岩中的金矿物质活化成矿提供了热源，如小营盘金矿附近的海西期花岗岩。

在乌龙沟-赤城对金属成矿带上，岩体提供了成矿热液，为金属矿的形成提供了成矿物质，如王安镇酸性杂岩体，大河南酸性杂岩体，铅锌、银、钼、铜铁等常产于岩体与围岩的接触带或岩体中，形成矽卡岩型、斑岩型、热液充填型等多种类型的矿床，成矿元素以亲硫多金属元素为主。

寿王坟-小寺沟成矿带铜、铅锌、钼等成矿与中酸性斑岩体关系密切，矿体常产于岩体中，形成各类斑岩型矿床。

(三) 航磁异常特征

如图 2-3 所示，本区航磁异常可分为两个区域：一是太行山北段地区，一是冀东地区。受乌龙沟-上黄旗断裂影响，太行山北段地区航磁异常轴向为北北东向，北侧靠近尚义-赤城断裂轴向变为近东西向，异常以面状为主，航磁正负异常面积大体相当，异常幅值为 $-400 \sim 1\,000$ nT。冀东地区航磁异常为北东东向，同样北侧靠近丰宁-隆化断裂轴向变为近东西向，异常以线状为主，航磁负异常面积明显大于正异常面积，异常幅值为 $-400 \sim 1\,200$ nT。

本区正磁异常主要由中酸性、酸性岩浆岩侵入体及太古宙变质岩引起，负磁异常主要与中新元古代及

图2-3 Ⅲ-57-2燕辽(坳陷、拉张)Cu-Mo-Pb-Zn-Ag-Au-Fe-Mn-煤成矿亚带航磁ΔT化极等值线图

中生代地层有关。

区内主要岩体有王安镇岩体、大河南岩体、大海陀岩体、水泉沟岩体和南猴顶岩体等,这些岩体与成矿关系密切,其磁异常特征分述如下。

(1)王安镇岩体:位于涞源县王安镇,为一酸性杂岩体,围岩为阜平群及长城纪、蓟县纪地层,上覆有零星侏罗纪地层。岩体主要为一正磁异常,磁异常走向与岩体平行,但形状、范围与岩体不完全吻合,最高值为700nT。在北侧岩体中心部位出现一负磁异常,幅值为-100nT。重力正演模拟计算表明,岩体有两个侵入中心,南端中心底面埋深达8km,北端达9km。两端岩体中间呈连续状,底面埋深变浅,最深为4km。岩体侵入中心偏向西侧,并略向西倾伏。

(2)大河南岩体:位于北京、张家口、保定交界处,地表由东、西两个岩体组成,为一燕山期酸性杂岩体,岩体围岩主要为侏罗系、长城系、蓟县系等,另有少量太古宙及古生代地层。航磁异常图上,岩体处为一正磁异常,异常形态与岩体相似,面积比岩体大,磁异常高值带大体沿东西岩体间呈北北东向分布,最高值800nT。根据横切岩体的重力剖面正演模拟计算,岩体主体部分自东侧起在5~18km间,宽13km,最大埋深为4.4km;18~29km之间的岩体呈厚层状,最厚近2km,岩体主体部分向西倾伏。

(3)大海陀岩体:位于怀来县城东北大海坨,岩性为花岗岩,岩体南北部围岩为太古宇迁西群、中新元古界长城系,北侧主要为侏罗系。岩体东南侧为官厅水库。航磁异常图上,岩体部位为一正磁异常,最高值为5 000nT。异常西北部梯度变化平缓,其他方向梯度变化较大。根据重力正演模拟计算,岩体的主体部位,最大埋深约4km。向西北方向侏罗纪地层覆盖区,广泛分布着花岗岩隐伏岩体,岩体从异常中心向西北方向延伸约15km直至重力低异常的边缘部位。岩体呈中间厚大、周边较薄的飞碟状。

(4)水泉沟岩体:位于赤城县东坪一带,岩体北侧岩性为碱性正长岩,南侧地表出露一个小的花岗岩体。两岩体的围岩均为太古宇迁西群变质岩,在两岩体周围及碱性正长岩上分布有众多的金矿,是河北省金矿主要成矿集中区之一。航磁图上,碱性正长岩处正磁异常,最高值为700nT。花岗岩与一负磁异常吻合,最低值为-300nT。两正、负磁异常相互平行,呈带状,走向北西西。从磁异常分布状况来看,反映两岩体呈带状,相互平行,碱性正长岩规模大于花岗岩。根据重力正演模拟计算,碱性正长岩与花岗岩在深部均呈膨大状,并连为一体,剖面上花岗岩的规模略小于碱性正长岩,两岩体埋深约4km。综上不难看出,本区太古宇迁西群地层内广泛分布着岩浆岩侵入体,为金矿的活化富集提供了丰富的热源,是本区金得以集中成矿的重要条件。

(5)南猴顶岩体:岩体位于丰宁与北京市怀柔交界处,为一酸性杂岩体,其围岩为太古宙单塔子群、双山子群、侏罗纪火山岩等。岩体范围内磁场以正异常为主,岩体北侧局部有负磁异常,磁异常值范围为-350~+250nT。异常形态、范围与岩体不吻合,负磁异常上延至5km后消失。根据重力正演模拟计算结果,在垂直岩体方向上,岩体随深度的增加逐渐缩小尖灭,最大埋深4.2km。在平行岩体的剖面上,南、北两侧均有隐伏状岩体存在,隐伏岩体向两侧延伸约10km,剖面上岩体的最大埋深也为4.2km。值得注意的是,岩体东侧太古宙闪长岩(δ_1)与金矿关系密切,是该区金矿的主要物质来源,而花岗岩为成矿提供热源。通过正演计算太古宙闪长岩在南、北剖面两侧均有较大面积的隐伏,且离花岗岩最近,具有较好的成矿地质条件,对隐伏闪长岩的成矿应引起重视。

四、Ⅲ-57-3 马兰峪-绥中(次级隆起)Fe-Au-Pb-Zn 成矿亚带

(一)地质特征

该亚带主要由太古宙基底组成,是中国最古老的地块,属高级变质区,包括晋冀古陆块和鲁西古陆块。陆核中心由古太古代曹庄岩组和中太古代迁西岩群构成陆核。

曹庄岩组零星见于迁安曹庄、黄柏峪一带,呈大小不等的包体形态出现于中、新太古代的变质深成岩中。岩石组合以斜长角闪岩、斜长片麻岩(常含不等量的矽线石、堇青石或含钡冰长石及石榴石等)为主,夹有含铬云母石英岩、不纯大理岩及磁铁石英岩等。变质作用的温度为620~700℃,压力为0.5~0.8GPa,变质程度为高角闪岩相,属中压变质类型。同位素测年资料为3 500~3 700Ma。

迁西岩群分布于迁安水厂—平林镇—娄子山一带以及北京市密云水库周边，为一套麻粒岩相含铁矿层的表壳岩系，是河北省及北京市的重要含铁层位之一。其产出状态主要有两种形式：一种是呈面状产出；另一种是呈大小不等的似层状、透镜状、扁豆状、不规则状及浑圆状零星分布于三屯营片麻岩和太平寨紫苏花岗岩及龙新庄片麻岩之中，它们主要呈包体形式出现。其岩石类型主要有超镁铁质岩类、镁铁质岩类、长英质岩类和硅铁质岩类。主要岩石组合以暗色基性麻粒岩及含紫苏辉石黑云斜长变粒岩（常含矽线石、堇青石、石榴石）为主，夹透辉斜长角闪岩及含辉石磁铁石英岩。划分为水厂紫苏黑云斜长变粒岩-二辉麻粒岩次透辉石岩组合、水厂紫苏黑云斜长变粒岩-二辉麻粒岩-磁铁石英岩组合（Ar_2）和平林镇石榴紫苏黑云变粒岩夹浅粒岩-斜长角闪岩组合（Ar_2），前者是区内主要的含铁组合。

迁西片麻岩套系指经历过麻粒岩相变质作用和变形改造，其形成时代相近，具有成生联系的一套深成岩体，是区内高级变质区的主体岩石，出露面积占冀东高级变质区岩石的60%～65%。与迁西岩群为交代侵入关系。迁西片麻岩套由三屯营片麻岩、太平寨紫苏花岗岩和龙新庄片麻岩组成。它们的主要岩石类型相当于英云闪长质、花岗闪长质和奥长花岗质岩石。虽然它们的总体化学成分变化较大，这可能与岩石经历多次混合岩化作用有关，但总的趋势是以富钠贫钾为特色。归并为三屯营TTG组合（Ar_2）。

陆核周围形成新的沉积中心，西北为遵化-青龙古岛弧，堆积了遵化岩群，是一套主要由斜长角闪岩及斜长变粒岩夹硅铁质岩所组成的、变质程度达高角闪岩相的变质岩系。在遵化、青龙一带，呈规模不等的包体形态产于新太古代各类变质深成岩之中。虽然较大的露头面积可达数百乃至数千平方米，但亦难观察到较完整的连续剖面。粗略地分析，其下部以斜长角闪岩类岩石为主，夹有少量斜长变粒岩，上部则主要为黑云斜长变粒岩夹有少量斜长角闪岩。

遵化岩群岩石偶见紫苏辉石。下部马兰峪岩组以斜长角闪岩类为主，夹少量斜长变粒岩，划分为马兰峪斜长角闪岩-角闪斜长变粒岩组合（Ar_3^1）；上部滦阳岩组主要为黑云斜长变粒岩夹硅铁质岩及少量斜长角闪岩，划分为滦阳黑云变粒岩-斜长角闪岩组合和黑云变粒岩-斜长角闪岩-磁铁石英岩组合（Ar_3^1），是重要的含铁层位。

汉儿庄片麻岩套，主要分布于遵化—迁西下营一带和密云半城子—滦平八道河—周台子一带。该岩套包括小关庄片麻岩、秋花峪片麻岩、柳河峪片麻岩、八道河片麻岩和青杨树片麻岩，主要由一套富钠贫钾的花岗岩系组成，变质程度为角闪岩相。小关庄片麻岩（角闪斜长片麻岩）空间上呈椭圆形、扁豆状或不规则状产出，它侵入于迁安岩群、三屯营片麻岩和遵化岩群中。岩石风化面为浅灰色，新鲜面为灰黑色，中粗粒花岗变晶结构，可见变余花岗结构，块状或弱片麻状构造。

秋花峪片麻岩（奥长片麻岩或奥长角闪片麻岩）是一种非常明显的浅色花岗质片麻岩，在太古宙变质地体中集中分布，与小关庄片麻岩密切伴生。一般以岩枝、岩株以及不规则形态产出，多呈北东向展布，侵入于前述所有单位中，可见到前述填图单位岩石包体。包体形态主要有棱角状、团块状、不规则状，在变形强烈地带多为长条带或似层状。包体岩石成分较杂，但以斜长角闪岩为主。岩石灰白色，中粗粒花岗变晶结构，块状或弱片麻状构造，变形较强地段为条带状构造或条纹状构造。以上两种片麻岩共同组成小关庄TTG组合。

柳河峪片麻岩（黑云二长片麻岩）和八道河片麻岩（角闪二长片麻岩）主要分布在青龙、迁安和密云等地，片麻状构造相对较弱，镜下常见变余半自形结构，侵入岩外貌较明显。

青杨树片麻岩（角闪二辉斜长片麻岩）仅见于迁西青杨树附近，北京划分的苇子峪辉长闪长质片麻岩可能与之相当。主要由块状—弱片麻状角闪二辉斜长片麻岩组成，呈小岩株状侵入小关庄片麻岩和秋花峪片麻岩，称之为青杨树辉长质片麻岩组合。

鲁西古陆块位于秦皇岛、山海关、抚宁、卢龙、滦县和青龙东部一带，其北、西、南三侧均以断裂为界，向东延入辽宁。西界的青龙-滦县大断裂，其西侧（晋冀古陆块）中元古代大幅度坳陷的同时，东侧的本单元基本属于正性状态，仅在西部边缘见有厚度不大的长城纪沉积，单元主体直到新元古代长龙山期才遭受到海侵超覆。

最老的表壳岩为新太古代早期的滦县岩群，以碎屑岩建造、基性火山岩建造为主，夹磁铁石英岩，是重要的铁矿层位，被安子岭片麻岩套（原岩为英云闪长岩、闪长岩、花岗闪长岩、奥长花岗岩）侵入，构成秦皇岛古岛弧。新太古代晚期的朱杖子岩群分布在西部大断裂附近,岩性为变质砾岩、片岩、变粒岩夹镁铁闪石磁铁石英岩,被变质石英闪长岩和花岗岩、花岗闪长岩等变质花岗岩系列侵入,构成朱杖子古裂谷。古生代曾几度形成陆表海,沉积了碳酸盐岩建造和碎屑岩-含煤建造。中生代在局部凹陷地带沉积了陆相碎屑岩-含煤建造和火山岩建造。燕山期酸性侵入岩十分发育。

沿该亚带东西向轴部,呈串珠状分布的酸性侵入岩,侵入时代为早—中侏罗世末,与陆核褶皱隆起的时代相同。

值得提及的是,该亚带东部太古宇分布区内,有一个平面呈楔形的北西向断块,长30~40km,宽10~20km,主要由中元古代至寒武纪地层组成,地层走向同主断裂方向一致,均为北西走向。据断块内中—新元古代地层剖面资料,总厚不足2 500m,且下部缺失大红峪组以下层位,上部则以长龙山组直接超覆于雾迷山组之上。该断块在区域构造格局中极不协调,而且中—新元古代的沉积带有东邻青龙河花岗-绿岩带同期沉积的色彩。因此,极有可能是来自东南方向的推覆嵌入块体,推覆时代为中侏罗世末。

(二)矿床分布规律

本区由马兰峪复式背斜和山海关台拱组成,太古宙变质岩广泛出露,有曹庄岩组、迁西岩群、遵化岩群、滦县岩群、朱杖子群及各类变质深成岩,这些变质岩形成变质结晶基底。在结晶基底周边大量沉积了中新元古界沉积岩。成矿带的东部有古生代地层,东部和东南部有少量侏罗纪及白垩纪地层。区内断裂构造以北东向为主,其次有近东西向和北西向,较大的断裂有密云-喜峰口大断裂、青龙-滦县大断裂、铧尖-冷口断裂。在马兰峪复式背斜区韧性剪切带构造发育,呈北东向、北北东向。本区燕山期岩浆活动强烈,马兰峪复式背斜区中酸性侵入体呈东西向带状展布,山海关台拱区燕山期中酸性侵入体也较发育。该区矿产以金、铁为主,其次铜、银、钼、硫铁、铅锌、铬、锰、钨等也有少量分布。

1. 矿产的空间分布规律

1)金矿

金矿按产出的地层不同,分为产于变质岩区的金矿、产于元古宙地层区的金矿。

产于变质岩区的金矿可分为以下几个矿带。

茅山-铧尖东西向金矿带:以迁西群变质岩、变质中性岩类,及燕山期中酸性、酸性岩浆岩为主要成矿地质背景。

峪耳崖-板城北东向金矿带:以遵化岩群变质岩及燕山期中酸性、酸性岩浆岩为主要成矿地质背景。

青龙-大石柱子北东向金矿带:以闪长质片麻岩为主要成矿地质背景。

双山子-大巫岚北东向金矿带:以朱杖子岩群变质岩为主要成矿地质背景。

隔河头-三星口北东向金矿带:以花岗闪长质片麻岩为主要成矿地质背景。

产于元古宙地层中的金矿仅有以下一个带。

冷口-铧尖北西向金矿带:以长城系碳酸盐岩地层及燕山期中酸性、酸性岩浆岩为主要成矿地质背景。

2)铁矿

区内沉积变质型铁矿严格受变质地层控制,铁矿产于太古宙迁西群、滦县群及朱杖子群中,主要分布在青龙河以西地区,可分为以下几个带。

茅山-铧尖东西向铁矿带:主要与迁西群有关。

水厂-滦县北北西向铁矿带:主要与迁西群、滦县群有关。

宽城梓罗台-板城北东向铁矿带:主要与遵化群有关。

青龙河以东地区矿主要有以下一个铁矿带。

青龙县南杖子-小秋子沟北东向铁矿带:主要与滦县群、朱杖子群有关。

3)铜矿

本区铜均为小型或矿点,主要产在太古宙变质岩中,成矿与燕山期岩浆活动关系密切。主要分布在西侧迁西县洒河桥—东荒峪一带及东侧的青龙县抚宁县的周杖子—平市庄一带。

洒河桥—东荒峪一带：变质岩主要为花岗质片麻岩、云英闪长质片麻岩和迁西岩群，岩浆岩为燕山期中酸性、酸性岩浆岩。洒河桥铜矿为典型矿床，矿床类型为中低温热液石英脉型，与青山口花岗岩体关系密切。

周杖子—平市庄一带：变质岩主要为新太古代变质石英闪长岩和花岗质片麻岩，以燕山期中酸性石英二长岩、花岗闪长岩、角闪闪长岩等岩浆岩为主要成矿地质背景，断层构造以北东向为主。

4）铬矿

为岩浆岩型，近东西向分布在遵化阎家沟—赵庄子一带。

5）钨矿

为热液型，分布在青龙县隔河头—青龙县安子岭一带，产于变质岩中。

6）钼、银多金属

主要分布在冷口—铧尖一带，以长城系碳酸盐岩地层及燕山期中酸性、酸性岩浆岩为主要成矿地质背景，成矿类型为热液型、矽卡岩型。

7）锰矿

主要分布在迁西县秦家峪一带，与中新元古代沉积岩有关。

2. 矿产的时间分布规律

本区成矿主要为太古宙和燕山期两个时期。

太古宙成矿期：主要为铁、铬等铁族元素。

燕山期：主要为金等多金属，为亲硫元素。

其次，元古宙有沉积型锰矿产出。

3. 矿产与成矿地质要素的关系

1）矿产与地层的关系

金成矿与迁西群、遵化岩群、朱杖子岩群变质岩及变质中性岩类关系密切，是本区金的主要赋矿围岩，其中的斜长角闪质岩类、绿片岩类与金关系密切，金丰度较高，为金成矿提供矿质，该套变质岩地层是金的矿源层。

沉积变质型铁矿产于太古宙迁西群、滦县群及朱杖子群中，含矿变质岩系分属麻粒岩相、角闪岩相和绿片-绿帘角闪岩相。其原岩建造为火山岩系-硅铁建造、含沉积岩的火山岩系-硅铁建造、火山岩-沉积岩系-硅铁建造、含火山岩的沉积岩系-硅铁建造。含矿岩系主要有斜长辉石岩类-暗色麻粒岩类-磁铁石英岩含矿岩系、变粒岩-斜长角闪岩-磁铁石英岩含矿岩系、角闪石英片岩-角闪变粒岩-磁铁石英岩含矿岩系、斜长片麻岩类-斜长辉石岩类-磁铁石英岩含矿岩系、黑云变粒岩-磁铁石英岩含矿岩系、二云石英片岩-磁铁石英岩含矿岩系等。含矿岩石主要为磁铁石英岩。

区内沉积型锰矿产于长城系高于庄组及蓟县系杨庄组含锰白云岩地层中。

2）矿产与构造的关系

密云-喜峰口东西向大断裂在燕山期强烈活动，使中酸性岩浆岩侵入到变质岩地层中，为金矿的形成提供了热源。变质岩区韧性剪切带构造发育，是区内金矿的容矿构造。

铁矿分布在太古宙构造层，其中褶皱构造发育，在各类褶皱构造的轴部是铁矿富集的有利位置。

太古宙地层区沿铧尖-冷口北西向断裂楔形嵌入中新元古代沉积岩地层，其中燕山期岩浆岩发育，区内钼、银等多金属多与此有关。

3）矿产与岩浆岩的关系

基性—超基性岩主要与铬、镍等岩浆岩型矿床有关。

侵入到变质岩中的燕山期中酸性岩浆岩使变质岩中的金在强大热源的作用下发生活化再富集，使金在有利的构造空间成矿，区内金矿在空间上与燕山期中酸性岩浆岩侵入体关系密切，附近均有这类岩体分布。

分布在中新元古代沉积岩地层中的燕山期中酸性岩浆岩侵入体与区内金、银、钼等关系密切，常形成破碎带蚀变岩型金矿、岩浆期后热液型银矿及矽卡岩型钼矿,如青龙县清河沿一带金矿、青龙县四拨子—六拨子一带铜多金属矿(铜、钼、金、银)等。

(三)航磁异常特征

如图2-4所示,本区以青龙-滦县大断裂为界,西侧为迁西陆核,东侧为鞍山-泰山岩浆弧,东、西两侧磁场差异明显。西侧以正磁异常为主,异常轴向东西,磁异常变化于-500~1 500nT之间。东侧磁异常以负异常为主,轴向北东,磁场变化于-550~600nT之间。

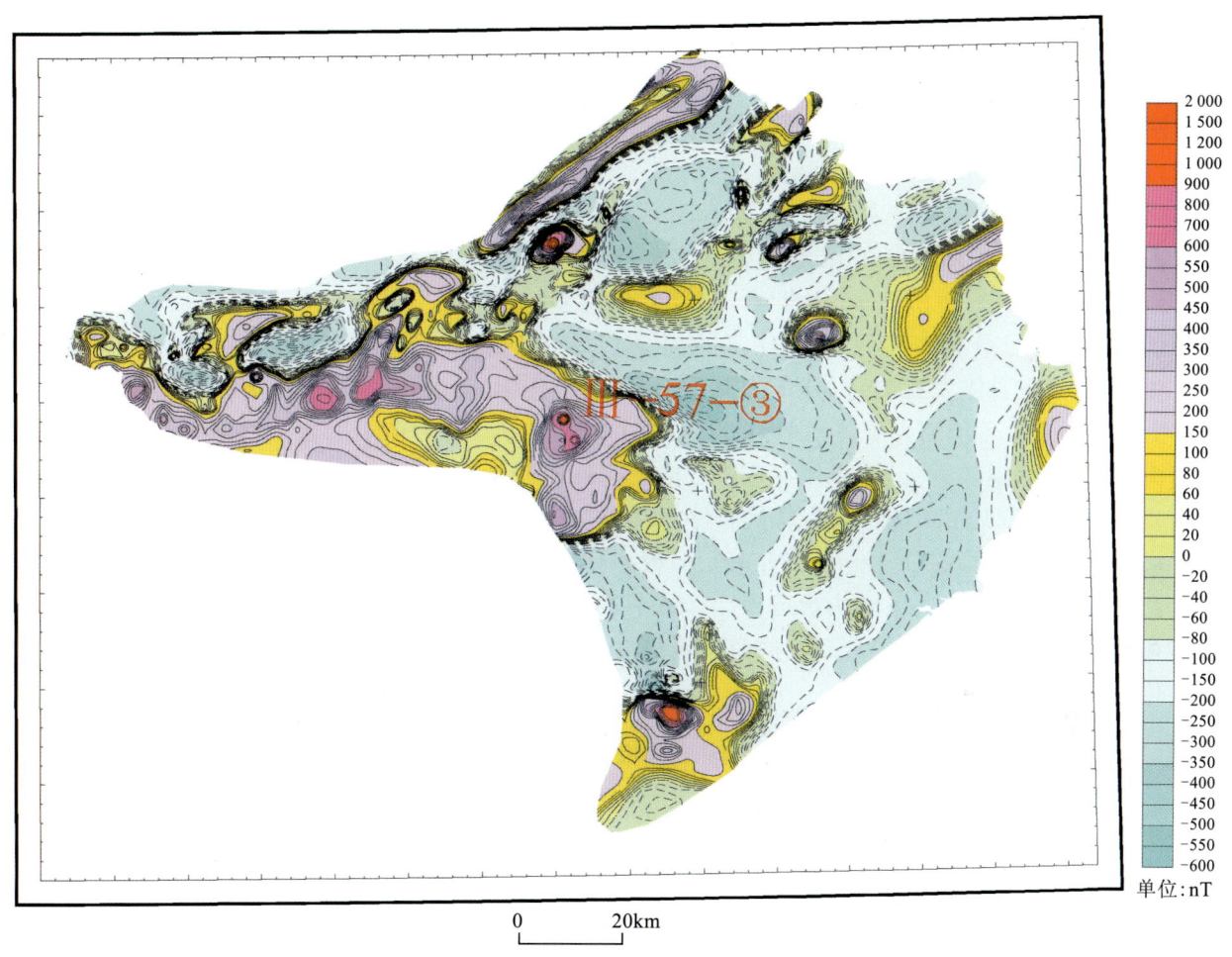

图2-4　Ⅲ-57-3燕辽(坳陷、拉张)Cu-Mo-Pb-Zn-Ag-Au-Fe-Mn-煤成矿亚带航磁 ΔT 化极等值线图

迁西陆核区正磁异常主要呈带状,连续性好,梯度大,幅值高,达1 000nT,由太古宙变质岩引起。该区地层是河北省重要的铁矿赋矿层位,也是金矿矿源层。在正异常区嵌布有多个东西向排列的负磁异常,其强度在-60~-500nT之间,是由侏罗纪中酸性至酸性岩浆岩侵入体引起,这些侵入体为金矿形成提供了热源。

鞍山-泰山岩浆弧异常区呈北东走向的中生代酸性岩浆岩为正磁异常,异常幅值为100~250nT。区内负磁异常主要由太古宙变质岩、变质深成岩,及元古宙、古生代沉积岩引起,异常幅值为-60~-350nT。

前已述及,区内岩浆岩与金成矿关系密切,如遵化茅山岩体、青龙青山口岩体、青龙肖营子岩体等,特征如下。

(1)茅山岩体:位于遵化县茅山,岩性为二长花岗岩,岩体北半部围岩为长城纪地层,南半部主要为太古宇迁西群。岩体四周1~9km范围内分布着4处小岩体,岩性有花岗岩和二长花岗岩。航磁异常图上,岩体范围内主要为负磁异常,其西南部为正磁异常,异常值变化范围为-150~-250nT,磁异常形态范围与岩体不吻合。根据重力异常进行正演模拟计算,岩体主体埋深约 5km。在南北向剖面上岩体在迁西群下向南侧沿延伸近 7km,并在南侧 0～5km 之间又有一膨大部位,其顶面埋深约 1km,底面埋深约 5km;岩体向北也向长城纪地层中隐伏状延伸近 2km。在东西方向剖面上,岩体同样向两侧均呈隐伏状,向西延伸约 6km,向东至二长花岗岩露头处,在迁西群下岩体均连续呈隐伏状。结合重力异常及二次导数不难推测,茅山岩体在迁西群、长城系下呈大范围的隐伏状,大规模的岩浆侵入为迁西群中金的迁移与富集成矿提供了丰富的热源,是金成矿不可缺少的前提条件。

（2）青山口岩体：岩体位于金厂峪西,为一酸性杂岩体,岩性有碱性花岗岩、花岗闪长岩和石英闪长岩。岩体长 10km,宽约 5km,走向近东西,其围岩均为迁西群变质岩。岩体东侧有多处金矿,其中有著名的金厂峪大型金矿。航磁异常图上,岩体为一负磁异常,其形态、范围与岩体大致吻合,最低值为 -250nT。航磁垂向二次导数也呈负异常,零值线范围与岩体一致。根据重力异常进行正演模拟计算,南北方向岩体自地表向两侧均有约 1.5km 的延伸,岩体主体位于南侧,最大埋深 1.6km。在东西方向上随着埋深增加呈缩小状,最大埋深处于东侧,约为 1.3km。

（3）肖营子岩体：位于青龙县肖营子,其岩性为花岗岩,岩体东南侧有次流纹岩出露,围岩为长城纪地层和太古宇迁西群。在西侧长城纪地层中有多处小的花岗岩体出露,肖营子岩体地表呈三角状,面积 295km^2。其中次流纹岩面积 76km^2,肖营子岩体周围有多处金矿,如华尖金矿、青河沿金矿等。在岩体西侧的长城纪地层中也分布着多处 Au、Ag 等多金属异常。航磁图上,岩体北半部为一正磁异常,最高值 150nT;异常形态与岩体大致吻合,分布范围比岩体要大,西侧、东北侧均沿入迁西群及长城纪地层区;正磁异常上延至 10km 后消失。岩体南部为负磁异常区,异常中心与岩体不吻合,最低值 -400nT。根据重力正演模拟计算,除地表露头外,岩体在东西方向上向西呈隐伏延伸进长城纪及迁西群地层覆盖区,延伸距离达 20 余千米,长城纪地层下均有隐伏岩体存在;向东超浅成次流纹岩也延伸达 2km,并被隐伏在长城纪之下;岩体主体最大埋深 3.4km。南北向正演模拟计算剖面岩体最大埋深为 3.4km;除很少露头外,在长城纪及迁西群地层下基本呈隐伏状态。计算结果显示,岩体厚度小于 1km,北侧厚度渐薄。综上,肖营子岩体大部分呈隐伏状,在西侧的迁西群及长城纪地层区均有大面积隐伏状岩体,是本区金及多金属成矿的重要热动力及物质（热源）基础。

五、Ⅲ-61-1 恒山-五台山 Fe-金红石成矿亚带

（一）地质背景

该成矿亚带位于太行山中北部阜平、五台一带,主要为变质岩系,发育陈庄岩群、五台岩群、湾子岩群。构造单元分别对应于阜平古岛弧、五台大陆边缘古裂谷和湾子古陆缘拗拉槽。

阜平古岛弧为晋冀古陆块上的一个相对稳定的构造单元,双层结构明显,自古元古代末结晶基底形成以来,主要呈现相对上隆态势。中元古代早期,受燕辽裂陷带波及,并一度在东侧形成北北东向狭长的古海湾,长城纪末该海湾由南向北逐渐封闭。早古生代和晚古生代也曾被陆表海和滨浅海淹没。伴随燕山运动的岩浆侵入和褶皱、隆升,始呈如今面貌。

最古老地体为新太古代陈庄岩群,主体出露于阜平大柳树、猴石顶、叠卜安及陈庄—下口广大地区,花盆、神北、玉斗、良岗等地有部分出露。由于被后期重熔型变质深成岩体的吞蚀和交代,而显得支离分散。下部元坊岩组以黑云斜长变粒岩（片麻岩）、黑云角闪斜长变粒岩为主,夹二辉麻粒岩、斜长角闪岩及磁铁石英岩,可划分为黑云变粒岩-二辉麻粒岩-磁铁石英岩组合（Ar$_3^1$）;中部城子沟岩组为黑云变粒岩-钾长浅粒岩-大理岩组合（Ar$_3^2$）,主要由变粒岩、浅粒岩、大理岩及不纯大理岩组成;上部麻河清岩组为角闪黑云变粒岩-斜长角闪岩组合（Ar$_3^3$）,主要为角闪黑云斜长变粒岩,夹多层斜长角闪岩及少量浅粒岩及磁铁石英岩。黑云变粒岩-二辉变粒岩-磁铁石英岩组合是主要含铁层位,但铁矿规模不大。

深成侵入岩称阜平片麻岩套,形成于陈庄岩群之后,两者为侵入或交代侵入接触关系。包括大石峪片麻岩、坊里片麻岩、平阳片麻岩。大石峪片麻岩为本区形成时代最早的片麻岩单位,岩石类型为稀疏条带状、条纹状含黑云角闪斜长片麻岩,角闪斜长片麻岩及黑云角闪斜长片麻岩。坊里片麻岩为阜平地区规模

最大的变质深成岩,广泛分布于阜平变质核杂岩区,阜平片麻岩套为一TTG型花岗质岩石组合,岩石以富钠为特征。主要岩石类型为角闪斜长片麻岩、黑云钾长片麻岩、含黑云斜长片麻岩等,原岩分别相当于石英闪长岩、英云闪长岩、奥长花岗岩。从早到晚构成一套由中性向酸性演化的正向演化序列。

五台大陆边缘古裂谷见于阜平西北部板峪口—女儿沟—下关—黄花滩和涞源独山城一带,主体位于山西境内,与阜平古岛弧断层接触,本区Ⅳ级构造单元称独山城-板峪口古裂谷。变质地层仅出露石嘴岩群下部层位,包括下部板峪口岩组和上部金刚库岩组。板峪口岩组为浅粒岩-变粒岩-片岩-大理岩组合(Ar_3^2),主要岩性下部为浅粒岩夹石英岩、斜长角闪岩、变粒岩,上部主要为黑云斜长变粒岩、石榴黑云片岩夹角闪片岩及大理岩。金刚库岩组为变粒岩-浅粒岩夹斜长角闪岩、磁铁石英岩组合(Ar_3^2),主要岩性为浅粒岩、变粒岩夹斜长角闪岩、片岩和磁铁石英岩。后者组合是主要含铁层位,但铁矿规模不大。

五台旋回变质侵入岩主体出露于石嘴岩群变质地层及石嘴岩群与阜平岩群不整合界线两侧附近,在阜平期杂岩区有少量分布,具较清晰的岩体外貌和岩浆演化特点,与围岩具明显的侵入关系并保留有良好的变余岩浆结构。

基性—超基性岩在区域上属五台山超基性岩带的东延部分,成群集中分布于板峪口、小川、黑印台、青羊口及下关等地,多呈小岩株状或岩床状侵入于金刚库岩组之中,总体呈北东向展布。岩体常具明显的分带性,其中心部位(亦是主体部分)主要由橄榄岩、橄榄辉石岩、辉石岩所组成,但大都蚀变为蛇纹岩,边部则为次闪石岩,岩石主要由透闪石、镁铁闪石组成,有时具少量金云母,原生残晶为橄榄石、古铜辉石。划分为青羊口基性—超基性岩组合(Ar_3^2)。

中酸性侵入岩主要有片麻状石英闪长岩、变质斑状花岗岩、变质二长花岗岩、变质正长花岗岩4个岩石单位,划分为沙果园后碰撞钾质侵入岩组合(Ar_3^2)。主要为部分熔融趋势,结晶分异不明显。

拗拉槽主要出露于阜平古陆核之中南部及西南部地区,即孟家庄—陈庄—口头一线以南至岗南水库—慈峪以北,赤瓦屋—南营—孟家庄一线以西的范围内,未进行进一步划分。由湾子岩群和涞源(混合)片麻岩套组成。南部出露层位全,于向斜核中保存完好;北部主要分布了下部层位。变质程度属高角闪岩相—麻粒岩相。这是一套下部由碎屑岩,上部由碳酸盐岩所组成的、具典型沉积建造特征的表壳岩系。根据其与下伏陈庄岩群之间在原岩建造、变质、变形作用特征方面的明显差异,以及其在区域上与下伏陈庄岩群及阜平片麻岩套中的不同岩石单位相接触等,推测二者之间应存在一个被改造的不整合界面。

下部岩组以碎屑岩为主,包括含矽线石英球钾长浅粒岩、含矽线石英球白云母钾长浅粒岩、钾长浅粒岩、含磁铁钾长或二长浅粒岩等;上部岩组以碳酸盐岩为主,由变质钙硅酸盐岩及各种大理岩所组成。其原岩应属富钙的碎屑岩、泥灰岩、白云质灰岩和石灰岩等。与下伏陈庄岩群及阜平片麻岩套推测应存在一个被改造的不整合界面。划分为两个岩石构造组合,下部为湾子含石英球矽线钾长浅粒岩组合(Pt_1^1),上部为湾子钙硅酸盐岩-大理岩组合(Pt_1^1)。

(二)矿床分布规律

区内出露地层主要为太古宙阜平群变质岩,另有各类花岗质变质深成岩。岩浆岩为燕山期中酸性岩侵入体,有赤瓦屋岩体、大石峪岩体等。断裂构造主要为北西向,多被辉绿岩脉、岩墙等充填。本区主要矿产有金矿、铜矿、铁矿、铅锌银矿、钼矿等。

1. 矿产的空间分布规律

1)金矿

区内金矿均分布在燕山期中酸性岩浆岩侵入体附近的变质岩中,有两个集中区:一是赤瓦屋岩体周围集中区,二是大石峪岩体周围集中区。赤瓦屋集中区有石湖金矿,脉型、规模达中型;其余主要为矿点及两处小型,以热液型为主。大石峪集中区除大石峪为小型、脉型外,其余均为矿点、热液型。

2)铜矿

区内铜矿有2个集中区:一是平山县李台—灵寿县九岭一带,二是赤瓦屋岩体一带。平山县李台—灵寿县九岭一带铜均为矿点,呈东西向展布,矿点产于变质岩中,西侧为热液型,东侧为矽卡岩型。赤瓦屋岩体一带也均为铜矿点,1处产于岩体中,热液型;2处产于岩体附近变质岩中,热液型。

3)铁矿

区内铁矿分布于平山县会口—唐县僧贯一带,北东向呈带状分布,以沉积变质型为主,仅1处矽卡岩型。沉积变质型有中型1处、小型1处,其余为矿点,产于变质岩中;矽卡岩型为小型,产于大理岩与岩体的接触带。

4)铅锌、银、钼等多金属矿

区内多金属矿产于赤瓦屋岩体西南附近及阜平县南庄旺一带。赤瓦屋岩体西南附近为秋树林斑岩型钼矿和3处热液型铅锌银多金属矿,为小型或矿点,产于变质岩或岩体中。南庄旺一带热液脉型铅锌银矿点,产于变质岩中。

2. 矿产的时间分布规律

本区成矿分为太古宙成矿期和燕山期成矿期。

太古宙主要有沉积变质型铁,部分产于变质岩中的热液型铜矿点。

燕山期是本区的主要成矿期,金、铅锌、银、钼等均为燕山期成矿,矽卡岩型铜、铁等也为燕山期成矿。

3. 矿产与成矿地质要素的关系

1)矿产与地层的关系

本区金矿、沉积变质型铁矿、热液型铜矿均产于太古宙变质岩中,是这些矿种的矿源层。

2)矿产与构造的关系

区内燕山期金、银及多金属矿产均受紫荆关-灵山断裂构造控制,是区内的导岩、导矿构造。

3)矿产与岩浆岩的关系

金矿围绕燕山期赤瓦屋、大石峪中酸性岩体周围分布,燕山期岩体提供热源,使变质岩中金发生活化,迁移至有利部位成矿。燕山期岩浆岩侵入是区内金矿的重要成矿因素。

区内矽卡岩型铁矿、铜矿及斑岩型钼矿等也与燕山期侵入体有关。

(三)航磁异常特征

如图2-5所示,区内航磁异常轴向呈东西、南北及北西向,异常梯度缓至中等。正磁异常分布面积明显大于负磁异常,异常值变化于-150~500nT之间。

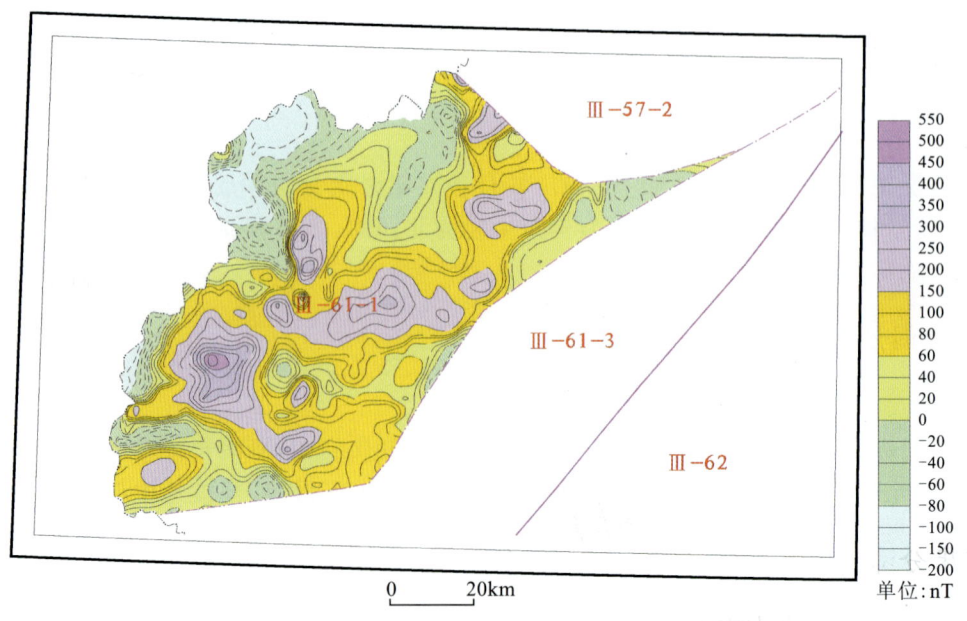

图2-5 Ⅲ-61-1恒山-五台山Fe-金红石成矿亚带航磁ΔT化极等值线图

本区负磁异常主要由酸性岩体引起,这些负磁异常多属低缓异常,异常幅值变化于-40~-150nT之间。正磁异常主要由中酸性岩体引起,正磁异常梯度变化明显,幅值为150~500nT。阜平变质杂岩为变化的正或负磁异常。

区内岩浆岩与成矿关系密切,赤瓦屋岩体最主要岩体,位于阜平县赤瓦屋,岩体地表由南、北两个山岩体组成,岩性为二长花岗岩、石英闪长岩。两岩体总体长24km,宽约10km,呈北东向展布,其围岩为阜平群地层,岩体与石湖金矿关系密切。航磁异常为一正磁异常,位置大体与异常吻合,长17km,宽7km,走向北东,最高值300nT。根据重力正演计算,在南北方向上赤瓦屋两个小岩体在下部连为一体,上覆阜平群地层最厚约400m。岩体底面北浅、南深,最深达6.5km。该整体向北西西方向倾伏,岩体与阜平群的东接触面较陡,西接触面较缓。

六、Ⅲ-61-2 吕梁 Fe-铝土矿-石膏-煤-煤层气成矿亚带

(一)地质背景

该成矿亚带位于西部的怀安、阳原礼一带,北界尚义-赤城断裂带,包括怀安陆核和晋蒙地块,主要由桑干岩群、桑干片麻岩套和下白窑岩组组成。桑干岩群下部马市口岩组以黑云紫苏斜长变粒岩、(含)角闪二辉斜长变粒岩、二辉斜长变粒岩互层为主,夹角闪二辉斜长麻粒岩和斜长透辉角闪岩、磁铁石英岩,归并为马市口变粒岩夹麻粒岩-磁铁石英岩组合。该组合是变质铁矿的主要产出层位,上部右所堡岩组以二辉斜长变粒岩、角闪二辉斜长变粒岩、黑方斜长变粒岩互层为主,夹角闪二辉斜长麻粒岩、二辉角闪斜长麻粒岩、斜长透辉角闪岩、紫苏斜长浅粒岩、(含)石墨黑方斜长变粒岩及大理岩,归并为右所堡变粒岩-麻粒岩-大理岩组合,该组合是石墨矿的主要产出层位。

桑干片麻岩套主要岩石类型有二辉花岗闪长质片麻岩和紫苏奥长花岗质片麻岩。二辉花岗闪长质片麻岩仅分布于山西天镇县榆林口—瓦窑口—瓦窑口南一带,省内少量出露。侵入中太古宙右所堡岩组,部分地段内部有较多变质地层的捕房体,内部局部可见紫苏奥长花岗质片麻岩呈脉状侵入。呈灰色、深灰色,具粒状变晶结构、交代结构,似片麻状构造、块状构造。岩石整体较均一,岩石主要由紫苏辉石、透辉石、黑云母、斜长石、石英等组成,原岩为花岗闪长岩类。紫苏奥长花岗质片麻岩分布于天镇县—怀安一带。侵入中太古宙变质地层,呈浅灰色、灰白色,具粒状变晶结构、交代结构,似片麻状构造、块状构造。主要由紫苏辉石、透辉石、黑云母、斜长石、石英等组成,原岩为奥长花岗岩。两者组成怀安斜长-花岗闪长质片麻岩组合。

桑干岩群构造线近东西向。主期变质为麻粒岩相(一期),后又经受了麻粒岩相(二期)-绿片岩相多期变质作用与变形作用改造。

下白窑岩组分布于冀西下白窑、黄土梁一带,临近尚义-赤城断裂带,属晋蒙地块。仅出露下白窑岩组,以黑云矽线石榴钾长片麻岩与(含)石榴矽线钾长变粒岩互层为主,夹黑云斜长变粒岩、大理岩、黑云斜长紫苏麻粒岩等。

对于这套"孔兹岩系"的原岩形成时代及其变质年龄的认识,自20世纪80年代以来各家观点明显有分歧,主要表现在孔兹岩系与各种麻粒岩、片麻岩(即桑干变质杂岩)之间接触关系和原岩的形成时代上。大量研究表明其形成于古元古代,是一个独立的地体,在古元古代时期碰撞拼接,呈构造岩片与怀安陆核的不同地层接触。

该亚带北部发育中生代火山沉积盆地,下花园沉积断陷盆地、九龙山-土城子火山-沉积断陷盆地、张家口火山盆地、南天门山麓盆地等,叠加于变质基底之上。

另有古元古代晚期二长花岗岩小岩体侵入,有北西向成带分布趋势。

(二)矿床分布规律

区内出露地层主要为太古宙桑干群、集宁群变质岩,侏罗系陆相碎屑沉积岩,少量中新元古代及白垩纪、第三纪(古近纪+新近纪)地层。岩浆岩为海西期二长花岗岩。断裂构造主要为北西向。本区主要矿

产有铁矿、磷矿和少量金矿。

1. 矿产的空间分布规律

1）铁矿、磷矿

区内铁矿、磷矿主要分布在怀安附近的桑干群变质岩中。铁矿为沉积变质型，有小型1处，其余为矿点；磷矿也为沉积变质型，中型1处，其余为矿点。另外，岩变质岩周边的长城纪地层中有两处海相沉积型铁矿点。

2）金矿

区内金矿分布在北侧集宁群和南侧桑干群变质岩中，均为热液型矿点。

2. 矿产的时间分布规律

区内沉积变质型铁矿、磷矿均形成于太古宙，海相沉积型铁矿形成于元古宙。

区内金矿形成于海西期。

3. 矿产与成矿地质要素的关系

区内金矿、沉积变质型铁矿、磷矿均与变质岩地层有关，是矿源层；海相沉积型铁矿与元古宙地层有关。海西期岩浆岩为变质岩地层中金矿的形成提供了热源。

（三）航磁异常特征

区内航磁正异常轴向东西，总体北北西向排列，梯度南缓北陡，幅值为450～500nT，由太古宙花岗闪长质片麻岩引起。航磁负异常轴向南北，梯度变化较缓，异常幅值为－200nT，由土城子组凝灰质砂砾岩引起。

七、Ⅲ－61－3 太行Fe－Mn－铝土矿－石膏－煤－煤层气成矿亚带

（一）地质背景

该成矿亚带分布于太行山南部，其底界不整合在太古宙及古元古代变质岩之上，包括赞皇古岛弧、晋东南碳酸岩台地。

赞皇古岛弧分布于赞皇、内丘、邢台的西部。赞皇岩群主期变质为角闪岩相，后经历了绿片岩相多期区域变质作用与变形作用的改造。下部大和庄岩组为斜长角闪岩-变粒岩-磁铁石英岩组合，岩石类型以含蓝晶石、石榴石、石墨的黑云变粒岩为主，夹斜长角闪岩及磁铁石英岩；中部立羊河岩组为石英岩-变粒岩-大理岩组合，岩性以石英岩、大理岩为主，夹斜长角闪岩、变粒岩；上部宁家庄岩组为黑云变粒岩-斜长角闪岩组合，岩性以斜长角闪岩为主，夹变粒岩。前者是主要含铁层位，但铁矿规模不大。

赞皇岩群下部主要由中酸性凝灰岩、凝灰质粉砂岩及富铝的泥质粉砂岩，间夹基性火山岩组成；中部全部由沉积碎屑岩（砂岩、粉砂岩、泥岩等）及碳酸盐岩所组成；上部以中酸性凝灰岩、凝灰质粉砂岩、粉砂岩为主，并夹有多层基性火山岩。总体亦属火山-沉积建造。

伴随的侵入岩称邢台片麻岩套，包括北潘片麻岩（辉长质片麻岩）、王家崇片麻岩（英云闪长质片麻岩）、丰来峪片麻岩（花岗闪长质片麻岩），原岩为基性—中性—酸性侵入岩类，与赞皇岩群为侵入或交代侵入关系。划分为赞皇辉长质-花岗闪长质片麻岩组合。

晋东南碳酸岩台地包括赞皇-涉县夭折裂谷（Pt_2）、西达陆源碎屑-碳酸盐岩陆表海盆地（$\in_{1-2}$）、涉县陆表海碳酸盐岩台地（$\in_2$—O_2）、峰峰海陆交互陆表海盆地（C_2—P_1）和大椒村陆内盆地（P_1—T_2）。区内地层产状平缓，褶皱构造简单，断裂构造发育。主断裂北北东向，平面弯曲波状，多属压扭性质。断裂在空间上东密西疏，东强西弱。北西向的张性或张扭性断裂亦较发育。岩层支离破碎，为燕山期岩浆侵入提供了空间，是河北省接触交代型铁矿的主要成矿区。本区中新元古代仅有高于庄组及以下地层，赵家庄组仅

在本区存在,其上被常州沟组砾岩或含砾砂岩平行不整合覆盖。

1. 赵家庄-串岭沟初始裂谷

该裂谷仅发育高于庄组以下层位,最早的赵家庄组出露于本区,除赵家庄组外,沉积特征与燕辽裂谷基本相同。赵家庄期是本区发生的第一次海侵,仅限于井陉-武安地层分区,是结晶基底上的低凹地区。向西延入山西,向南延入河南。沉积物为一套局限海相紫红色岩系,厚度不稳定,常于近距离内尖灭。

2. 赞皇-涉县团山子-高于庄裂谷

团山子期太行山区强烈坳陷,自下至上发育了团山子潮坪碳酸盐岩-碎屑岩组合、大红峪滨浅海石英砂岩-白云岩-组合、高于庄潮坪燧石白云岩-含锰白云岩组合。与燕山地区相比,虽然地层单位相同,但沉积厚度明显变薄。大红峪期末,"青龙上升"使本区发生海退,致使大红峪组顶部遭受风化剥蚀。高于庄期本区地壳下降,海域范围较大红峪期更为扩大。初期以一套砂砾岩层平行不整合于大红峪组之上,随后为潮坪相碳酸盐岩沉积。高于庄期末时,"滦县上升"使本区发生海退,高于庄组顶部遭受风化剥蚀。

3. 西达陆源碎屑-碳酸盐岩陆表海盆地

西达陆源碎屑-碳酸盐岩陆表海与昌平-驻操营陆源碎屑-碳酸盐岩陆表海有基本相同的发展历史,昌平期海水由东向西侵入本区,沉积了属局限海相的碎屑岩-碳酸盐岩建造。馒头期海侵扩大,沉积中心在武安市一带,沉积了一套潟湖—浅海相的钙泥质岩-碳酸盐岩建造,超覆在不同的层位之上。

4. 涉县陆表海碳酸盐岩台地

涉县陆表海碳酸盐岩台地是在西达陆源碎屑-碳酸盐岩陆表海盆地的基础上发育起来的,代表碳酸盐台地的成熟阶段(深水型碳酸盐岩),其中张夏组代表平顶型台地发展阶段。与平泉-涞源碳酸盐岩陆表海的最大差别在于本区三山子白云岩替代了后者冶里-亮甲山组。

奥陶纪,是中国地史上最大的海侵期,冶里期海陆分布范围与晚寒武世基本相同。

三山子期为潮间潟湖相镁质碳酸盐岩夹膏盐建造,代表清水型碳酸盐台地。马家沟期总体属浅海陆棚—潟湖相环境,为镁质碳酸盐岩夹膏盐建造。

马家沟期末时,本区地壳上升,普遍遭受风化剥蚀,燕辽地区抬升较快,剥蚀深度较大,缺失马家沟组上部三段(即原峰峰组)。

5. 峰峰海陆交互障壁陆表海盆地

中石炭世本溪早期,形成古生代以来,华北地区第二次大海侵,形成本溪滨浅海铁铝质岩-泥砂岩组合、太原海陆交互含煤砂页岩-灰岩组合、山西沼泽含煤泥砂岩组合。

初始沉积铝土、铁质岩系即本溪滨浅海铁铝质岩-泥砂岩组合,风化壳物质中铁、铝质较多,首先形成一套铁铝质岩,局部富集为"山西式"铁矿和铝土矿,为滨浅海相沉积环境;随后,海水变浅,甚至成陆,沉积一套以泥砂质岩及碳质页岩为主体的海陆交互相沉积物。

中晚石炭世到早二叠世,海侵范围扩大,分布在辽西、冀东和太行山东麓。太原期与本溪期为连续沉积,形成了一套海陆交互相含煤页岩-灰岩沉积。早期海侵过程达到最高峰,普遍在底部沉积了一层较厚的灰岩层。之后,沉积环境由浅海转入潮坪-潮汐三角洲环境,泥岩、粉砂岩夹几层薄层灰岩是其主要沉积物。由于当时气候湿润,植被发育,大部分地区有煤层形成。太原期最后一次海侵之后,山西期进入浅水三角洲沉积环境,沉积物主要为陆相砂页岩夹煤层。

到晚二叠世,本区完全脱离海洋环境,进入陆相河、湖沉积,发育一套灰色粉砂质页岩-黄绿色(含砾)石英砂岩-页岩-含砾粗砂岩,夹煤层。在石家庄及其以南地区,形成一套河流相、沼泽相含煤碎屑岩建造。是河北省主要的煤矿基地之一。

6. 大椒村陆内盆地

在早二叠世后,本区结束了海侵历史,形成于曲流河-辫状河的沉积环境,集中分布在邯邢地区太行山东麓,全为河流相为主的红色碎屑岩建造,包括石盒子河湖相泥岩-砂岩-铝土质岩组合（P_2s）、孙家沟河湖相粉砂岩-泥岩组合、刘家沟曲流河砂岩-细砂岩组合、和尚沟河湖相粉砂岩-泥岩组合、二马营河湖相砂岩-泥岩组合。古气候干旱炎热,植物繁盛,形成了 *Cladophlebis-Pleuromeia* 植物组合。

分布于太行山南部,岩浆活动较弱。火山岩仅武安—永年交界一带出露,为娄里同造山粗面质凝灰岩-粗面质含角砾凝灰熔岩组合。侵入岩分布零散,从侏罗纪到白垩纪都有产出。有叩天井角闪辉橄岩-辉长岩组合、东鹿头同造山高钾（斑状）角闪闪长岩组合、郭二庄-西石门同造山高钾闪长岩-二长岩组合（K_1^1）、洪山后造山高钾辉石正长岩-正长岩组合（K_1^2）,均为幔源侵入岩。中侏罗世、早白垩世早期侵入岩与铁、钴等黑色金属矿产关系密切,是邯邢铁矿的成矿母岩;早白垩世晚期侵入岩与金矿关系密切。

（二）矿床分布规律

区内地层主要为太古宙赞皇群、古元古代甘陶河群、中新元古代长城系、古生代奥陶系,及少量石炭系、二叠系、三叠系,另外太古宙变质岩除赞皇岩群外英云闪长质片麻岩、闪长质片麻岩也较发育。断裂构造以北北东向为主,少量北西向和近南北向、近东西向。岩浆岩以燕山期各类闪长岩为主。区内矿产主要有铁、铝土矿、硫铁、重晶石、菱镁矿、铅锌、铜、镍、磷等。

1. 矿产的空间分布规律

1) 铁矿

本区铁矿有矽卡岩型和沉积变质型,以矽卡岩型为主。

矽卡岩型铁矿主要分布在区内南侧邯郸、邢台一带,有两个矿带：涉县符山-邯郸胡峪北西向铁矿带、武安市杨二庄-沙河市白涧北北东向铁矿带。该两带铁矿密集分布,均产于闪长岩、闪长玢岩与奥陶系马家沟组灰岩的接触带附近。

沉积变质型铁矿分布于内邱县杏树台—赞皇县花木一带,产于中太古宙云英闪长质片麻岩中。

另外区内还有少量岩浆岩型铁矿,分布于赞皇县北水峪—元氏县马岭一带的变质岩中,与侵入到变质岩中的基性、超基性岩有关。

2) 铝土矿

区内铝土矿分布于峰峰矿区都党—武安市野河及井陉县南关一带,产于中奥陶统马家沟组上部存在的古风化壳中。

3) 硫铁矿

区内硫铁矿分布于井陉县城关绵河滩—井陉矿区涧底、内邱县杏树台和永年县台口—沙河市三王村一带。井陉县城关绵河滩—井陉矿区涧底一带硫铁矿产于中奥陶统马家沟组和中石炭统本溪组中;内邱县杏树台一带硫铁矿产于太古宇赞皇群石家栏组变质岩系二段;永年县台口—沙河市三王村一带硫铁矿产于闪长岩、闪长玢岩与中奥陶统峰峰组二段和中石炭统本溪组、上石炭统太原组的接触带附近。

4) 重晶石

区内重晶石分布于邢台县李家庄一带,产于中太古代云英闪长质片麻岩及赞皇群变质岩中。

5) 菱镁矿

区内菱镁矿分布在邢台县大河,为沉积变质型,产于赞皇群变质岩中,区内仅一处,为邢台县大河中型菱镁矿。

6) 镍矿

区内仅有一处,为内邱县杏树台矿区小型钴镍矿,产于中太古代云英闪长质片麻岩中,为中—低温热液型钴镍矿床。

7)磷矿

区内磷矿分布于元氏县北马村—鹿泉市南故邑一带，均为矿点，与古元古代基性、超基性岩有关。

8)铅锌、铜等多金属矿

区内铅锌、铜等多金属矿分布于内邱县庄和—桃园一带，为小型或矿点，为热液型。

2. 矿产的时间分布规律

本区最主要的成矿期为燕山期，有矽卡岩型铁矿、矽卡岩型硫铁矿、重晶石、镍等。

太古宙成矿期主要为沉积变质型铁矿、沉积变质型硫铁矿、菱镁矿等。

元古宙成矿期主要有铜、磷等。

古生代成矿期主要有铝土矿。

3. 矿产与成矿地质要素的关系

1)矿产与地层的关系

区内太古宙地层集中分布沉积变质型铁矿、沉积变质型硫铁矿，区内的重晶石、镍、菱镁矿也产于太古宙变质岩中。铜矿产于古元古代甘陶河群地层中。矽卡岩型铁矿、矽卡岩型硫铁矿均与奥陶纪碳酸盐岩地层有关。铝土矿均产于中奥陶世马家沟组上部存在的古风化壳中。

2)矿产与构造的关系

本区北北东向、北北西向断裂为本区的主干断裂，在燕山期强烈活动，沿断裂侵入了一系列中酸性岩浆岩，也控制了区内矽卡岩型铁矿、硫铁矿的形成，是本区重要的控岩、控矿构造。

区内古生代碳酸盐岩台地对区内的铝土矿的形成起到控制作用，铝土矿产在中奥陶世马家沟组上部的古风化壳中。

3)矿产与岩浆岩的关系

本区矽卡岩型铁矿、矽卡岩型硫铁矿均与燕山期中性岩侵入体有关，在岩体与碳酸盐岩的接触带形成矽卡岩型矿床。基性—超基性岩浆岩是区内岩浆岩型铁矿、磷矿的成矿母岩。

(三)航磁异常特征

如图2-6所示，航磁异常轴向为南北和北北东向，正磁异常在成矿带内断续分布，梯度较缓，幅值为150~400nT。正磁异常主要由基性—中基性岩体及太古宙英云闪长质片麻岩和中酸性岩引起。区内分布于邯郸武安附近的中酸性岩浆岩侵入体与铁矿关系密切。本区负磁异常主要与古生代沉积岩及阜平群表壳变质岩有关，异常呈面状，幅值低缓。

八、Ⅲ-62 华北(断坳/盆地)石油天然气成矿区

1. 地质背景

河北平原断陷盆地指河北省东南部的平原区，为冀鲁豫皖大型新生代断裂坳陷的北部，四周被断裂围限。根据物探和钻孔资料，该区前新生代的发展历史，同邻近构造单元相似，即在太古宙—古元古代结晶基底之上，发育有中—新元古代及早古生代碳酸盐岩建造，晚古生代滨浅海相转陆相含煤建造，三叠纪早—中期红色陆屑建造和晚期的复陆屑建造，以及局部发育的侏罗纪—白垩纪陆相火山岩建造及类磨拉石建造。进入古近纪以来，断裂活动加剧，差异升降明显，太行山山前断裂带以西急剧上升，以东急剧下降，在众多小型断陷盆地中，始新世—渐新世堆积物最厚可达5 000m以上，并伴有拉斑玄武岩的喷溢，显示大陆裂谷盆地性质。新近纪至第四纪，在边界断裂制约下，持续平稳下降，岩浆活动减弱，前期小盆地连成一体，湖泊-河流相堆积物厚达1 200~2 600m。

物探资料反映，该区的基岩地质构造较燕山或太行山地区简单。其区域重力异常外形开阔，场值较高，由东南向西北逐渐下降；剩余异常外形呈长条状、等轴状或扁椭圆状。排列松散，边缘梯度较大。区域

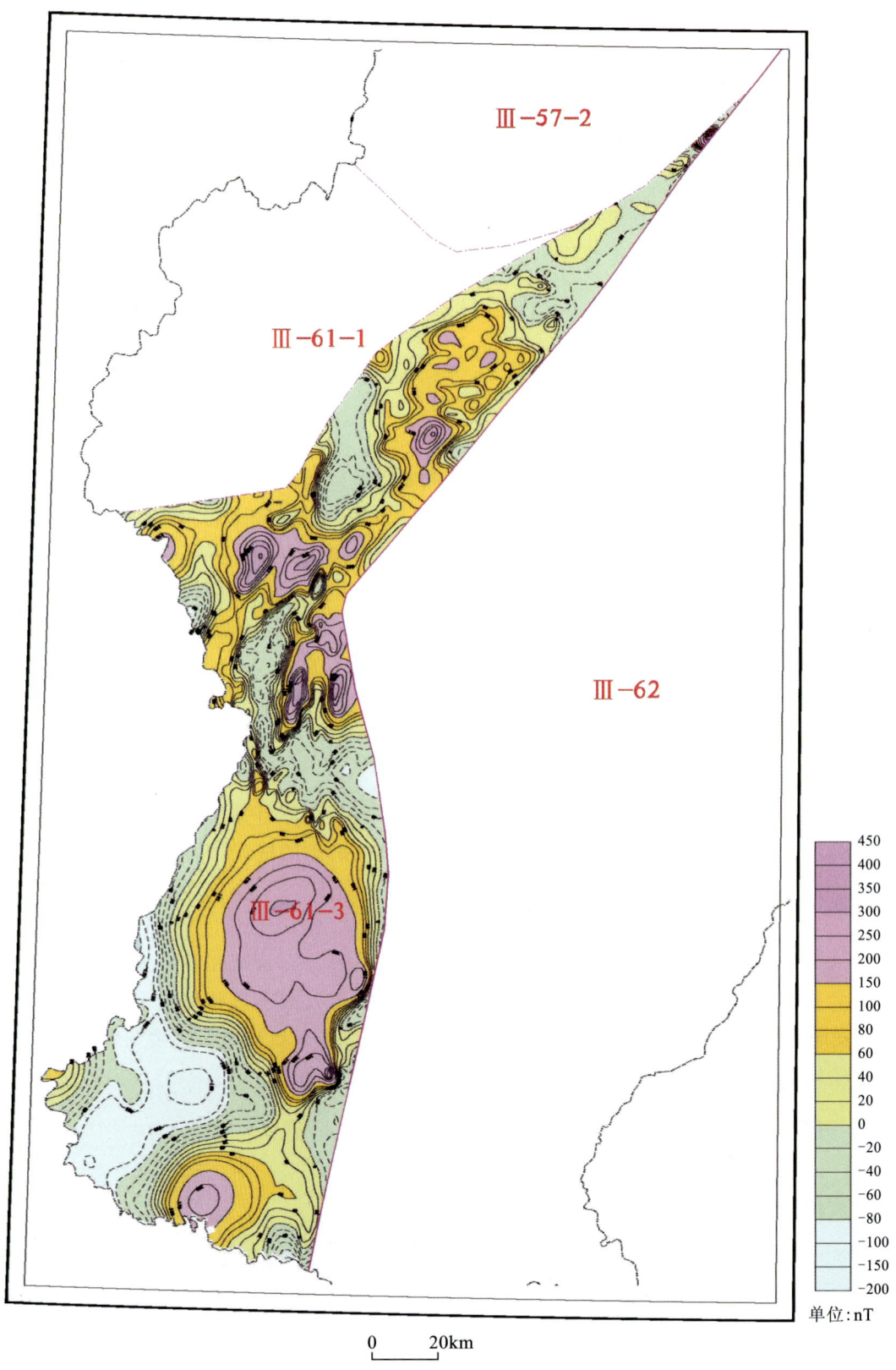

图 2-6　Ⅲ-61-3 太行 Fe-Mn-铝土矿-石膏—煤—煤层气成矿亚带航磁 ΔT 化极等值线图

航磁为平缓的低值磁场区,强度低,梯度缓,正、负场范围较大。此外,根据对地温场特征的研究资料:区内地热背景值较高,具有相对均一的特点。在平面展布上,具有明显的分带现象,地温带的主体走向为北北东及北东向;在与其垂直方向上,地温高、低相间,呈波浪状起伏;总的变化趋势应由西向东,即从太行山往渤海湾逐渐升高。

该构造单元蕴藏着丰富的石油、天然气、石膏、岩盐资源。

2. 矿床分布规律

本区大部为第四系覆盖，本部少量出露奥陶系灰岩及石炭系、二叠系沉积岩。

区内主要为铝土矿，分布在奥陶系碳酸盐岩古风化壳中。其岩性特征为中石炭统 G 层黏土矿：上部为灰色半软质黏土，下部为硬质及高铝黏土，时夹有铝土矿、铁钒土等。铝土矿主要分布在越河—赵各庄—雷庄一带，与中石炭统分布一致。

3. 航磁异常特征

如图 2-7 所示，区内航磁异常轴向主要为北东向，西北侧以负磁异常为主，东南侧以正磁异常为主。本区地表为巨厚层第四系沉积覆盖，厚度自 200m 至千余米，自北向南变厚。负磁异常变化较为平稳，幅值为 -60~300nT，主要由隐伏元古宙至古生代沉积岩引起。正磁异常梯度变化较为明显，异常强度较高，异常变化自 200nT 至 1 000nT，主要由太古宙变质岩引起，该区变质岩是本区铁矿的赋矿层位，其中的局部异常多与变质铁矿有关。

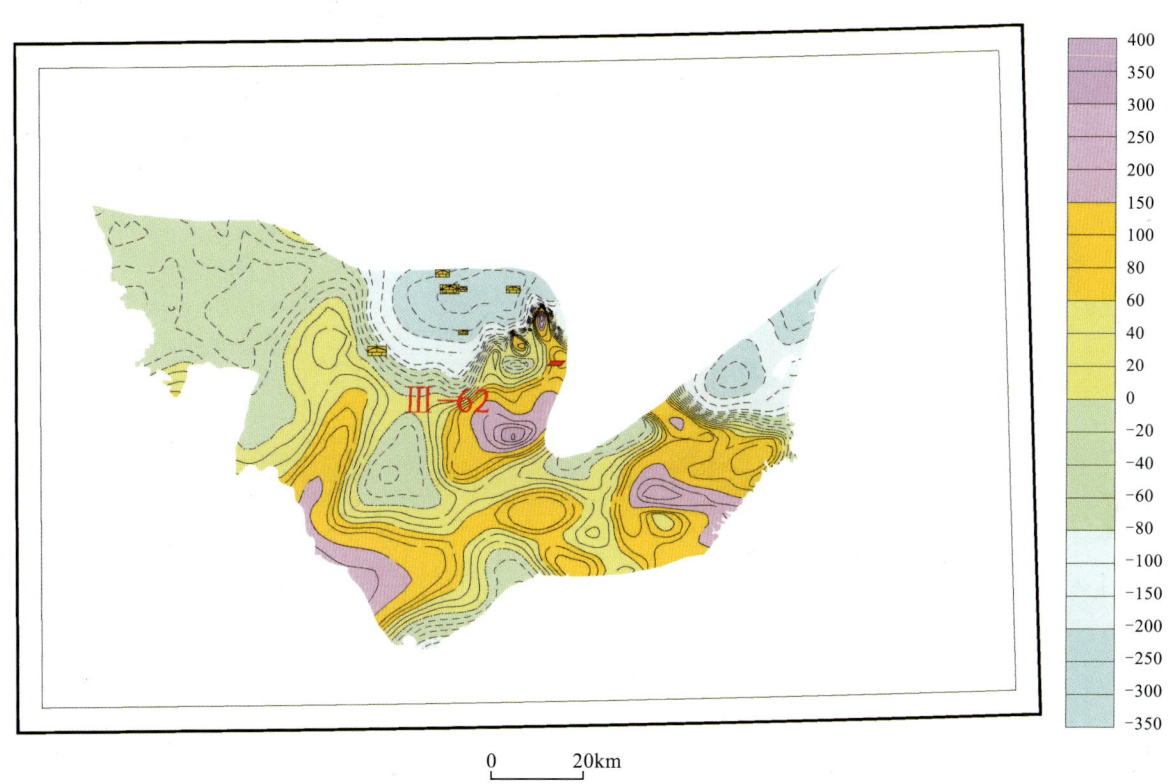

图 2-7 Ⅲ-62 华北（断坳/盆地）石油天然气成矿区航磁 ΔT 化极等值线图

第二节 铁矿区域磁异常特征及找矿标志

河北省铁矿类型主要有沉积变质型、矽卡岩型、岩浆岩型和海相沉积型，分布在尚义-赤城-平泉深断裂以南地区，在Ⅲ-57-2、Ⅲ-57-3 及Ⅲ-61-3 成矿区带上主要有以下 5 个铁矿集中区，分别是冀东沉积变质铁矿集中区、邯邢矽卡岩铁矿集中区、涞源矽卡岩铁矿集中区、大庙岩浆岩型铁矿集中区、张宣海相沉积型铁矿集中区（图 2-8）。

一、Ⅲ-57-2 成矿带铁矿区域磁异常特征及找矿标志

该成矿带包括 3 个铁矿集中区，分别是张宣海相沉积型铁矿集中区、涞源矽卡岩铁矿集中区和大庙岩浆岩型铁矿集中区。

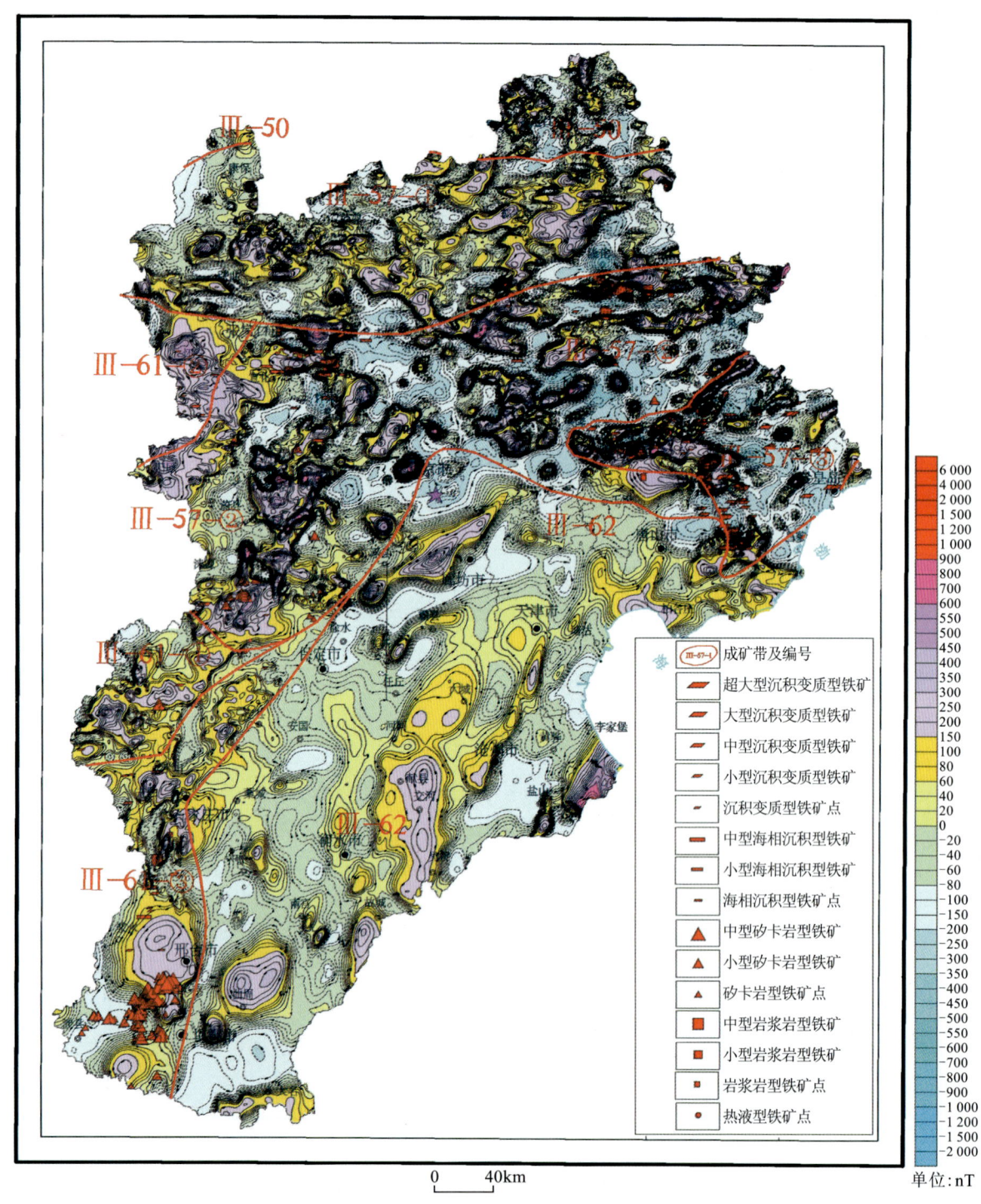

图 2-8　河北省铁矿航磁 ΔT 化极等值线图

(一)张宣海相沉积型铁矿集中区

1. 概况

张宣海相沉积型铁矿集中区位于冀西北张家口市宣化区高家营至龙关一带,地理坐标为北纬40°30′—40°45′,东经115°00′—115°35′,面积约2 500km²。该铁矿集中区主要铁矿类型为海相沉积型,也称宣龙式铁矿,著名的铁矿有庞家堡铁矿、大岭堡铁等中型铁矿。

2. 地质矿产特征

区内北侧为桑干群片麻杂岩、崇礼群变质花岗闪长岩,南侧主要为长城系、蓟县系海相沉积盖层,在基底及盖层之上发育有侏罗纪、白垩纪陆相火山沉积岩系等地层。岩浆岩有中元古代、中生代二长岩,花岗岩等侵入岩体。本区大地构造位置属晋冀陆块宣化伸展盆地,古地理环境为障壁性局限海湾盆地,沉积环境为滨海-浅海相,其次为滨海(浅滩)相。

长城系、蓟县系海相沉积盖层主要分布在其中部下花园凹褶束中。宣龙式铁矿严格受长城系串岭沟组地层控制,含矿岩系岩性组合为薄层细砂岩、白云质粉砂岩、含碳泥质白云岩、含铁石英砂岩、石英岩、泥质铁质粉砂岩、含铁细砂岩、粉砂质页岩及三到五层赤铁矿。赤铁矿呈层状,厚几十厘米至4m,长约1 000~6 000m,延伸一般数百米。赤铁矿层矿物组合主要为赤铁矿及菱铁矿,其次为褐铁矿、鲕状绿泥石。矿石呈鲕状、肾状、块状、角砾状构造,是典型的沉积铁矿特征。由于燕山期岩浆岩侵入,使与局部岩体接触部分矿层发生变质,赤铁矿变为磁铁矿。

从构造与铁矿的关系来看,宣龙式铁矿明显受东西向构造控制,燕山西段赤铁矿层大体呈东西略偏北方向分布,分布区北界受尚义-赤城-隆化基底断裂控制,而北北东向乌龙沟-上黄旗构造岩浆岩带范围内几乎没有宣龙式沉积铁矿分布。实际上铁矿集中区北侧是尚义-赤城-隆化东西向深断裂,西侧是北西向右所堡-松枝口大断裂,东侧是北北东向三里棚-口前、大河南-赤城大断裂,南侧是北东东西蔚县-延庆大断裂,这些断裂构造分别控制了宣龙海湾宣龙式沉积铁矿分布区的边界。

3. 区域磁异常特征

区域磁异常主要反映了成矿区域地质特征。区内正磁异常轴向为东西向,异常呈宽缓状,最高值为400nT。太古宙桑干群片麻杂岩、崇礼群变质花岗闪长岩的分布区为正磁异常。随着向元古宙地层的过渡及元古宙地层厚度的加大,正磁异常逐渐降低,最终变为负磁异常。矿层分布范围内负磁异常等值线走向为近东西向,梯度变化较缓,最低值为-100nT,是长城系、蓟县系沉积地层的反映。

从区域磁异常来看,宣龙式沉积铁矿分布在正负磁异常的交接部位,是滨海-浅海过渡环境的反映。

4. 找矿标志

根据以上特征,总结宣龙式沉积铁矿找矿标志如下。

(1)地层标志:中新元古界长城系串岭沟组是该类型矿的唯一赋矿地层,该套地层基本上由含矿层及矿上、矿下砂页岩组成。本区串岭沟组地层上下常州沟组碎屑岩、团山子组碳酸盐建造发育完整。

(2)构造标志:宣龙式沉积铁矿形成于相对稳定的海湾局限盆地环境,生成于滨海-浅海过渡地带,一般位于海湾局限盆地的旁侧。从构造角度讲,向斜或沉陷部位铁矿规模较大,相反较小。

(3)区域磁场标志:宣龙式沉积铁矿分布在正负磁异常的交接部位。一般不位于正或负异常的中心附近。

(二)涞源矽卡岩铁矿集中区

1. 概况

涞源矽卡岩铁矿集中区位于冀西保定市涞源县走马驿—杨家庄及易县—东釜庄一带,集中区呈北北东向带状展布,地理坐标为北纬39°10′—39°30′,东经114°40′—115°30′,面积约1 600km²。该铁矿集中区主要铁矿类型为矽卡岩型,也称涞源式铁矿,典型矿床有支家庄铁矿、于城铁矿等。

2. 地质矿产特征

区内出露的地层主要有中新元古界长城系、蓟县系、青白口系,其次有少量阜平变质岩系和寒武系、奥陶系沉积岩以及侏罗纪火山岩地层。区内主要断裂构造为北北东向乌龙沟-上黄旗深断裂带,其次级构造也非常发育,有北东向、北西向等多组。受乌龙沟-上黄旗深断裂带影响,区内岩浆活动剧烈,主要为燕山期中酸性、酸性岩浆岩侵入体,如王安镇岩体。

中新元古界白云岩及奥陶系灰岩与闪长岩、花岗闪长岩、石英闪长岩的接触带是区内涞源式矽卡岩型铁矿的产出部位。与中新元古界白云岩有关的该类型铁矿主要集中在王安镇岩体西接触带;其围岩有高于庄组白云岩、雾迷山组白云岩等。与奥陶系灰岩有关的该类型铁矿分布在易县岩体一带。

矿体主要赋存与燕山期中—酸性杂岩体与长城系、蓟县系白云岩和奥陶系灰岩顶垂体的接触带。矿体形态复杂，有似层状、透镜状、扁豆状、囊状、鸡窝状、不规则状等。产状与围岩一致或斜交，矿体倾角变化较大，从平缓到陡立。矿体数量不等，从几个到几十个，多数规模很小，长几米到100～200m，最大者500m左右；厚度1m至几米，10m以上者少见。

矿体所含金属矿物复杂，主要有磁铁矿，其次有黄铁矿、黄铜矿、闪锌矿、辉钼矿、方铅矿、辉银矿等。矿石结构一般为他形—自形粒状结构，条带状、致密块状及浸染状和角砾状构造。

围岩蚀变主要有透闪石化、阳起石化、透辉石化、石榴石化、蛇纹石化、镁橄榄石化、绿帘石化等矽卡岩化及大理岩化。

3. 区域磁异常特征

王安镇岩体一带航磁异常总体为一正磁异常，正磁异常内嵌一负磁异常。航磁异常轴向北北东，与乌龙沟-上黄旗深断裂方向一致。该正磁异常主要由阜平变质杂岩引起，异常南部有东、西两个磁异常中心，幅值分别达400nT、600nT。王安镇岩体南段位于该两磁异常中心中间的峰谷部位。负磁异常分布在正磁异常北侧，幅值−100nT，与王安镇岩体北段吻合。综上分析，王安镇岩体位于正磁异常的峰谷或负磁异常上，推测正磁异常的峰谷是阜平变质杂岩正磁异常与王安镇岩体负磁异常叠加形成。

易县岩体一带为一负磁异常，异常轴向为北西西，幅值−60nT，由半隐伏易县岩体引起，该岩体在重力上为重力低异常，与航磁负异常大体吻合。

区内矽卡岩型铁矿分布在正磁异常峰谷边部或负磁异常边部，大体反映岩体与碳酸盐岩接触带部位。

4. 找矿标志

根据以上特征，总结本区矽卡岩型铁矿找矿标志如下。

(1)地层标志：中新元古界白云岩地层或古生界灰岩地层有利于接触交代形成矽卡岩，是形成该类矿床的必要条件，也是重要的找矿标志。

(2)岩浆岩标志：中偏酸性的燕山期岩浆岩侵入体为矽卡岩矿床的形成提供了热源和成矿物质，矽卡岩的形成可位于岩体的边部也可位于岩体的顶部。

(3)围岩蚀变标志：透闪石化、阳起石化、透辉石化、石榴石化、蛇纹石化、镁橄榄石化、绿帘石化等矽卡岩化及大理岩化。

(4)磁场标志：当碳酸盐岩下部为阜平群变质岩且碳酸盐岩地层较薄时，正磁异常峰谷边部常常反映矿床的位置，峰谷是岩体负磁异常叠加到正磁异常的结果。当岩体为负磁异常时，负磁异常的边部常常是矿床的产出部位。

（三）大庙岩浆岩型铁矿集中区

1. 概况

承德大庙岩浆岩型铁矿集中区位于冀东承德市承德县大庙至头沟一带，集中区呈近东西向带状展布，地理坐标为北纬41°00′—41°20′，东经117°30′—118°45′，面积约2 400km²。该铁矿集中区主要铁矿类型为与基性—超基性岩浆岩有关的岩浆岩型，典型矿床有大庙钒钛磁铁矿、黑山钒钛磁铁矿等。

2. 地质矿产特征

区内出露地层主要为单塔子群变质岩、侏罗纪及白垩纪陆相火山-沉积岩地层。断层为大庙-娘娘庙东西向深断裂，沿断裂分布着一系列基性—超基性岩浆岩侵入体，构成大庙-娘娘庙基性-超基性构造岩浆岩带，岩浆岩型铁矿主要产于其中的基性杂岩体中。

该类成因分为岩浆岩晚期分异型矿床和岩浆岩晚期贯入型矿床，矿体产于岩体中，有苏长岩、斜长岩、辉长岩、辉石角闪石岩等。矿体形态复杂，脉状、分支状、囊状、透镜状、团块状。矿体长几米、几十米至300m不等，延长数十米至近千米，厚几米至百米。

矿石矿物主要有磁铁矿、钒钛磁铁矿，其次为磁黄铁矿、黄铁矿、黄铜矿、磷灰石等。脉石矿物主要有斜长石、绿泥石、纤闪石及紫苏辉石等。矿石结构主要为半自形粒状结构、海绵陨铁结构、固溶体结构、镶嵌结构、填隙结构。矿石构造主要有块状构造、浸染状构造、条带状构造、斑杂状构造等。

3. 区域磁异常特征

本区磁异常总体为一近东西向磁异常带，与大庙-娘娘庙基性—超基性构造岩浆岩带吻合。该带磁异常以正磁异常为主，局部为负磁异常。正磁异常为窄闭状，梯度较大，幅值较高，达1 000nT，异常与苏长岩、辉长岩、辉石角闪石岩等有关。黑山斜长岩体κ:21.36($\times 10^{-6} \cdot 4\pi SI$)，Jr:33.3($\times 10^{-3} \cdot A/m$)，磁性较低，在航磁异常上为负磁异常，最低值-200nT。

岩浆岩型铁矿分布在东西向基性—超基性构造岩浆岩带上，与苏长岩、辉长岩、辉石角闪石岩等有关的岩浆岩型铁矿分布在航磁正异常的边部，与斜长岩有关的岩浆岩型铁矿分布在航负磁异常上。

4. 找矿标志

根据以上特征，总结本区岩浆岩型铁矿找矿标志如下：

(1)岩浆岩标志：苏长岩、斜长岩、辉长岩、辉石角闪石岩是此类矿床的成矿母岩。

(2)构造标志：铁矿严格受基性—超基性构造岩浆岩带控制，相关的深大断裂既是导岩构造又是导矿构造。

(3)磁场标志：铁矿分布在带状磁异常带上。当铁矿与斜长岩有关时，铁矿分布在异常带的负磁异常区域；当铁矿与其他基性岩体有关时，铁矿分布在异常带的正磁异常区域。

二、Ⅲ-57-3成矿带铁矿区域磁异常特征及找矿标志

该成矿带仅包括1个铁矿集中区，即冀东铁矿集中区，铁矿类型主要为沉积变质型及极少量的岩浆岩型和海相沉积型。

冀东沉积型变质型铁矿集中区

1. 概况

冀东沉积型变质型铁矿集中区是我国重要的铁矿产区，位于冀东遵化、迁西、迁安、滦县、滦南等地。地理坐标为北纬39°30′—40°40′，东经117°00′—119°15′，面积约10 000km²。该铁矿集中区主要铁矿类型为沉积变质型及极少量的岩浆岩型和海相沉积型。沉积变质型铁矿又称鞍山式铁矿，著名的铁矿有迁安水厂铁矿、滦南司家营铁矿等。

2. 地质矿产特征

区内沉积变质型铁矿严格受变质地层控制，铁矿产于太古宙迁西群、滦县群及朱杖子群中。含矿变质岩系分属麻粒岩相、角闪岩相和绿片-绿帘角闪岩相。其原岩建造为火山岩系-硅铁建造、含沉积岩的火山岩系-硅铁建造、火山岩-沉积岩系-硅铁建造、含火山岩的沉积岩系-硅铁建造。含矿岩系主要有斜长辉石岩类-暗色麻粒岩类-磁铁石英岩含矿岩系、变粒岩-斜长角闪岩-磁铁石英岩含矿岩系、角闪石英片岩-角闪变粒岩-磁铁石英岩含矿岩系、斜长片麻岩类-斜长辉石岩类-磁铁石英岩含矿岩系、黑云变粒岩-磁铁石英岩含矿岩系、二云石英片岩-磁铁石英岩含矿岩系等。含矿岩石主要为磁铁石英岩。该套岩系及沉积变质铁矿主要分布在Ⅲ-57-3成矿带青龙河以西地区。

区内沉积变质铁矿基本特征是分布广泛、多层位、规模变化大，形态比较复杂。全区有10 000km²变质岩系，铁矿赋存在多个层位。跨越太古宇、古元古界3个群十余个组，各群组基本上都有铁矿。全区有

数百个矿床点，每个矿床又有多个矿体，在众多的矿体中其规模变化很大，大者为超大型，如司家营铁矿，长达近万米，厚度可达百米至数百米，延深可达千米以上。小者极小，长只有数米，厚度只有数厘米。一般长数十米至数百米，厚度数米至十余米。矿体形态复杂，单个矿体一般呈层状、似层状、扁豆状、透镜状、紧密褶曲状以及其他复杂形状，沿走向和倾向常有分支复合膨缩现象，导致厚度出现急剧变化。矿体在平面上也是多种多样的形态。

矿石矿物以磁铁矿为主，其次为假象赤铁矿，少量赤铁矿、褐铁矿。脉石矿物以石英为主，其次为辉石类、闪石类矿物及石榴石等。蚀变矿物有绿泥石、绿帘石、滑石、铁白云石、蛇纹石等。矿石结构以细粒、中细粒、中粒、中粗粒、粗粒等各种变晶结构为主；矿石构造以条纹状、带状为主，其次为少量的片麻状和很少量的块状构造。矿石自然类型为磁铁石英岩型铁矿石。

3. 区域磁异常特征

本区磁场大体以青龙河为界分为东、西两个磁场区。西区以正磁异常为主，沉积变质型铁矿主要分布在该区；东区以负磁场为主，仅有稀疏的沉积变质型铁矿分布。

西区磁异常依据轴向可分为3个区域。

（1）北部北东向磁异常区：异常呈窄闭的线状，异常梯度较大，幅值为550nT。磁异常与遵化群变质岩地层吻合，有3处沉积变质型中型铁矿和1处铁矿点，分布在异常区的西南端。

（2）中部东西向磁异常区：区内异常以正磁异常为主，零星镶嵌有由燕山期酸性岩引起的负磁异常。正磁异常呈带状东西向分布，其中有多个东西向排列的异常中心，磁异常幅值最高800nT。异常与遵化群、迁西群变质岩及基性、中性、酸性变质深成岩吻合。区内铁矿主要与遵化群、迁西群变质岩有关。本区铁矿主要分布在正磁异常区，大体上呈东西向带状展布。幅值高的正磁异常是铁矿密集分布区，如遵化县城东侧的铁矿集中区，在本区磁异常幅值为最高。

（3）南部近北北西向磁异常区：该区分布在迁安水厂至滦南司家营一带，长近80km，呈北北西向展布。本区北部水厂—木厂口一带为正磁异常，呈带状，长30km，异常梯度大，强度高，幅值为1 000nT，与迁西群变质岩吻合。中部野鸡坨—滦县一带为负磁异常，异常低缓，轴向北北西，幅值－400nT；异常区地表主要为第四系及少量长城系、蓟县系。南部司家营一带为正磁异常，梯度大，幅值高，达1 000nT；异常区地表主要为第四系及滦县群变质岩。在Ⅲ-57-3成矿带中，该异常带铁矿分布最为密集，铁矿基本沿正或负磁异常轴部或轴部偏西呈带状分布。其中以正磁异常处铁矿最为密集，磁异常强度越高，铁矿分布密集程度越大，铁矿规模也越大。本区2处超大型铁矿均分布在磁异常强度最高处，分别为北端的水厂铁矿和南端的司家营铁矿。

东区磁异常依据轴向可分为两个区域。

（1）凉水河至燕河营一带为一负磁异常，轴向北西、北西西，异常梯度较缓，幅值－500nT。该区主要为长城系、侏罗系及白垩系，岩体有燕山期肖营子酸性岩体。本区无铁矿分布。

（2）除以上地区，东区磁异常轴向为北东向，以负磁异常为主，有零星的正磁异常散落其间。负磁异常较为低缓，幅值一般为－150～－250nT，最低为450nT。负磁异常多与变质花岗岩、长城纪地层等有关。区内正磁异常多为窄闭状，规模较小，幅值一般为200～300nT。正磁异常多与变质中性岩、印支期花岗岩、中生代火山岩等有关。该区铁矿较少，均分布在负磁异常区，主要与滦县群、朱杖子群及变质二长花岗岩等有关，其中两处大型铁矿与滦县群有关，分别为青龙县榨兰杖子大型铁矿和迁安县杏山大型铁矿。

4. 找矿标志

根据以上特征，总结本区沉积变质型铁矿找矿标志如下。

（1）地层标志：本区以迁西群及滦县群变质地层对沉积变质型铁矿成矿最为有利，其特征为铁矿规模大，分布密集。其他遵化群、朱杖子群等也有成矿，但铁矿规模、密集程度不及前者。此外变质深成岩区也有少量铁矿分布。

（2）磁场标志：正磁异常分布区是铁矿最为密集的地区，异常强度越高越有利于成矿，铁矿的规模、分布密集程度均与磁异常强度呈正相关。本区少量铁矿也有落在负磁异常区的情形,如滦县北部附近地区。

三、Ⅲ-61-1成矿带铁矿区域磁异常特征及找矿标志

该成矿带仅包括1个铁矿集中区,即阜平铁矿集中区,铁矿类型有沉积变质型和矽卡岩型。

阜平铁矿集中区

1. 概况

阜平铁矿集中区位于平山县、灵寿县、阜平县、唐县一带。地理坐标为北纬38°10′—39°00′,东经113°30′—114°30′,面积约6 000km²。该铁矿集中区主要铁矿类型为沉积变质型,其次为矽卡岩型。已知矿床有平山县下口铁矿床、平山县槐树坪铁矿、唐县僧贯铁矿等。

2. 地质矿产特征

区内主要为变质岩系,发育阜平岩群、陈庄岩群、五台岩群、湾子岩群。构造单元分别对应于阜平古岛弧、五台大陆边缘古裂谷和湾子古陆缘拗拉槽。沉积岩在本区西北部,面积较小,有长城系、蓟县系、寒武系、奥陶系及侏罗系等。本区断层构造以北西向、北西西向为主,少量北东向及近南北向。北西向断层常被灰绿岩墙、岩脉等充填。区内岩浆岩主要为燕山期中酸性岩浆岩,北东向带状分布。

本区铁矿以沉积变质型为主,有中型2处、小型1处、矿点7处,另有矽卡岩型中型铁矿1处。

沉积变质型铁矿分布在阜平岩群、陈庄岩群、五台岩群等变质岩中。岩石类型有黑云斜长片麻岩、黑云变粒岩、磁铁石英岩、角闪斜长片麻岩、斜长角闪岩、角闪磁铁片麻岩和磁铁石英岩、蛇纹石化粒硅镁石大理岩、镁橄榄石大理岩、角闪辉石岩、斜长角闪透灰岩等。矿体受变质岩地层控制,呈似层状、透镜状、扁豆状等,矿体长一般几十米至数百米不等。矿石为磁铁石英岩型,主要矿物有石英,少量辉石、角闪石等。矿石结构有粒状变晶、镶嵌结构。矿石构造有块状及片麻状构造。

3. 区域磁异常特征

区内航磁异常轴向呈东西、南北及北西向,异常梯度缓至中等。正磁异常分布面积明显大于负磁异常,异常值变化于−150~500nT之间。

本区负磁异常主要由酸性岩体引起,这些负磁异常多属低缓异常,异常幅值变化于−40~−150nT之间。正磁异常主要由中酸性岩体引起,正磁异常梯度变化明显,幅值为150~500nT。阜平变质杂岩为变化的正或负磁异常。

区内铁矿主要位于正磁异常的边部。

4. 找矿标志

根据以上特征,总结本区沉积变质型铁矿找矿标志如下。
(1)地层标志:铁矿分布在阜平岩群、陈庄岩群、五台岩群等变质岩地层中。
(2)磁场标志:区内铁矿主要位于正磁异常的边部。

四、Ⅲ-61-3成矿带铁矿区域磁异常特征及找矿标志

该成矿带仅包括1个铁矿集中区,即邯邢铁矿集中区,铁矿类型主要为矽卡岩型,也即邯邢式铁矿。

邯邢矽卡岩型铁矿集中区

1. 概况

邯邢矽卡岩型铁矿集中区是我国著名的铁矿产区,位于冀西南邯郸、邢台一带。地理坐标为北纬36°

20′—37°00′，东经113°30′—114°30′，面积约5 000km²。该铁矿集中区主要铁矿类型为矽卡岩型，也即邯邢式铁矿，著名的铁矿有沙河市中关铁矿、武安市西石门铁矿、沙河市白涧铁矿、涉县符山四矿铁矿等。

2. 地质矿产特征

区内地层自中奥陶统至下三叠统均有不同程度的分布，其中以中奥陶统碳酸盐岩地层为主。邯邢式铁矿产于碳酸盐岩与燕山期岩浆岩接触带的构造环境，碳酸盐岩地层主要为中奥陶统马家沟组和磁县组及峰峰组地层，其中以磁县组地层含矿性为最好，一些大、中型矿床均赋存于该组地层中，如中关、西石门、王窑、北洺河铁矿等。马家沟组地层和峰峰组地层成矿条件相对较差，多为中型、小型矿床，前者如符山四矿、一矿、固镇、马家脑等，后者如矿山村、杨二庄等。资料统计，中奥陶统磁县组拥有本区接触交代型铁矿总储量的79.7%，马家沟和峰峰组拥有20.3%。

本区北东向、北西西向断裂发育，是本区的控岩、控矿构造。

背斜向斜褶曲构造、马蹄形上隆构造常常控制着岩体的侵位，铁矿多受此类构造控制，如高店、冯村、东郝庄、中关、西石门、矿山村、葛泉、王窑、玉石洼等铁矿。

区内岩浆岩十分发育，以燕山期中偏碱性岩浆岩为主。西部如符山岩体主要以闪长岩-角闪闪长岩为主；中部如矿山村岩体主要以闪长岩-二长岩类为主；东部洪山岩体以正长岩为主。与成矿关系密切的主要为燕山期第三阶段侵入的闪长岩类，次为第二阶段的角闪闪长岩及闪长岩。

邯邢矽卡岩型铁矿体位于接触带及附近，矿体规模长一般数十米至数百米，少数千米以上，个别达5 020m（西石门）；倾向延深一般几十米至几百米，少数千米，最大可达1 200m（西石门）；矿体厚度几米至几十米，个别厚可达190余米（北洺河）。矿体形态多种多样，一般来说，接触带构造形态较简单，如覆盖型则矿体产状较稳定，规模较大，形态多呈似层状、大型扁豆状，如中关和西石门等大、中型矿床；接触带构造形态较复杂者则矿体产状变化大，规模较小，形态复杂多样，呈透镜状、分支状、囊状、脉状或不规则状，如西郝庄、崇义等中小型矿床。区内矿石矿物以磁铁矿为主，次为黄铁矿、假象赤铁矿、黄铜矿、褐铁矿等；脉石矿物主要有透辉石、钙铁榴石、透闪石、金云母等。矿石结构以自形—半自形—他形晶粒状为主；矿石构造主要有致密块状、条带状、浸染状等为主。矿床全铁平均品位35.02%～56.09%，一般为45%。

矿床围岩蚀变主要为钠长石化和矽卡岩化，蚀变规模、强度与铁矿化强度、规模呈正相关。

3. 区域磁异常特征

总体看本区磁异常场东正西负，正磁异常轴向近南北向，共有南、北两处异常，异常均为面状低缓异常，幅值200～250nT。区内主要出露二叠系、下三叠统沉积岩地层，岩性为砂岩、泥岩、页岩等，均为微磁。其正磁异常是由其下伏结晶基底变质岩隆起引起。本区负磁异常形似向东凸出的马鞍状，其中心部位轴向东西，异常宽缓平静，幅值-150nT，主要由奥陶系碳酸盐岩地层引起，也是变质结晶基底凹陷区。

区内正磁异常和负磁异常过渡区域为一向东弯曲的梯度带，这一梯度带恰是东侧基底隆起与西侧基底凹陷的过渡带，接触交代型铁矿主要位于这一过渡带上，并主要分布在梯度带的弯曲处。

4. 找矿标志

根据以上特征，总结本区矽卡岩型铁矿找矿标志如下。

（1）地层标志：中奥陶统碳酸盐岩地层是形成矽卡岩型铁矿的围岩条件，其中以马家沟组地层对成矿最为有利，其次为磁县组和峰峰组地层。

（2）围岩蚀变：主要为钠长石化和矽卡岩化。

（3）磁场标志：区域性正磁异常与负磁异常间的梯度带，其中梯度带的弯曲部位成矿最为有利。

第三节 铝土矿区域磁异常特征及找矿标志

河北省铝土矿类型主要为沉积型,分布在石家庄市、邯郸市及唐山市,在Ⅲ-61-3及Ⅲ-57-2与Ⅲ-62的交界处。共有以下3个铝土矿集中区,分别是:①唐山开平铝土矿集中区;②石家庄井陉铝土矿集中区;③邯郸峰峰铝土矿集中区(图2-9)。

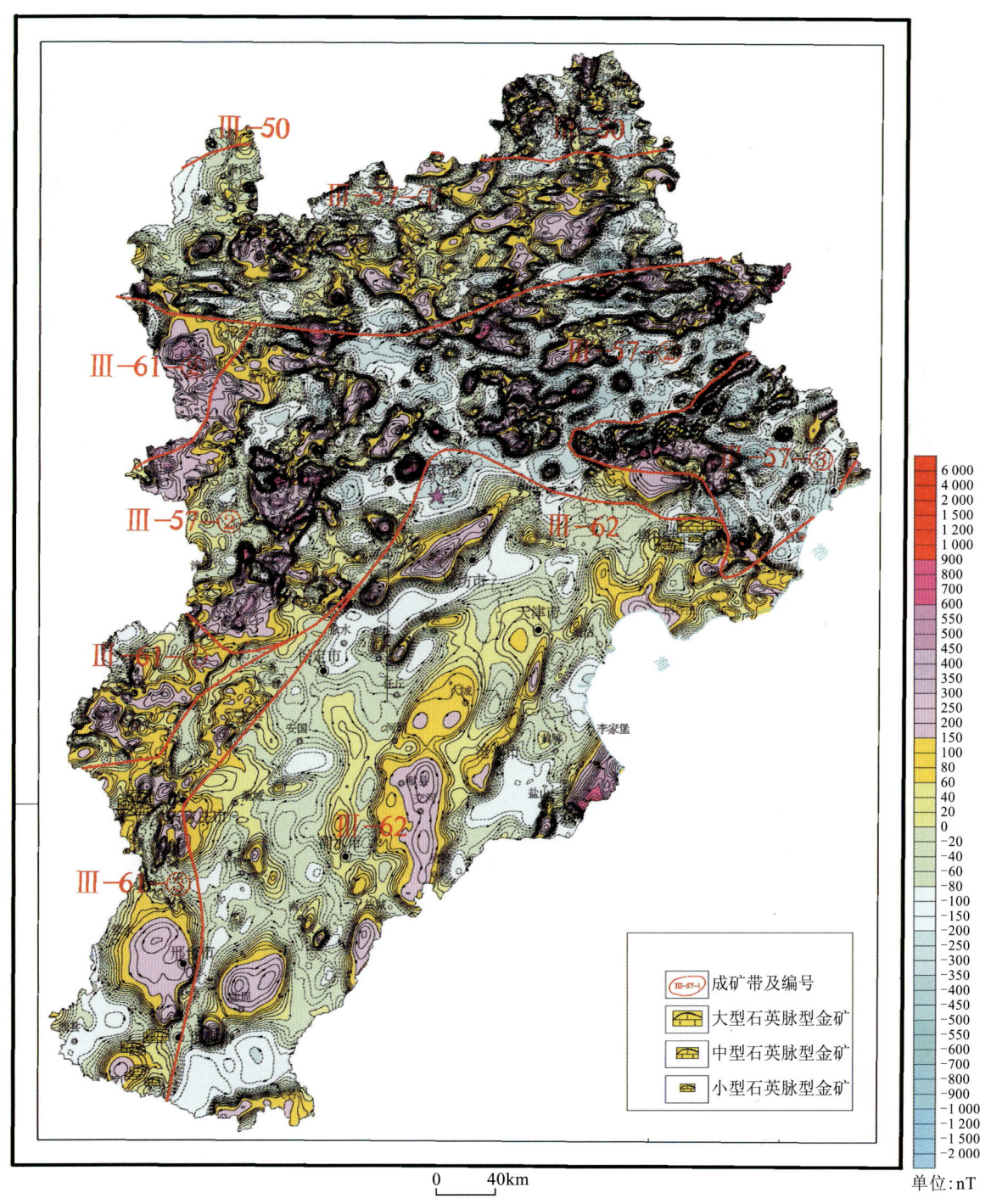

图2-9 河北省铝土矿航磁ΔT化极等值线图

一、Ⅲ-57-2与Ⅲ-62的交界处铝土矿区域磁异常特征及找矿标志

该成矿区域仅有唐山开平铝土矿集中区。

1. 概况

唐山开平铝土矿集中区位于唐山—古冶—滦县一带，地理坐标为北纬39°35′—39°50′，东经118°10′—118°35′，面积约800km²。该铝土矿集中区矿床类型为沉积型，典型矿床为赵各庄中型铝土矿。

2. 地质矿产特征

本区主要为第四系覆盖，少量出露奥陶系及石炭系，岩浆岩不发育。区内铝土矿赋存于石炭系本溪组地层底部（G层），上部为灰色半软质黏土，下部为硬质及高铝黏土，夹有铝土矿、铁钒土等。矿体呈层状，产状较为稳定，矿体厚度一般2～3m，最厚13.68m。矿石具有豆鲕状、致密状构造。

3. 区域磁异常特征

航磁异常为一负磁异常，东西向，异常呈宽缓状，幅值-300nT。该异常反映了开平盆地的范围，铝土矿分布在盆地的中心或边部。

4. 找矿标志

根据以上特征，总结本区沉积型铝土矿找矿标志如下。
(1) 地层标志：石炭系本溪组地层底部（G层）是矿床的赋存部位。
(2) 磁场标志：低缓平静的负磁异常是沉积盆地的反映，铝土矿分布在负磁异常的中心或边部。

二、Ⅲ-61-3成矿带铝土矿区域磁异常特征及找矿标志

该成区域包括石家庄井陉铝土矿集中区和邯郸峰峰铝土矿集中区。

（一）石家庄井陉铝土矿集中区

1. 概况

石家庄井陉铝土矿集中区位于石家庄井陉一带，地理坐标为北纬37°55′—38°10′，东经114°00′—114°15′，面积约400km²。该铝土矿集中区矿床类型为沉积型，典型矿床为南关中型铝土矿。

2. 地质矿产特征

本区位于石家庄市西部井陉盆地中，其中心部位主要为第四系覆盖，周边为奥陶系马家沟组地层，岩浆岩不发育。区内铝土矿赋存于石炭系本溪组地层底部（G层），顶部为碳质页岩，中部为1～3层铝土矿及耐火黏土矿，底部为高铁黏土。矿体呈层状，产状较为稳定，矿体厚度0～5m，沿倾向延深50～650m。矿石具有鲕豆状、致密状构造。

3. 区域磁异常特征

航磁异常为一近南北向条带状正磁异常，该异常中间幅值最低为50nT，向北、向南磁异常强度缓慢抬高，铝土矿分布在正磁异常幅值最低处。

4. 找矿标志

根据以上特征，总结本区沉积型铝土矿找矿标志如下。
(1) 地层标志：石炭系本溪组地层底部（G层）是矿床的赋存部位。
(2) 磁场标志：矿床主要分布在带状低缓正磁异常强度的最低处，反映沉积盆地中心部位。

(二)邯郸峰峰铝土矿集中区

1. 概况

位于邯郸市武安一带,地理坐标为北纬36°20′—36°40′,东经114°00′—114°15′,面积约800km²。该铝土矿集中区矿床类型为沉积型,典型矿床为和村中型铝土矿。

2. 地质矿产特征

本区位于邯郸峰峰武安盆地中,主要为第四系覆盖,零星出露奥陶系马家沟组及石炭系、二叠系、三叠系煤系地层,岩浆岩不发育。区内铝土矿赋存于石炭系本溪组地层底部紫色页岩上部,属G层铝土矿,其上部为铝土页岩,下部为硬质黏土。矿体呈层状、透镜状,厚度一般2~3m,最大可达6~7m。矿石具有鲕豆状、致密状构造。

3. 区域磁异常特征

航磁异常为一近圆状正磁异常,该异常中心位于矿床集中区西侧,最高值200nT。铝土矿分布在正磁异常边缘部位。

4. 找矿标志

根据以上特征,总结本区沉积型铝土矿找矿标志如下。
(1)地层标志:石炭系本溪组地层底部(G层)是矿床的赋存部位。
(2)磁场标志:矿床主要分布于正磁异常的边缘部位。

第四节 金矿区域磁异常特征及找矿标志

河北省金矿类型主要有石英脉型、破碎-蚀变岩型和斑岩型,主要分布在东西向尚义-赤城深断裂、丰宁-隆化深断裂、密云-喜峰口大断裂附近地区,在Ⅲ-57-2、Ⅲ-57-3及Ⅲ-61-1成矿区带上,主要有以下5个金矿集中区,分别是:①宣化金矿集中区;②丰宁—隆化金矿集中区;③兴隆-青龙金集中区;④王安镇-大河南金矿集中区;⑤石湖金矿集中区(图2-10)。

一、Ⅲ-57-2成矿带金矿区域磁异常特征及找矿标志

该成矿带包括3个铁矿集中区,分别是:①宣化金矿集中区;②丰宁-隆化金矿集中区;③王安镇-大河南金矿集中区。矿床类型包括石英脉型、破碎-蚀变岩型和斑岩型。

(一)宣化金矿集中区

1. 概况

宣化金矿集中区位于冀西北张家口市宣化至赤城一带,地理坐标为北纬40°40′—41°00′,东经115°00′—115°45′,面积约2 400km²。该区主要金矿类型为石英脉型和破碎-蚀变岩型,著名的矿床有小营盘大型金矿、东坪大型金矿、黄土梁金矿等。

2. 地质矿产特征

本区位于尚义-平泉深断裂南侧燕山台褶带龙关隆起内,出露地层有太古宇崇礼群变质岩,变质程度较深,达角闪岩相及麻粒岩相,东侧被张家口组火山岩覆盖。区内断层构造主要为北西向。岩浆岩主要为海西期水泉沟二长碱性杂岩和燕山期谷嘴子、响水沟巨斑状花岗岩、上水泉钾长花岗岩、红花梁二长花岗

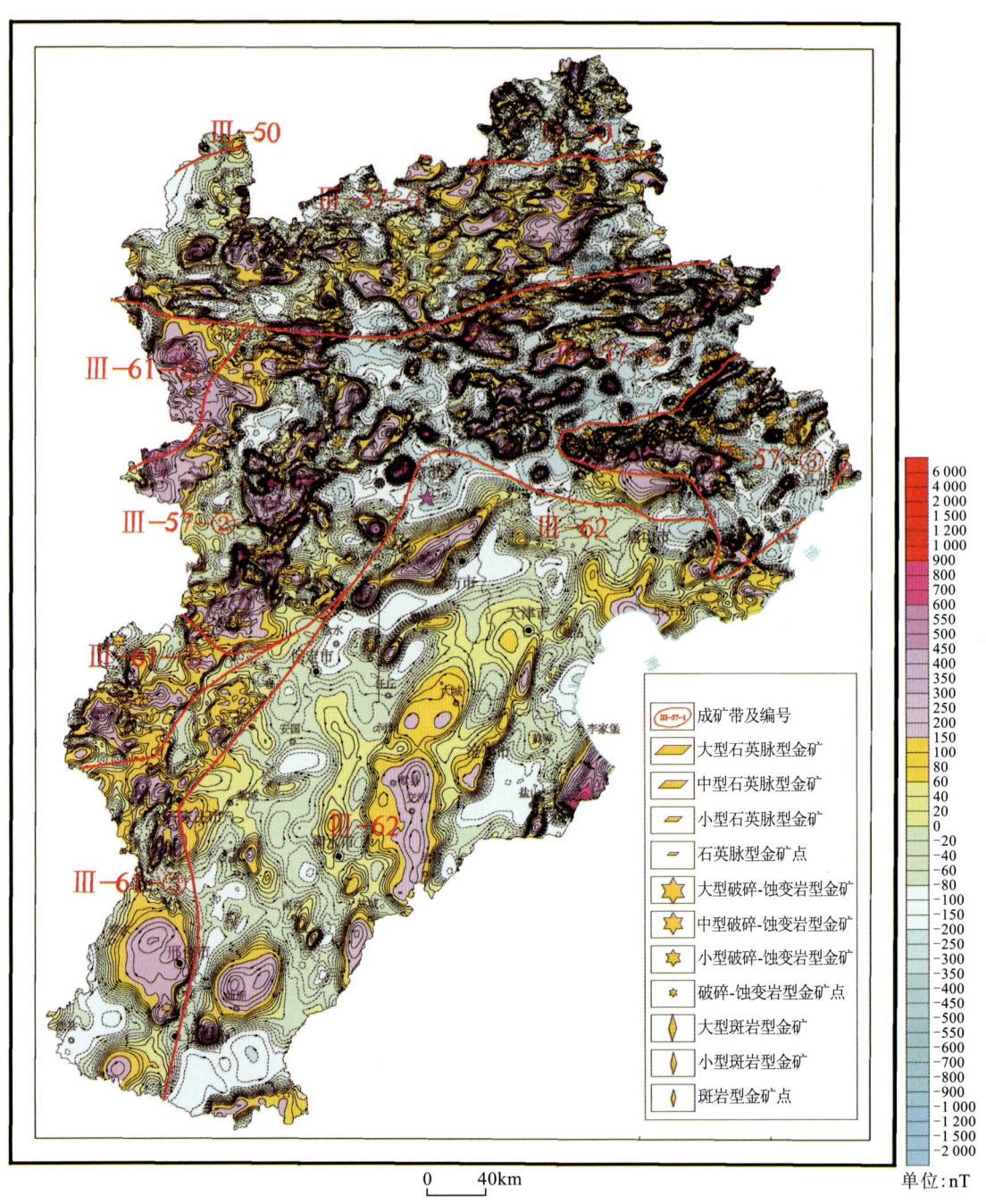

图 2-10　河北省金矿航磁 ΔT 化极等值线图

岩。太古宇变质岩 Au 含量较高，可为 Au 成矿提供矿质。岩浆岩侵入体为地层中 Au 的活化迁移提供了热源和热液等矿物质。本区内生矿产以金为主，有多处大、中、小矿床。水泉沟二长碱性杂岩主要与破碎-蚀变岩型金矿有关，如黄土梁金矿；海西期酸性岩主要与石英脉型金矿有关，如小营盘金矿。

石英脉型金矿主要产于桑干变质岩中，矿体呈石英单脉或复脉，产状或陡或缓，矿体规模自小到大均有产出。小营盘金矿共有 66 个矿体，呈似层状、透镜状、扁豆状，最大矿体长 1 120m，宽 1 690m，矿体厚 0.17～10.90m，平均厚 2m。矿石矿物有黄铁矿、黄铜矿、闪锌矿、银金矿等，脉石矿物主要为石英、钾长石等。矿石结构有自形粒状、他形粒状交代残余、交代假象等，矿石构造有浸染状、团块状、脉状、角砾状和蜂窝状等。含金石英脉近矿围岩蚀变有钾长石化、碳酸盐化、绢云母化、绿泥石化、硅化等。

区内破碎-蚀变岩型金矿以黄土梁金矿为代表，产于水泉沟二长碱性杂岩体东端，矿床位于钾化碎裂正长岩带中，钾化正长岩带长千余米，宽百米。矿体呈脉状、透镜状产出，多条平行排列或斜列，具有分支复合、膨胀收缩现象，局部非常厚大。矿石矿物成分简单，金属矿物含量仅 3%，以黄铁矿为主，褐铁矿次之,少量方铅矿、黄铜矿;脉石矿物主要有钾长石、斜长石、石英、绢云母等。矿石呈粒状、碎裂状结构,块状、浸染状构造。围岩蚀变有钾长石化、硅化,次为黄铁矿化,碳酸盐化较弱。

3. 区域磁异常特征

区内北侧水泉沟岩体分布区为航磁正异常,轴向近东西,异常梯度较大,有东、西两个异常中心,幅值分别为700nT和1 000nT;异常范围和水泉沟岩体大体吻合。

南侧变质岩区航磁异常北负南正,轴向大体也为东西向。负磁异常梯度中等,幅值-300nT;正磁异常梯度略缓,幅值400nT。航磁异常呈现正负与变质岩岩性,北侧铁镁质较少,多为浅色变粒岩、麻粒岩等;南侧铁镁质较多,其原岩成分与花岗闪长岩相当。

从航磁异常看,本区金矿分布规律性较强。与水泉沟岩体有关的金矿分布在北部正磁异常东、西端的异常中心处,如东坪金矿、后沟金矿。与变质岩有关的金矿分布在两个区域:一个分布在负磁异常区并靠近正负磁异常交接部位,如小营盘金矿;另一个在正磁异常中心部位,如张全庄金矿。

4. 找矿标志

根据以上特征,总结本区金矿找矿标志如下。

(1)地层标志:崇礼群变质岩尤其是其中的涧沟河组和化家营组金含量较高,是本区产于水泉沟岩体中的金矿的矿源层。

(2)岩浆岩标志:海西期水泉沟岩体是区内金矿的直接围岩;区内其他海西期岩体也为成矿提供热源和矿质,金成矿与岩体有空间上的关系。

(3)围岩蚀变标志:钾长石化是本区金矿的重要围岩蚀变,与区内岩浆岩偏碱性富钾有关。

(4)区域磁场标志:区域性正负航磁异常的交接部位或靠近交接部位的负磁异常区、正磁异常的中心部位是金矿产出的有利部位。

(二)丰宁-隆化金矿集中区

1. 概况

丰宁-隆化金矿集中区位于承德市丰宁—隆化一带,地理坐标为北纬41°00′—41°20′,东经116°30′—118°00′,面积约2 000km²。主要金矿类型为石英脉型,其次为破碎-蚀变岩型,斑岩型也有少量产出。已知金矿有丰宁县大营子破碎-蚀变岩型中型金矿、丰宁兰营石英脉型小型金矿、马架子石英脉型小型金矿等。

2. 地质矿产特征

本区位于丰宁-隆化断裂带上,出露地层有太古宇红旗营子群变质岩及变质闪长岩、变质石英闪长岩等。区内断层构造主要为东西向,是本区的主要控矿构造。岩浆岩主要为海西期及燕山期花岗岩。红旗营子群变质岩及变质闪长岩、变质石英闪长岩等Au含量较高,可为Au成矿提供矿质。岩浆岩侵入体为地层中Au的活化迁移提供了热源和热液等矿物质。该区金矿以小型和矿点为主,仅有一处中型金矿,矿床产于红旗营子群地层及变质闪长岩、变质石英闪长岩中。

区内大营子金矿产于变质闪长岩中,目前共发现赋存于剪切破碎带中的金矿(化)脉66条,总长大于25km,单条金矿(化)脉长50～2 000m,宽0.33～6.6m。矿体为脉状、透镜状。矿石矿物有黄铁矿、黄铜矿、磁铁矿、自然金,次为银金矿;脉石矿物主要有石英、绢云母、钾长石、重晶石和方解石。矿石结构有晶粒结构、碎裂结构、压碎充填结构、包含结构和交代结构,次有乳滴结构和鳞片粒状变晶结构。矿石构造以浸染状构造和细脉浸染状构造为主,次有条带状构造、碎裂状构造及地表氧化矿石的蜂窝状构造。矿区围岩蚀变主要有钾长石化、硅化、绿泥石化、绢云母化、碳酸盐化及黄铁矿化,少数蛇纹石化和滑石化。

3. 区域磁异常特征

区内航磁异常受丰宁-隆化深断裂影响，其轴向在西部为北东向，东部为北东东向。

本区西端航磁异常以正磁异常为主，丰宁-隆化深断裂以南由变闪长岩引起，异常梯度较大，幅值较高，为 700nT。其西侧为一规模较大的负磁异常，由燕山期及海西期酸性岩体引起。沿酸性岩侵入体与变质闪长岩的外接触带金矿（点）呈北东向带状分布，这一金矿带在航磁异常上位于正负磁异常交界附近的正磁异常区，恰为上述外接触带的位置。西端丰宁-隆化深断裂以北正磁异常由红旗营子群变质岩引起，异常梯度较大，幅值为 1 000nT；该正磁异常北侧为一负磁异常，由变质石榴石花岗岩引起。金矿位于正负磁异常交界附近的负磁异常一侧，或位于正磁异常的峰谷部位。

本区东部丰宁-隆化深断裂以南航磁异常以正磁异常为主，北部以负磁异常为主。北部负磁异常梯度较缓，幅值－500nT，由变质石英闪长岩引起；南部正磁异常梯度较陡，幅值－1 100nT，由红旗营子群地层及基性—超基性岩引起。金矿主要分布在红旗营子群边部或变质石英闪长岩中，航磁异常上金矿主要分布在正负磁异常交界附近的负磁异常区。

4. 找矿标志

根据以上特征，总结本区金矿找矿标志如下。

(1) 地层标志：红旗营子群变质岩与本区成矿关系密切，当与变质花岗岩或变质闪长岩接触时，在变质岩浆岩一侧常有金矿产出。

(2) 岩浆岩标志：海西期或燕山期酸性岩与变质石英闪长岩接触时，金矿在变质闪长岩一侧呈带状分布。

(3) 围岩蚀变标志：钾长石化是本区金矿的重要围岩蚀变。

(4) 区域磁场标志：区域性正负航磁异常的交接部位或附近是金矿产出的有利部位，这些部位反映了上述各种接触带位置。

(三) 王安镇-大河南金矿集中区

1. 概况

王安镇-大河南金矿集中区位于王安镇—大河南一带，地理坐标为北纬 39°00′—40°00′，东经 114°45′—115°30′，面积约 4 800km²。主要金矿类型为破碎-蚀变岩型，其次为石英脉型。已知金矿有易县孔各庄破碎-蚀变岩型中型金矿、易县栾木厂石英脉型小型金矿等。

2. 地质矿产特征

本区位于乌龙沟-上黄旗构造岩浆岩带上，出露地层主要为太古宇阜平岩群变质岩，长城系、蓟县系沉积岩及少量奥陶系沉积岩、侏罗系火山-沉积岩。区内断裂构造非常发育，以北东向、北北东向为主。岩浆岩主要为燕山期王安镇酸性杂岩体和大河南酸性杂岩体。阜平岩群变质岩 Au 含量较高，为 Au 成矿提供了矿质，燕山期岩浆岩为成矿提供了热源，长城系碳酸盐岩也常常成为金矿的成矿围岩，成矿条件十分有利。

本区破碎-蚀变岩型金矿产于阜平岩群变质岩和长城系沉积岩中，有易县孔各庄破碎-蚀变岩型中型金矿 1 处，其他均为小型和矿点。孔各庄金矿产于长城系高于庄组三段白云岩中，其西侧约 5km 即为王安镇岩体，北侧为阜平岩群变质岩。区内有工程控制的矿体 6 个，长度为 330～560m，厚度 0.3～1.11m，金品位 (6.15～37)×10^{-6}。矿体形态呈脉状、不规则脉状，常具分支复合现象。矿脉产状总体走向 0°～5°，倾向东，倾角 75°～80°。矿石矿物有褐铁矿（黄铁矿）及少量黄铜矿（孔雀石、铜蓝），偶见磁黄铁矿、方铅矿，金矿物主要为自然金，次为银金矿、碲金矿；脉石矿物为方解石、石英、白云石。矿石结构有他形粒状结构、交代结构，构造有脉状构造、碎裂构造、角砾状构造。近矿围岩蚀变为黄铁矿化、硅化-碳酸岩化-土化(绢云母化、高岭土化),蚀变带宽度与矿脉宽度成正比。

石英脉型金矿主要产于阜平岩群变质岩中。

3. 区域磁异常特征

本区航磁异常为南、北两个正磁异常,由王安镇岩体、大河南岩体、阜平群变质岩和侏罗纪火山岩引起。南侧异常范围与王安镇岩体、阜平群变质岩范围吻合,轴向北北东,梯度变化中等,幅值400～700nT,变质岩区异常梯度较为平缓,幅值较低。北侧异常范围与大河南岩体及西侧的侏罗纪火山岩地层吻合,轴向北北东,梯度变化中等,幅值400～800nT。

该区主要金矿分布在正磁异常的南侧或东侧的边部,显示岩体或变质岩边部成矿的特征。

4. 找矿标志

根据以上特征,总结本区金矿找矿标志如下。

(1)地层标志:阜平群变质岩与本区成矿关系密切,多数金矿产于变质岩中;长城系高于庄组三段白云岩与破碎-蚀变岩型金矿关系密切。

(2)岩浆岩标志:王安镇酸性杂岩体、大河南酸性杂岩体为成矿提供部分矿质和热源。

(3)围岩蚀变标志:黄铁矿化、硅化是本区金矿的重要围岩蚀变。

(4)区域磁场标志:区域性正磁异常的边部尤其是南侧和东侧指示成矿的有利部位。

二、Ⅲ-57-3成矿带金矿区域磁异常特征及找矿标志

该成矿带仅有兴隆-青龙金集中区。

兴隆——青龙金集中区

1. 概况

兴隆-青龙金集中区是我国重要的金矿产区,位于冀东遵化、迁西、迁安、滦县、滦南等地。地理坐标为北纬39°30′—40°40′,东经117°00′—119°15′,面积约10 000km²。该铁矿集中区主要金矿类型为破碎-蚀变岩型和石英脉型,少量斑岩型。著名金矿有金厂峪金矿、峪耳崖金矿。

2. 地质矿产特征

本区包含马兰峪复式背斜及山海关台拱两个Ⅲ级构造单元。出露变质岩地层主要有迁西岩群、滦县岩群、遵化岩群、朱杖子岩群;各种变质深成岩也非常发育,有变质花岗岩类、变质闪长岩类、少量变质基性岩类。区内出露的沉积岩地层主要有长城系、蓟县系、青白口系、侏罗系、白垩系等。本区岩浆岩发育,主要为燕山期中酸性、酸性岩浆岩,多侵入于各类变质岩及长城纪地层中。区内断裂构造、韧性剪切带构造发育,以北东向为主,其次为近东西向及北西向。

本区金成矿与迁西群、遵化岩群、朱杖子岩群变质岩及变质中性岩类关系密切,是本区附近的主要赋矿围岩,为金成矿提供矿质。燕山期中酸性、酸性岩浆岩为成矿提供部分矿质和热源。区内可分为以下几个规模不同的矿带。

(1)茅山-铧尖东西向金矿带:以迁西群变质岩、变质中性岩类,及燕山期中酸性、酸性岩浆岩为主要成矿地质背景。

(2)冷口-铧尖北西向金矿带:以长城系碳酸盐岩地层及燕山期中酸性、酸性岩浆岩为主要成矿地质背景。

(3)峪耳崖-板城北东向金矿带:以遵化岩群变质岩及燕山期中酸性、酸性岩浆岩为主要成矿地质背景。

(4)青龙-大石柱子北东向金矿带:以闪长质片麻岩为主要成矿地质背景。

(5)双山子-大巫岚北东向金矿带:以朱杖子岩群变质岩为主要成矿地质背景。

(6)隔河头-三星口北东向金矿带:以花岗闪长质片麻岩为主要成矿地质背景。

石英脉型金矿以金厂峪最为典型。矿体产于闪长质片麻岩中,其西侧的燕山期青山口花岗岩体为其提供热源和部分矿质。金矿体分布在长6km、宽1km的北北东向狭长地带。矿体的产出形态受复脉带控制,多呈脉状、不规则状、扁豆状、雁行状、"入"字状、"N"字状等分布于复脉带中,主要位于脉带的中心部位。矿体产状北东25°～30°,倾向以南东为主,倾角40°～70°。矿体一般长50～150m,最长890m;厚1～6m,最厚40余米;单个矿体延深可达300m。矿石矿物有黄铁矿、黄铜矿、方铅矿、闪锌矿、辉钼矿、自然金、含银自然金,脉石矿物有绢云母、绿泥石、石英、铁白云石(方解石)、钠长石。矿石结构有中粗粒结构、细粒粉末状结构、碎裂结构、交代结构、固溶体分解结构和包含结构;构造有块状构造、脉状构造、网脉状构造、浸染状构造、角砾状构造、团块状构造及蜂窝状构造。与矿有关的围岩蚀变有绢云母化、黄铁矿化、钠长石化、硅化、绿泥石化及碳酸盐化。

斑岩型金矿主要有峪耳崖金矿,区内地层为长城系高于庄组白云岩,矿体产于燕山期峪耳崖花岗岩体中。矿体形态为脉状、扁豆状、长透镜状,总体走向北东50°～60°,倾向北西,倾角20°～70°。区内查明矿体105条,长一般200～400m,最长970m。一般厚0.1～2m,矿体最大厚度19.38m。矿石矿物主要有黄铁矿、黄铜矿、方铅矿、磁黄铁矿、闪锌矿、黝铜矿、方黄铜矿、辉钼矿,以及银金矿、碲金矿、辉银矿、自然金等,脉石矿物主要为石英,其次是斜长石、钾长石、绢云母、方解石等。矿石结构以晶粒结构、碎裂-压碎结构为主,其次是包含结构、交代结构、填隙结构等,构造有细脉状、致密块状、斑杂状、条带状构造。围岩蚀变有黄铁矿化、硅化、绢云母化,其次是高岭土化、碳酸盐化、绿泥石化等。

产于碳酸盐岩中的破碎-蚀变岩型金矿以青龙县清河沿金矿最为典型,矿体产于长城系高于庄组白云岩中,与隐伏燕山期花岗岩关系密切。全区圈出11个矿体,矿体长几十米至300m,平均厚1.23～17.45m。矿脉产状总体走向北东或北西,倾角陡立。矿石矿物成分有自然金、纤铁矿、针铁矿、黄铁矿、玉髓、石英、白云石、方解石。矿石结构主要为胶状结构、角砾状结构,构造主要为角砾状构造和渗滤状构造。围岩蚀变不明显。

3. 区域磁异常特征

按不同金矿带分述如下。

(1)茅山-铧尖东西向金矿带:总体为东西向正负相间的带状异常,正磁异常一般由变质岩引起,异常梯度变化不大,幅值150～300nT不等。负磁异常一般由燕山期岩浆岩侵入体引起,梯度变化自较缓至较陡都有,幅值－100～－500nT。金矿多分布在负磁异常边部。

(2)冷口-铧尖北西向金矿带:为一北西向的负磁异常区,梯度变化中等,幅值－550nT,由长城纪地层及燕山期酸性岩引起。金矿分布在负磁异常的轴部,呈北西向带状展布。

(3)峪耳崖-板城北东向金矿带:为一北东向线状正磁异常,异常梯度较大,幅值为550nT。磁异常与遵化群变质岩地层吻合。异常东南侧为一平行的负磁异常,由长城纪地层引起。金矿主要分布在正或负磁异常的西南部,呈北东向带状展布。

(4)青龙-大石柱子北东向金矿带:异常区位于一负磁背景上,表现为一北东向线状负磁异常突起,异常值为－80～100nT,梯度变化中等,异常由闪长质片麻岩引起。金矿在异常轴部呈北东向带状分布。

(5)双山子-大巫岚北东向金矿带:航磁异常为一低缓的负磁异常,幅值为－200nT,轴向北东,由朱杖子岩群变质岩引起。金矿在异常区呈北北东向带状展布。

(6)隔河头-三星口北东向金矿带:本区为一正磁异常,轴向北东东,带状,异常梯度变化较大,幅值300nT,由花岗闪长质片麻岩引起。金矿分布在磁异常梯度变化较大处,呈北北东向带状展布。

4. 找矿标志

根据以上特征,总结本区金矿找矿标志如下。

(1)地层标志:金矿主要分布在迁西群、遵化群、朱杖子群变质岩及闪长质片麻岩、花岗闪长质片麻岩中,其中以迁西群变质岩最为有利,大中型矿床较多。

(2)岩浆岩标志:燕山期酸性岩浆岩为成矿提供热源和矿质,金多分布在岩体周边的变质岩地层中。

(3)围岩蚀变标志:绢云母化、黄铁矿化、硅化是本区金矿的重要围岩蚀变。

(4)区域磁场标志:异常多分布在负磁异常区的情况主要有茅山-铧尖东西向金矿带、冷口-铧尖北西向金矿带、三双山子-大巫岚北东向金矿带;其他矿带金矿主要分布在正磁异常区。分布规律在区域磁异常特征内已有叙述。

三、Ⅲ-61-1成矿带金矿区域磁异常特征及找矿标志

该成矿带仅有石湖金矿集中区。

石湖金矿集中区

1. 概况

石湖金矿集中区位于石家庄市灵寿县土岭—石湖一带,地理坐标为北纬 38°35′—38°40′,东经 113°55′—114°10′,面积约 100km^2。该区金矿类型为石英脉型和破碎-蚀变岩型,著名的矿床有石湖大型金矿。

2. 地质矿产特征

该区位于燕山期麻棚岩体与阜平群接触带附近。麻棚岩体地表由南、北两个岩体组成,岩性为二长花岗岩和石英闪长岩,走向近南北。麻棚岩体是区内金矿主要热源和矿源之一。阜平群由基性—中性火山岩-碎屑岩-镁质碳酸盐岩等变质表壳岩和基性—酸性变质深成岩组成,主要岩性为条带状角闪黑云斜长片麻岩、黑云斜长片麻岩、角闪斜长片麻岩及斜长角闪岩等。该套地层金含量较高,为金成矿提供矿源。区内断层以北西向为主,其次为北东向。

区内矿床产于阜平群变质岩中,矿体形态为脉状、薄板状、透镜状,具分支复合、尖灭再现之特点。矿体走向主要为南北向,次为北西向,向西或东倾斜,倾角50°～80°,平行、斜列或交叉状产出。矿体长度一般100～200m,最长 3 200m,最大延深420m(石湖101脉),矿体平均厚度0.45～2.04m,平均品位(3.52～27.9)×10^{-6}。矿石矿物有黄铁矿(主)、黄铜矿、方铅矿、闪锌矿、银金矿、自然金,脉石矿物有石英、绢云母、绿泥石、高岭石、斜长石、黝帘石等。矿石为他形—半自形—自形晶粒状结构,其次为交代残余结构、鳞片—粒状变形结构;矿石构造有浸染状—块状、脉—网脉状、浸染状—碎裂状—团块状、束状。近矿围岩蚀变主要有硅化、绢云母化、黄铁绢英岩化、碳酸盐化、绿泥石化等。

3. 区域磁异常特征

本区麻棚岩体表现为正磁异常,其南侧的赋矿围岩也为正磁异常,反映围岩铁镁质含量较高,异常轴向近东西,梯度较缓,幅值300nT。区内金矿分布在正磁异常的边缘部位。

4. 找矿标志

根据以上特征,总结本区金矿找矿标志如下。

(1)地层标志:阜平群变质岩尤其是暗色片麻岩类金含量较高,为本区金成矿提供矿源。

(2)岩浆岩标志:麻棚岩体为成矿提供热源和矿质,金主要在岩体南接触带附近成矿。

(3)围岩蚀变标志:硅化、绢云母化、黄铁绢英岩化是本区金矿的重要围岩蚀变。

(4)区域磁场标志:位于阜平群中的正磁异常的边缘部位是金矿产出的有利部位。

第五节 铅锌矿区域磁异常特征及找矿标志

河北省铅锌矿类型主要有热液型、矽卡岩型和海相沉积型,主要分布在内蒙地轴及乌龙沟-上黄旗构造岩浆岩带上,在Ⅲ-57-1、Ⅲ-57-2及Ⅲ-61-1成矿区带上主要有以下5个铁矿集中区,分别是①康保-沽源铅锌矿集中区、②丰宁-围场铅锌矿集中区、③高板河-小寺沟铅锌矿集中区、④王安镇-大河南铅锌矿集中区、⑤西柏坡-阜平铅锌矿集中区。见图2-11。

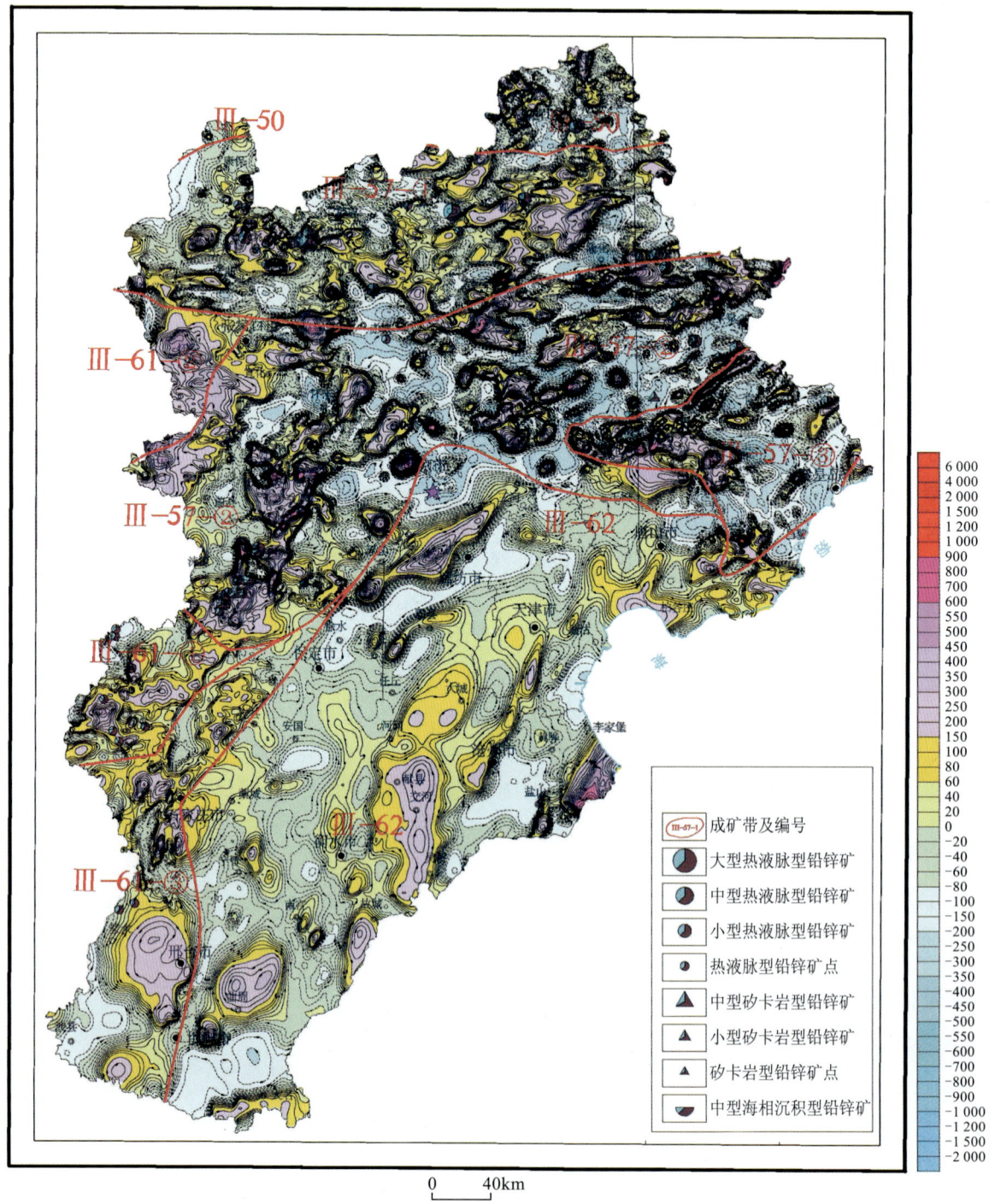

图2-11 河北省铅锌矿航磁 ΔT 化极等值线图

一、Ⅲ-57-1 成矿带铅锌矿区域磁异常特征及找矿标志

该成矿带包括2个铅锌矿集中区,分别是:康保-沽源铅锌矿集中区和丰宁-围场铅锌矿集中区。

(一)康保-沽源铅锌矿集中区

1. 概况

康保-沽源铅锌矿集中区位于冀西北张家口市康保县、张北县、沽源县一带,地理坐标为北纬 $41°00'$—$41°40'$,东经 $114°30'$—$116°00'$,面积约 $9\,000\,km^2$。该集中区主要矿床类型为热液型矿,包括著名蔡家营铅锌矿、青羊沟铅锌矿。

2. 地质矿产特征

该区夹于康保-围场深断裂和尚义-赤城深断裂之间,位于乌龙沟-上黄旗深断裂西侧。区内出露地层主要为太古宇红旗营子群、侏罗系张家口组、白垩系义县组和第三系汉诺坝组地层。岩浆侵入岩主要为海西期花岗岩类,燕山期花岗岩类、正长岩类、二长岩类等。构造有断裂构造、火山盆地构造等。断裂构造有北东、北西及近东西等多组,其中北西向构造与成矿关系密切,常常是赋矿构造。火山盆地构造对铅锌矿也有明显的控制作用,盆地边缘是有利的成矿部位。

本区铅锌矿均为热液型,一处大型、一处中型,其余为小型和矿点。矿床有太古宇红旗营子变质岩及侏罗系火山岩两种赋矿围岩,矿区内岩浆岩或有或无,但附近几千米内常有岩浆岩侵入体或火山岩发育。据资料,区内红旗营子群地层铅锌等含量较高,为成矿提供部分矿质,火山岩铅锌含量也较高,与其有关的火山—次火山热液富含铅锌,有利于成矿。蔡家营铅锌矿是本区著名矿床,矿体有蚀变破碎带型和石英脉型,多为规则和不规则脉状、透镜状,也有呈囊状者。矿石矿物主要有闪锌矿、方铅矿、黄铁矿、毒砂、黄铜矿磁黄铁矿、含金银矿物等。矿石结构主要为粒状结构、填隙结构、乳滴结构、交代残余结构,构造有脉状、块状、稠密-稀疏浸染状等。近矿围岩蚀变强烈,主要为绢云母化、绿泥石化,矿石类型有绢云母-多金属型、绿泥石-多金属型等。

3. 区域磁异常特征

本区磁异常轴向有近东西向、北西向、北东向等多种方向。正磁异常多由变质岩引起,反映基底隆起构造,异常梯度中等,幅值一般 $300\sim500\,nT$,最高 $700\,nT$。负磁异常多由火山岩引起,常反映火山盆地构造,异常梯度较缓至中等,幅值一般 $-60\sim-300\,nT$。

航磁异常上,区内铅锌矿有两种产出位置,其一为正磁异常的边部或正磁异常中,如康保丹清河东坡铅锌矿、沽源县闫巨沟铅锌矿、张北县兰闫铅锌矿等;其二为反映火山盆地的负磁异常与相邻的正磁异常的交接部位,如沽源县蔡家营铅锌银矿、张北县石头囵囵闪锌矿等。

4. 找矿标志

根据以上特征,总结本区铅锌矿找矿标志如下。
(1)地层标志:红旗营子群地层或侏罗系火山岩地层是区内铅锌矿的主要赋矿围岩。
(2)构造标志:火山盆地边缘是有利成矿部位。
(3)围岩蚀变标志:绢云母化、绿泥石化是本区金矿的重要围岩蚀变。
(4)区域磁场标志:铅锌矿均位于正磁异常的边缘或正磁异常中。

(二)丰宁-围场铅锌矿集中区

1. 概况

丰宁-围场铅锌矿集中区位于承德市丰宁县、围场县、隆化县、承德县城一带,地理坐标为北纬 $41°$

20′—42°00′,东经116°00′—118°20′,面积约15 000km²。该集中区主要矿床类型为热液型矿,典型矿床有北岔铅锌矿、姑子沟铅锌矿等。

2. 地质矿产特征

该区夹于康保-围场深断裂和尚义-赤城深断裂之间,位于乌龙沟-上黄旗深断裂东西两侧。区内出露地层主要为太古宇红旗营子群、古元古代变质二长花岗岩、古元古代变质斑状二长花岗岩、古元古代变质闪长岩、侏罗系张家口组、白垩系义县组、九佛堂组地层。岩浆侵入岩主要为海西期花岗岩类、正长岩类、燕山期花岗岩类、正长岩类、二长岩类等。构造有断裂构造、火山盆地构造等。断裂构造有北东、北西及近东西等多组,其中北西向构造与成矿关系密切,常常是赋矿构造。火山盆地构造对铅锌矿也有明显的控制作用,盆地边缘是有利的成矿部位。

本区铅锌矿均为热液型,两处中型,其余为小型和矿点。矿床赋矿围岩有侏罗系火山岩及太古宇变质岩、古元古界变质岩深成岩和燕山期及海西期花岗岩等,其中以侏罗系火山岩及海西期花岗岩为主。据资料,区内变质地层铅锌等含量较高,为成矿提供部分矿质,火山岩铅锌含量也较高,与其有关的火山—次火山热液富含铅锌,有利于成矿。北岔铅锌矿是本区著名的矿床,矿体产于海西期花岗岩及侏罗系张家口组火山岩中。已发现数十条矿体,控制10条矿体。主要4条矿体呈脉状及厚大的囊状,长370~550m,厚7.48~62.59m,延深160~235m。矿石矿物主要有黄铁矿、白铁矿、闪锌矿、方铅矿、黄铜矿等。矿石结构主要为粒状结构、填隙结构,构造主要有浸染状、团块状、脉状、斑杂状、角砾状、蜂窝状等。近矿围岩蚀变强烈,主要为绢英岩化、硅化、黄铁矿化、萤石化及碳酸盐化,绢英岩化、黄铁矿化与成矿关系密切,其次为硅化。

3. 区域磁异常特征

在乌龙沟-上黄旗构造岩浆岩带上,本区航磁异常以北北东向为主;构造岩浆岩带西侧航磁异常以近南北向、北北西向为主;构造岩浆岩带东侧航磁异常以近东西向、北东向为主。区内航磁正异常多与太古宇红旗营子群、古元古代变质深成岩及海西期、燕山期花岗岩、正长岩等有关,在构造上太古宇红旗营子群、古元古代变质深成岩多构成隆起;正磁异常梯度较缓,幅值不高,一般60~200nT。负磁异常多与侏罗系张家口组火山岩有关,张家口组火山岩构成火山盆地的主体;负磁异常梯度一般较缓,幅值一般-100~-200nT,个别-350~500nT。火山盆地分布区也常常有正磁异常,多是由盆地内燕山期岩浆岩侵入体引起。

本区与火山盆地有关铅锌矿与航磁异常的关系可分为两种情况:一是矿床分布在正磁异常的边缘部位,如丰宁鱼儿山同生永铅矿、隆化县北岔沟门铅锌矿,前者产于火山爆发期后的潜石英正长斑岩中,后者产于火山盆地边缘的海西期花岗岩及侏罗纪火山岩中,正磁异常均与岩体有关;二是矿床分布于负磁异常的边部,如丰宁县营房银铅锌矿,该矿床产于与次火山岩有关的爆破角砾岩体中,爆破角砾岩围岩为海西期花岗岩,均为负磁异常。

与红旗营子群有关的铅锌矿位于承德县烟筒山、姑子沟一带,分布于东西向负磁异常的中心部位,矿床受燕山期石英斑岩与红旗营子群变质岩接触带控制,两者在此处均为负磁异常。

4. 找矿标志

根据以上特征,总结本区铅锌矿找矿标志如下。
(1)地层标志:侏罗系火山岩及与有燕山期岩体侵入的红旗营子群变质岩。
(2)岩浆岩标志:燕山期石英斑岩及潜火山岩。
(3)构造标志:火山盆地边缘是有利成矿部位。
(4)围岩蚀变标志:绢云母化、硅化、黄铁矿化是本区的重要围岩蚀变。
(5)区域磁场标志:与火山盆地有关的铅锌矿位于盆地的正磁异常的边缘或负磁异常边部;与红旗营子群变质岩有关的铅锌矿位于负磁异常中心部位。

二、Ⅲ-57-2 成矿带铅锌矿区域磁异常特征及找矿标志

该成矿带包括2个铅锌矿集中区，分别是：高板河-小寺沟铅锌矿集中区和王安镇-大河南铅锌矿集中区。

(一) 高板河-小寺沟铅锌矿集中区

1. 概况

高板河-小寺沟铅锌矿集中区位于承德市兴隆县、宽城县、平泉县一带，地理坐标为北纬 $40°20'—40°50'$，东经 $117°50'—118°50'$，面积约 $3\,000\,km^2$。该集中区矿床类型有海相沉积型、热液型、斑岩型，典型的有高板河铅锌矿、轿顶山铅锌矿。

2. 地质矿产特征

本区有4条断裂围限，北侧为尚义-平泉断裂，南侧为密云-喜峰口断裂，西侧为平坊-桑园断裂，东侧为独石口-宽城断裂，呈北东向带状展布。区内地层主要为中新元古界和中生界侏罗系；岩浆岩为燕山期正长岩、二长岩、石英二长岩及少量花岗岩类，多呈岩珠状；断层构造发育，以北东向为主，其次还有北西向、东西向等。

区内海相沉积型铅锌矿为高板河中型铅锌矿，产于长城系高于庄组第二段至第四段白云岩中，矿体呈层状，形态简单，最大矿体长 $1\,900\,m$，斜深 $1\,700\,m$，平均厚 $6.57\,m$。矿石矿物以黄铁矿、闪锌矿、方铅矿为主，少量白铁矿、磁黄铁矿、黄铜矿等；脉石矿物以白云石、方解石为主，次为石英及微量重晶石、金红石、石榴石、角闪石、绿帘石、锆石、萤石、硝石、磷灰石等。矿石结构构造简单，主要为细脉、薄层、条带等。含矿围岩无明显的蚀变现象。

本区斑岩型、热液型铅锌矿多产于燕山期岩体或岩体与长城纪地层的接触带上，矿床规模均为小型，如轿顶山铅锌矿、毛家沟铅锌矿、蘑菇峪钼锌铜矿等。

3. 区域磁异常特征

本区磁异常以负磁异常为主，由长城系及侏罗系等沉积地层引起，异常平缓，幅值一般为 $-250\sim-300\,nT$，轴向以北东向为主。少量正磁异常嵌布在负磁异常中，规模小，一般无明显的走向，多由燕山期岩浆岩侵入体引起；异常梯度中等，幅值一般 $20\sim100\,nT$，最高为高板河北侧（$250\,nT$）。

本区铅锌矿多位于正磁异常的边缘或正负磁异常交接部位，前者如轿顶山铅锌矿、毛家沟铅锌矿，后者如高板河铅锌矿。

4. 找矿标志

根据以上特征，总结本区铅锌矿找矿标志如下。

(1) 地层标志：长城系沉积岩地层，海相沉积型铅锌矿多与高于庄组第二段至第四段有关。
(2) 岩浆岩标志：燕山期正长岩、二长岩、石英二长岩、花岗岩等小岩体，呈岩株状产出。
(3) 围岩蚀变标志：区内矿体或围岩蚀变多有黄铁矿化，地表铁帽明显。
(4) 区域磁场标志：正磁异常的边缘或正负磁异常交接部位。

(二) 王安镇-大河南铅锌矿集中区

1. 概况

王安镇-大河南铅锌矿集中区位于涞水县、涞源县、易县一带，地理坐标为北纬 $39°00'—39°50'$，东经 $114°30'—115°30'$，面积约 $3\,500\,km^2$。主要矿床类型为热液型和矽卡岩型。典型矿床有涞源县镰巴岭铅

锌矿、涞源县大湾锌钼矿等。

2. 地质矿产特征

本区位于乌龙沟-上黄旗构造岩浆岩带上,出露地层主要为太古宇阜平岩群变质岩,长城系、蓟县系沉积岩及少量奥陶系沉积岩、侏罗系火山-沉积岩。区内断裂构造非常发育,以北东、北北东为主。岩浆岩主要为燕山期王安镇酸性杂岩体和大河南酸性杂岩体。区内岩浆岩为铅锌成矿提供了热源和矿质;岩体侵入至长城系、蓟县系白云岩地层并在接触带附近形成矽卡岩,为铅锌等成矿物质的沉淀提供了有利条件。

区内有中型型矿床1处,为矽卡岩型;其余均为小型或矿点,其中热液型13处、矽卡岩型7处。矿床主要产于岩体与阜平岩群、长城系、蓟县系的接触带或上述岩体、地层中。

热液型矿床以涞源县镰巴岭铅锌矿最为典型,矿床产于(斑状)二长花岗岩及花岗闪长岩与蓟县系雾迷山组燧石条带白云岩的接触带中。矿体呈脉状、透镜体状;走向北东10°~20°,倾向南东,倾角65°~70°,向深部变缓,倾角55°~65°;最大规模矿体为501号,长900~1 800m,厚0.43~1.31m,延深180~200m;矿石矿物主要有黄铁矿、闪锌矿、方铅矿、黄铜矿、磁黄铁矿,脉石矿物主要有石英、方解石、重晶石、绿泥石、滑石等;矿石结构有自形粒状结构、半自形他形粒状结构、固溶液分解结构、环状结构,分布较少的有残余结构、交叉结构、骸晶结构,构造有致密块状、浸染状、条带状、晶簇状、花斑状及交错构造;蚀变有大理岩化、蛇纹石化、绿帘石化、矽卡岩化、滑石化、绿泥石化、绢云母化、硅化、碳酸盐化、高岭土化、重晶石化、黄铁矿化、褐铁矿化等。

矽卡岩型典型矿床为涞源县大湾锌钼矿,产于涞源流纹斑岩与中新元古界长城系高于庄组碎石条带白云岩的接触带,矿体形态有半环状、脉状、透镜状,半环状绕流纹斑岩分布。矿石矿物成分有闪锌矿、辉钼矿、银的硫化物和磁铁矿、黄铁矿等,脉石矿物为透闪石、透辉石、硅镁石、碳酸盐矿物等。矿石结构为他形—半自形结构、交代结构、包含结构,构造为浸染状、条带状、块状、角砾状。接触交代作用及分带:在接触带内带形成钙质交代岩,外带形成镁质交代岩,从接触带向外,从上到下可分为内矽卡岩带(透辉石榴或石榴透辉石矽卡岩)、外矽卡岩带(粒硅镁石、透辉石、透闪石矽卡岩)、蛇纹石化白云岩带、大理岩化白云岩带以及沿裂隙破碎带或矽卡岩附近发育的铁锰碳酸盐化白云岩带。内带形成钙质交代岩,外带形成镁质交代岩。

3. 区域磁异常特征

本区航磁异常为南北2个正磁异常,由王安镇岩体、大河南岩体、阜平群变质岩和侏罗系火山岩引起。南侧异常范围与王安镇岩体、阜平群变质岩范围吻合,轴向北北东,梯度变化中等,幅值400~700nT,变质岩区异常梯度较为平缓,幅值较低。北侧异常范围与大河南岩体及西侧的侏罗系火山岩地层吻合,轴向北北东,梯度变化中等,幅值400~800nT。

该区铅锌矿均分布在正磁异常上,在南部分布在异常的西侧,呈带状北北东向展布;在北部分布在异常的东南侧。

4. 找矿标志

根据以上特征,总结本区铅锌矿找矿标志如下。

(1)地层标志:太古宇阜平岩群变质岩,长城系、蓟县系沉积岩均是区内铅锌矿的重要赋矿层位。

(2)岩浆岩标志:燕山期酸性杂岩体,其中以王安镇杂岩体最为有利。

(3)构造标志:北北东向乌龙沟-上黄旗构造岩浆岩带。

(4)围岩蚀变标志:矽卡岩化、大理岩化、蛇纹石化、绿帘石化、滑石化、绿泥石化、绢云母化、硅化等是本区的重要围岩蚀变。

(5)区域磁场标志:与王安镇岩体有关的铅锌矿分布在正磁异常的西侧,与大河南有关的铅锌矿分布在正磁异常的东南侧。

三、Ⅲ-61-1 成矿带铅锌矿区域磁异常特征及找矿标志

该成矿带仅包括西柏坡-阜平铅锌矿集中区。

西柏坡-阜平铅锌矿集中区

1. 概况

西柏坡-阜平铅锌矿集中区位于石家庄市阜平县、平山县一带,地理坐标为北纬38°20′—39°05′,东经113°45′—114°20′,面积约1 700km²。该集中区矿床类型为热液型。

2. 地质矿产特征

本区出露地层为中新太古代变质岩,与铅锌矿关系密切的有中太古代陈庄子群麻河清岩组、中太古代英云闪长质片麻岩、新太古代湾子岩群下部、新太古代二长花岗质片麻岩等。区内岩浆岩主要有燕山期麻棚中酸性杂岩体,脉岩有辉绿岩脉。断裂构造以北西向为主,其次为北东向和近东西向。

本区铅锌矿均为矿点,一处产于麻棚岩体内,其余均产在变质岩中。平山县秋卜洞铅锌矿产于新太古代变质岩中,地表出露霏细岩脉、石英斑岩脉、角砾状霏细岩脉,与成矿关系密切,矿体呈串珠状、囊状和透镜状,一般倾向南西,倾角一般在60°~80°以上,或近于直立;矿体控制长度39~525m,厚度0.3~4.93m,实际控制斜深71m。矿石矿物以黄铁矿、闪锌矿、方铅矿为主,少量黄铜矿,次生矿物褐铁矿、孔雀石及自然银、辉银矿,局部可见自然金;脉石矿物主要有石英、长石、绢云母、绿泥石等。矿石结构有致密粒状结构、微细粒交代结构、残余结构、压碎、填隙结构。矿石构造有团块状、脉状、网状、角砾状。围岩蚀变较强,主要有绢云母化、硅化、钾长石化、绿泥石化和碳酸盐化,其中绢云母化、硅化与成矿关系密切。

3. 区域磁异常特征

本区磁异常以正磁异常为主,由太古宙变质岩及燕山期岩体引起,异常较平缓,幅值一般为150~300nT,最高500nT。轴向有北西、近东西、近南多组。

本区铅锌矿主要位于正磁异常的边部,少量位于正负磁异常交接部位的负磁异常中,如阜平县西庄旺铅锌矿、阜平县银河村铅锌矿等。

4. 找矿标志

根据以上特征,总结本区铅锌矿找矿标志如下。
(1)地层标志:中晚太古代变质岩是区内铅锌矿赋矿围岩。
(2)岩浆岩标志:燕山期中酸性岩体、岩脉。
(3)围岩蚀变标志:绢云母化、硅化与成矿关系密切。
(4)区域磁场标志:正磁异常的边部或正负磁异常交接处的负磁异常区。

第六节 铜矿区域磁异常特征及找矿标志

河北省铜矿类型主要有斑岩型、矽卡岩型、岩浆岩型和陆相火山热液型,主要分布在尚义-赤城-平泉深断裂以南地区,在Ⅲ-57-2、Ⅲ-57-3及Ⅲ-61-1成矿区带上主要有以下4个铜矿集中区,分别是①寿王坟-小寺沟铜矿集中区、②王安镇铜矿集中区、③冀东铜矿集中区、④内丘-井陉铜矿集中区(图2-12)。

一、Ⅲ-57-2 成矿带铜矿区域磁异常特征及找矿标志

该成矿带包括2个铜矿集中区,分别是:寿王坟-小寺沟铜矿集中区和王安镇铜矿集中区。

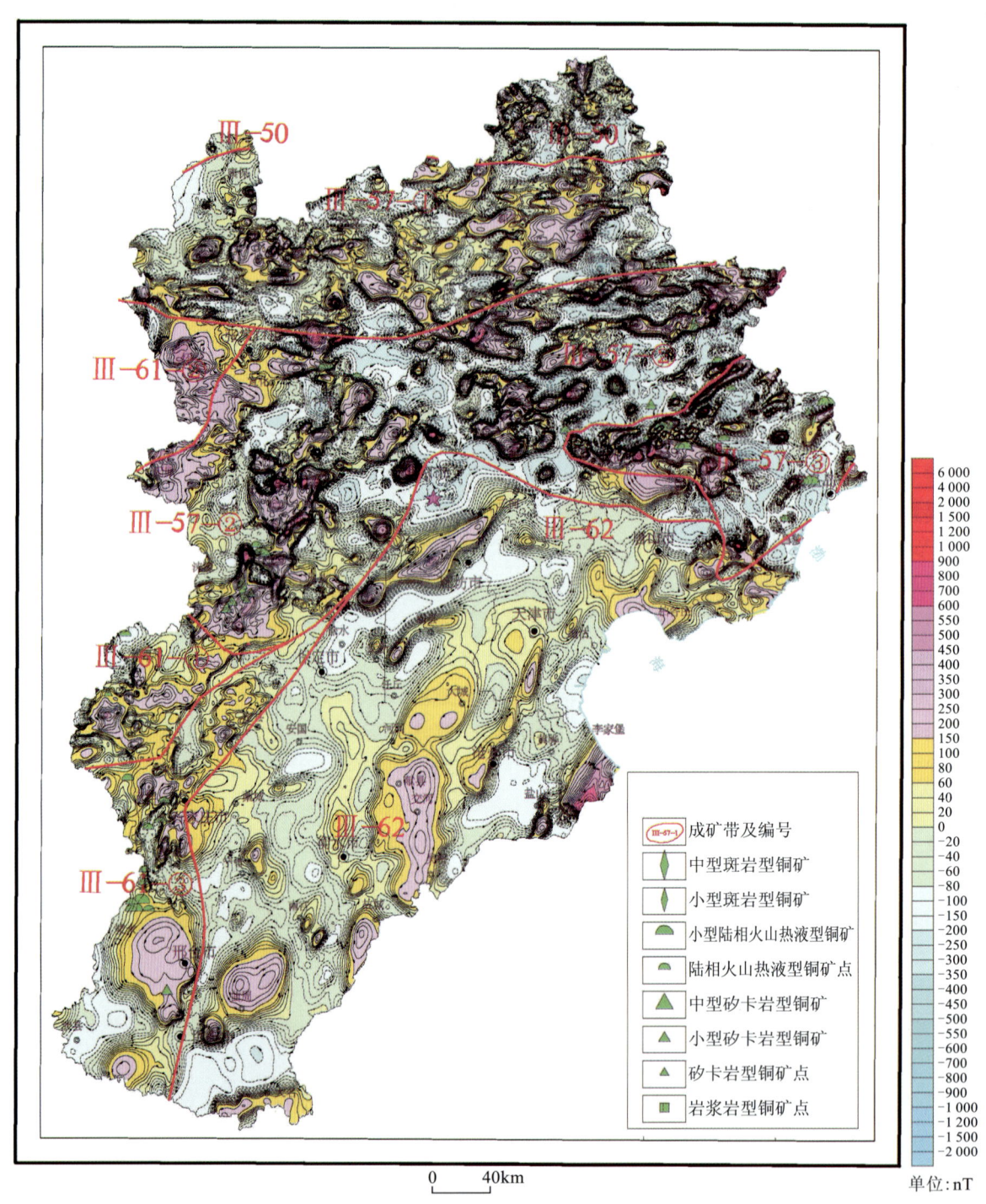

图 2-12　河北省铜矿航磁 ΔT 化极等值线图

（一）寿王坟-小寺沟铜矿集中区

1. 概况

寿王坟-小寺沟铜矿集中区位于承德市兴隆县、平泉县一带，地理坐标为北纬 $40°25'—41°00'$，东经 $117°45'—118°30'$，面积约 $3\,000\,km^2$。该铜矿集中区主要矿床类型为矽卡岩型和斑岩型，著名的有寿王坟铜矿、小寺沟铜矿。

2. 地质矿产特征

本区夹于尚义-平泉深断裂和密云-喜峰口大断裂之间，平坊-桑园大断裂从本区中部通过。区内地层主要为中新元古界和中生界侏罗系及少量寒武系、奥陶系、二叠系；岩浆岩为燕山期二长岩花岗岩、二长岩、正长岩、石英二长岩闪长岩、花岗闪长斑岩等；断层构造发育，以北东向为主，其次还有北西向、东西向等。

区内矽卡岩型铜矿主要产于燕山期寿王坟杂岩体与中元古界雾迷山组燧石条带白云岩接触带，矿体形态有透镜状、扁豆状、囊状等，含矿带走向由西向东为北北西—北西—北西西向变化，呈弧形向南西凸出。总体倾向为南西，倾角60°～80°。矿床由40多个大小不一，形态各异的铜、钼、铁矿体组成。最大矿体长400～600m，延深200～510m，厚6～10m，最厚42m。一般矿体长30～50m，长不足200m，厚6m以下，延深不超过150m。矿石矿物有黄铜矿、黄铁矿、磁黄铁矿及辉铜矿、方铅矿、闪锌矿、磁铁矿、赤铁矿、孔雀石、蓝铜矿、褐铁矿等。矿石结构有细—中粒结构、他形—半自形粒状结构，矿石构造有块状、致密块状、条带状、浸染状、细脉状、网脉状构造。围岩蚀变包括接触交代和热液两种，前者主要发育在接触带中，以镁矽卡岩化为主，也有钙矽卡岩化；热液蚀变有硅化、绢云母化、蛇纹石化、绿泥石化、碳酸盐化及青磐岩化等。

本区斑岩型铜矿为小寺沟铜钼矿，矿体主要产于小寺沟花岗闪长斑岩与元古宇雾迷山组白云岩的接触带中，矿体形态通常呈似层状、狭长带状，与接触带产状一致。在接触带内侧由捕虏体构成的铜矿体，其形态为透镜状、脉状、扁豆状。矿体产状总体走向为北西315°，倾向南西，倾角60°～80°。矿体一般长300～500m，最大超过570m。在接触带内侧由捕虏体构成的铜矿体，规模大小不等，一般长200～300m，厚1～10m，最厚40m。矿石矿物主要由黄铁矿、黄铜矿组成。矿石结构为他形粒状结构、交代结构，偶见熔离结构及压碎结构。矿石构造为细脉浸染状构造、脉状构造和块状构造。矿区的围岩蚀变发育，主要蚀变有钾化（钾长石化、黑云母化）、黄铁绢英岩化、黏土岩化及矽卡岩化（含蛇纹石化）。

3. 区域磁异常特征

本区总体为宽缓的负磁异常，正磁异常呈圆状、豆状镶嵌于负磁异常中。区内负磁异常轴向以北东向为主，少量近南北向，幅值较低，一般为－200～300nT，主要由区内各种沉积岩地层引起。正磁异常由燕山期岩浆岩引起，梯度中等至较高，幅值一般100nT左右，但高者如寿王坟岩体可达550nT。

本区铜矿主要分布于正磁异常的边缘部位，反映与岩浆岩的密切关系。

4. 找矿标志

根据以上特征，总结本区铜矿找矿标志如下。

(1) 地层标志：中新元古界蓟县系雾迷山组白云岩地层是本区矽卡岩型及斑岩型铜矿的围岩。
(2) 岩浆岩标志：燕山期二长花岗岩、花岗闪长斑岩是主要的成矿母岩，为铜成矿提供热液和矿质。
(3) 围岩蚀变标志：矽卡岩化及钾化（钾长石化、黑云母化）、黄铁绢英岩化、黏土岩化。
(4) 区域磁场标志：本区铜矿主要分布于正磁异常的边缘部位。

（二）王安镇铜矿集中区

1. 概况

王安镇-大河南铜矿集中区位于涞水县、涞源县、易县一带，地理坐标为北纬39°00′—39°40′，东经114°30′—115°30′，面积约3 200km²。矿床类型为斑岩型、矽卡岩型和陆相火山热液型。典型矿床有涞源县木吉村铜钼矿等。

2. 地质矿产特征

本区位于乌龙沟-上黄旗构造岩浆岩带上，出露地层主要为太古宇阜平岩群变质岩，长城系、蓟县系沉积岩及少量奥陶系沉积岩、侏罗系火山-沉积岩。区内断裂构造非常发育,以北东、北北东向为主。岩浆岩主要为燕山期王安镇酸性杂岩体。

区内有中型矿床一处,为斑岩型木吉村铜钼矿;其余均为小型或矿点,为矽卡岩型和陆相火山热液型。木吉村铜钼矿产于王安镇闪长玢岩岩体及岩体与下古生界、元古宇碳酸盐岩的接触带上。矿体形态有透镜体状、脉状、似层状、瘤状、囊状、不规则状,产状与"岩颈"产状大体一致,长轴NNW向,向南偏东倾伏,倾角20°～30°。矿带长800余米,宽390m,厚达100～340m。矿石矿物成分有黄铜矿、黄铁矿、辉钼矿、硫钴矿、自然金、白钨矿。矿石结构主要为细粒结构,矿石构造主要为浸染状构造。蚀变特征,闪长玢岩蚀变体系可区别为斑岩型热液蚀变与接触交代变质两个子体系,自岩体到围岩,由深而浅,其蚀变分带为内蚀变带——典型斑岩型热液蚀变带,发育钾化、硅化、青磐岩化及泥化等面型蚀变,钾化、硅化与斑岩型铜钼矿关系密切;外蚀变带——闪长玢岩与寒武系——奥陶系灰质白云岩接触交代,沿 F_4 断裂带形成一套钙质矽卡岩;与中元古界白云岩接触交代形成一套镁质矽卡岩,以渗滤交代钙(镁)质矽卡岩为主,内矽卡岩不发育。

3. 区域磁异常特征

本区航磁异常为正磁异常,由王安镇岩体阜平群变质岩和侏罗系火山岩引起,轴向北北东,梯度变化中等,幅值400～700nT,变质岩区异常梯度较为平缓,幅值较低。

该区铜矿均分布在正磁异常西侧,呈带状北北东向展布。

4. 找矿标志

根据以上特征,总结本区铜矿找矿标志如下。

(1)地层标志:下古生界、元古宇碳酸盐岩地层是区内重要的赋矿围岩。
(2)岩浆岩标志:燕山期王安镇杂岩体,其中以闪长玢岩最为有利。
(3)构造标志:北北东向乌龙沟-上黄旗构造岩浆岩带。
(4)围岩蚀变标志:内接触带为典型的斑岩型热液蚀变,发育钾化、硅化、青磐岩化及泥化等面型蚀变;外接触带为矽卡岩化。
(5)区域磁场标志:该区铜矿均分布在王安镇岩体有关的正磁异常的西侧。

二、Ⅲ-57-3成矿带铜矿区域磁异常特征及找矿标志

该成矿带仅包括冀东铜矿集中区。

冀东铜矿集中区

1. 概况

冀东铜矿集中区位于冀东迁西县、青龙县、抚宁县一带。地理坐标为北纬39°50′—40°30′,东经118°10′—119°15′,面积约50 000km²。铜矿类型主要为热液型,较典型的有迁西县洒河桥铜矿。

2. 地质矿产特征

本区包含马兰峪复式背斜及山海关台拱2个Ⅲ级构造单元。出露变质岩地层主要有迁西岩群、滦县岩群、遵化岩群、朱杖子岩群;各种变质深成岩也非常发育,有变质花岗岩类、变质闪长岩类,少量变质基性岩类。区内出露的沉积岩地层主要有长城系、蓟县系、青白口系、侏罗系、白垩系等。本区岩浆岩发育,主要为燕山期中酸性、酸性岩浆岩,多侵入于各类变质岩及长城纪地层中。区内断裂构造、韧性剪切带构造发育,以北东向为主,其次为近东西向及北西向。

本区铜均为小型或矿点,主要产在太古宙变质岩中,成矿与燕山期岩浆活动关系密切。主要分布在西侧迁西县洒河桥—东荒峪一带及东侧的青龙县抚宁县的周杖子—平市庄一带:

(1)洒河桥—东荒峪一带：变质岩主要为花岗质片麻岩、云英闪长质片麻岩和迁西岩群，岩浆岩为燕山期中酸性、酸性岩浆岩。洒河桥铜矿为典型矿床，矿床类型为中低温热液石英脉型，与青山口花岗岩体关系密切。

(2)周杖子—平市庄一带：变质岩主要为新太古代变质石英闪长岩和花岗质片麻岩，岩浆岩为燕山期中酸性石英二长岩、花岗闪长岩，角闪闪长岩为主要成矿地质背景，断层构造以北东向为主。

3. 区域磁异常特征

(1)洒河桥—东荒峪一带：区内正磁异常有变质岩引起，轴向近东西，梯度较低至中等，幅值250~450nT。负磁异常由燕山期岩浆岩引起，轴向北东或近东西，梯度较低至较高，幅值-60~-500nT。该区铜矿主要位于正负磁异常的交接处，反映与岩浆岩关系密切。

(2)周杖子—平市庄一带：区内磁异常轴向以北东向为主，负磁异常占较大区域，多由太古宙花岗质片麻岩及燕山期花岗岩等引起引起，异常梯度较缓，幅值-250~-350nT。正磁异常多呈带状，轴向北东东，异常梯度变化较大，幅值300nT，多由花岗闪长质片麻岩引起。该区铜矿产于正负磁异常交接处或附近。

4. 找矿标志

根据以上特征，总结本区铜矿找矿标志如下。

(1)地层标志：变质岩主要为花岗闪长质片麻岩、云英闪长质片麻岩、花岗质片麻岩和迁西岩群。

(2)岩浆岩标志：燕山期花岗岩。

(3)区域磁场标志：本区铜矿主要分布于正负磁异常的交接部位。

三、Ⅲ-61-1成矿带铜矿区域磁异常特征及找矿标志

该成矿带仅包括内丘-井陉铜矿集中区。

内丘-井陉铜矿集中区

1. 概况

内丘-井陉铜矿集中区位于石家庄市内丘县、赞皇县、井陉县、元氏县、鹿泉市一带，地理坐标为北纬37°20′—38°05′，东经113°50′—114°20′，面积约1 600km²。该铜矿集中区主要矿床类型为陆相火山热液型，如内丘县鹿峪铜矿、内邱县桃园铜矿。

2. 地质矿产特征

本区位于邢台-安阳深断裂西侧，出露地层为古元古代早期甘陶河群南掌寺组、南寺组和嵩亭组，古元古代变质灰绿岩脉（墙）非常发育，区内断层以近南北向为主。

铜矿主要分布在南掌寺组地层中，南寺组及嵩亭组也有少量分布。

3. 区域磁异常特征

本区磁异常轴向为近南北向，东侧为正磁异常，西侧为负磁异常，内丘-井陉铜矿集中区位于正负磁异常的梯度带上，南部内丘—赞皇一线梯度变化中等，北部井陉—鹿泉一带梯度变化较陡。

区内铜矿位于上述梯度带上，并主要位于正磁异常一侧。

4. 找矿标志

根据以上特征，总结本区铜矿找矿标志如下。

(1)地层标志：古元古代早期甘陶河群南掌寺组、南寺组和嵩亭组地层，以南掌寺组最为有利。

(2)区域磁场标志：铜矿位于上述梯度带上，并主要位于正磁异常一侧。

第七节 钼矿区域磁异常特征及找矿标志

河北省铁矿类型主要有斑岩型、矽卡岩型、热液型,主要分布在保定地区和承德地区,在Ⅲ-57-1、Ⅲ-57-2及Ⅲ-57-3成矿区带上有以下几个区域,分别是①丰宁-隆化钼矿集中区、②寿王坟-小寺沟钼矿集中区、③王安镇-大河南钼矿集中区、④兴隆花市-青龙采桑峪钼矿集中区、⑤宣化县贾家营-涿鹿县口前钼矿集中区。见图2-13。

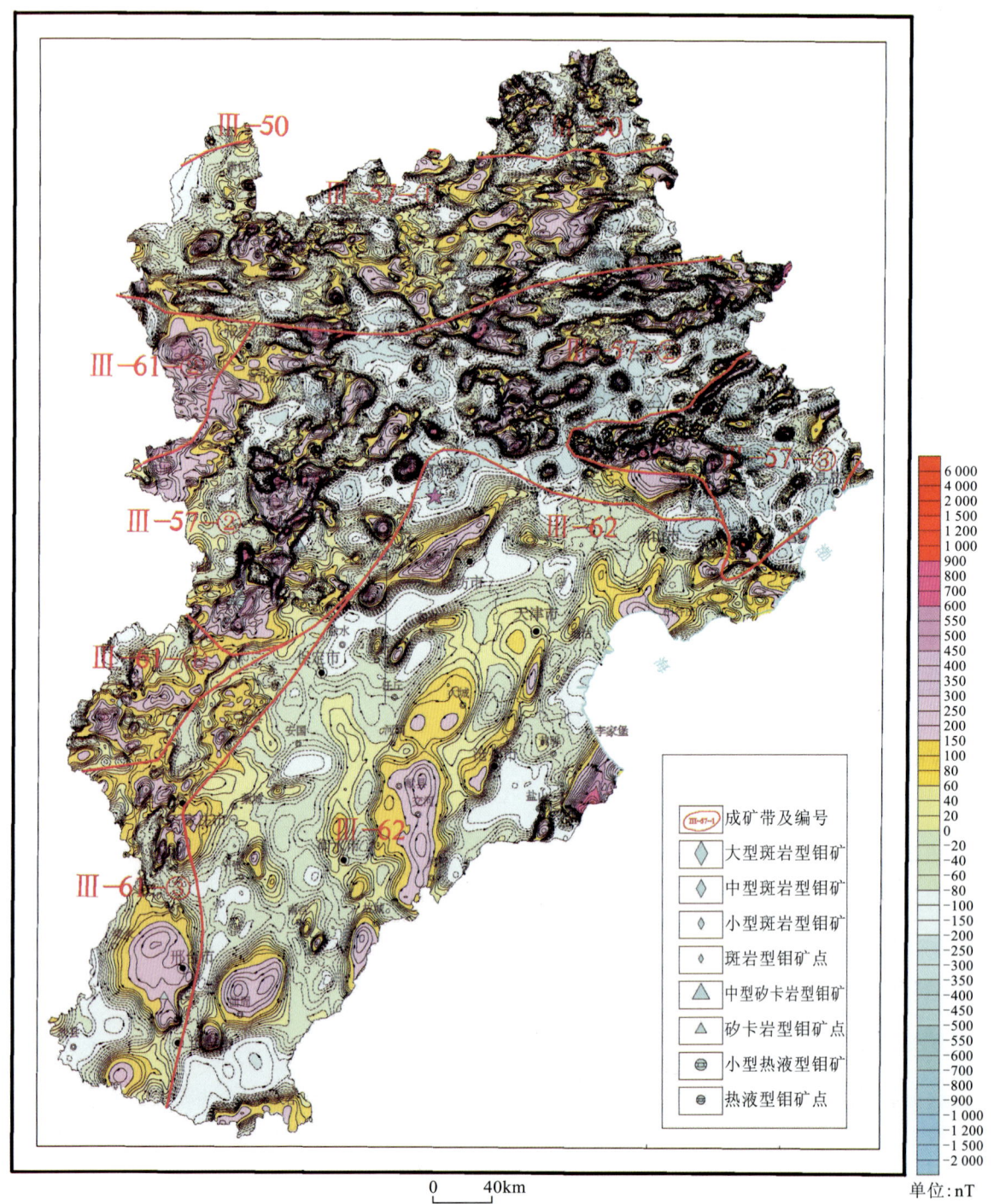

图2-13 河北省钼矿航磁 ΔT 化极等值线图

一、Ⅲ-57-1 成矿带钼矿区域磁异常特征及找矿标志

该成矿带仅包括丰宁-隆化钼矿集中区。

丰宁-隆化钼矿集中区

1. 概况

丰宁-隆化钼矿集中区位于承德市丰宁县、隆化县一带,地理坐标为北纬 41°10′—41°25′,东经 116°30′—118°45′,面积约 1 500km²。该集中区主要矿床类型为斑岩型和热液型,著名的有丰宁县撒岱沟门大型钼矿。

2. 地质矿产特征

本区位于丰宁-隆化断裂北侧,出露地层有太古宇红旗营子群变质岩及变质闪长岩、变质石英闪长岩、变质钾质二长花岗岩及侏罗系白垩系陆相火山岩、沉积岩等。区内断层构造主要为丰宁-隆化断裂,东西向,是本区的主要控矿构造;其次级断裂也以东西向为主。岩浆岩主要为海西期及燕山期花岗岩。

本区钼矿分布在丰宁-隆化断裂以北地区,产于海西期花岗岩及变质钾质二长花岗岩等变质岩中,呈带状沿丰宁-隆化断裂东西向展布,有撒岱沟门斑岩型大型钼矿一处,其余均为热液型,以小型和矿点为主。矿床撒岱沟门斑岩型大型钼矿产于海西期撒岱沟门二长花岗岩及太古宙斑状混合岩和变斑状混合岩化片麻岩中,主矿体呈弧顶向北的马蹄形,平缓及近水平,矿体南北长 700m,东西宽在 330~960m 之间,平均 730m,垂直厚度在 74~540m 之间,平均 275m。具分支复合。矿石金属矿物有辉钼矿、黄铁矿、磁铁矿、赤铁矿、褐铁矿、黄铜矿及微量闪锌矿、钛铁矿、斑铜矿等。脉石矿物主要有石英、钾长石、斜长石及少量黑云母、白云母、碳酸盐、萤石等。副矿物有锆石、磷灰石、金红石、独居石、榍石等。矿石结构有花岗结构、不等粒结构(斜长石、钾长石粒度不等)、融蚀结构(黄铁矿被脉石融蚀呈港湾状)、交代结构(赤铁矿交代磁铁矿)及半自形晶粒结构。矿石构造主要为细脉状及星散浸染状。矿区内围岩蚀变发育,以微斜长石化及石英—白云母化为主,次有绢云母化、碳酸盐化、萤石化、黄铁矿化等。

3. 区域磁异常特征

区内航磁异常受丰宁-隆化深断裂影响,其轴向为北东东和近东西向。

本区磁异常可分为西、中、东 3 个区域。

西区为撒岱沟门—凤山一带,为正负磁异常区,该区中部为宽缓的负磁异常,主要有古元古代变质钾长花岗岩、变质二长花岗岩及海西期花岗岩等引起,异常幅值-250nT。该区北部和南部为正磁异常,主要由古元古代变质斑状二长花岗岩、变质花岗岩闪长岩、变质石英闪长岩及海西期花岗岩等引起,异常幅值 60~1 000nT。

中区为凤山—隆化一带,为一宽缓的负磁异常,由侏罗系白垩系陆相火山、沉积岩及各类中酸性变质深成岩引起,异常幅值-200~-550nT。

东区为章吉营以东地区,该区西侧及北侧为正磁异常,由古元古代变质石英闪长岩等引起,异常幅值 150~350nT;东南侧为负磁异常,由红旗营子变质岩引起,异常幅值-200nT。

本区钼矿分布在西区和东区,位于正负航磁异常交接部位的正磁异常区。

4. 找矿标志

根据以上特征,总结钼矿找矿标志如下。

(1)地层标志:红旗营子群地层及各类变质酸性岩等。

(2)构造标志:海西期花岗岩是区内斑岩型钼矿的赋矿围岩。

(3)区域磁场标志:本区钼矿分布在正负航磁异常交接部位的正磁异常区。

二、Ⅲ-57-2 成矿带钼矿区域磁异常特征及找矿标志

该成矿带包括3个钼矿集中区,分别是:寿王坟-小寺沟钼矿集中区、王安镇钼矿集中区和宣化县贾家营-涿鹿县口前钼矿集中区。

(一)寿王坟-小寺沟钼矿集中区

1. 概况

寿王坟-小寺沟钼矿集中区位于承德市兴隆县、平泉县一带,地理坐标为北纬40°25′—41°00′,东经117°45′—118°30′,面积约3 000km²。该钼矿集中区主要矿床类型为矽卡岩型和斑岩型,著名的有寿王坟铜钼矿、小寺沟铜钼矿。

2. 地质矿产特征

本区夹于尚义-平泉深断裂和密云-喜峰口大断裂之间,平坊-桑园大断裂从本区中部通过。区内地层主要为中新元古界和中生界侏罗系及少量寒武系、奥陶系、二叠系;岩浆岩为燕山期二长岩花岗岩、二长岩、正长岩、石英二长岩闪长岩、花岗闪长斑岩等;断层构造发育,以北东向为主,其次还有北西向、东西向等。

区内矽卡岩型铜钼矿主要产于燕山期寿王坟杂岩体与中元古界雾迷山组燧石条带白云岩接触带,矿体形态有透镜状、扁豆状、囊状等,含矿带走向由西向东为北北西—北西—北西西向变化,呈弧形向南西凸出。总体倾向为南西,倾角60°~80°。矿床由40多个大小不一,形态各异的铜、钼、铁矿体组成。最大矿体长400~600m,延深200~510m,厚6~10m,最厚42m。一般矿体长30~50m,长不足200m,厚6m以下,延深不超过150m。矿石矿物有黄铜矿、黄铁矿、辉钼矿、磁黄铁矿及辉铜矿、方铅矿、闪锌矿、磁铁矿、赤铁矿、孔雀石、蓝铜矿、褐铁矿等。矿石结构有细—中粒结构、他形—半自形粒状结构,矿石构造有块状、致密块状、条带状、浸染状、细脉状、网脉状构造。围岩蚀变包括接触交代和热液两种,前者主要发育在接触带中,以镁矽卡岩化为主,也有钙矽卡岩化;热液蚀变有硅化、绢云母化、蛇纹石化、绿泥石化、碳酸盐化及青磐岩化等。

本区斑岩型钼矿为小寺沟铜钼矿,矿体主要产于小寺沟花岗闪长斑岩与元古宇雾迷山组白云岩的接触带中,矿体形态通常呈似层状、狭长带状,与接触带产状一致。在接触带内侧由捕房体构成的铜矿体,其形态为透镜状、脉状、扁豆状。矿体产状总体走向为北西315°,倾向南西,倾角60°~80°。矿体一般长300~500m,最大过570m。在接触带内侧由捕房体构成的铜矿体,规模大小不等,一般长200~300m,厚1~10m,最厚40m。矿石矿物主要由黄铁矿、黄铜矿、辉钼矿组成。矿石结构为他形粒状结构、交代结构,偶见熔离结构及压碎结构。矿石构造为细脉浸染状构造、脉状构造和块状构造。矿区的围岩蚀变发育,主要蚀变有钾化(钾长石化、黑云母化)、黄铁绢英岩化、黏土岩化及矽卡岩化(含蛇纹石化)。

3. 区域磁异常特征

本区总体为宽缓的负磁异常,正磁异常呈圆状、豆状镶嵌于负磁异常中。区内负磁异常轴向以北东向为主,少量近南北向,幅值较低,一般为−200~300nT,主要由区内各种沉积岩地层引起。正磁异常由燕山期岩浆岩引起,梯度中等至较高,幅值一般100nT左右,但高者如寿王坟岩体可达550nT。

本区铜钼矿主要分布于正磁异常的边缘部位,反映与岩浆岩的密切关系。

4. 找矿标志

根据以上特征,总结本区钼矿找矿标志如下。

(1)地层标志:中新元古界蓟县系雾迷山组白云岩地层是本区矽卡岩型及斑岩型铜钼矿的围岩。

(2)岩浆岩标志:燕山期二长花岗岩、花岗闪长斑岩是主要的成矿母岩,为铜钼成矿提供热液和矿质。

(3)围岩蚀变标志:矽卡岩化及钾化(钾长石化、黑云母化)、黄铁绢英岩化、黏土岩化。

(4)区域磁场标志:本区铜钼矿主要分布于正磁异常的边缘部位。

(二)王安镇钼矿集中区

1. 概况

王安镇-大河南钼矿集中区位于涞水县、涞源县、易县一带,地理坐标为北纬 39°00′—39°40′,东经 114°30′—115°30′,面积约 3 200km²。矿床类型为斑岩型、矽卡岩型和陆相火山热液型。典型矿床有涞源县木吉村铜钼矿等。

2. 地质矿产特征

本区位于乌龙沟-上黄旗构造岩浆岩带上,出露地层主要为太古宇阜平岩群变质岩,长城系、蓟县系沉积岩及少量奥陶系沉积岩、侏罗系火山—沉积岩。区内断裂构造非常发育,以北东、北北东向为主。岩浆岩主要为燕山期王安镇酸性杂岩体。

区内有中型矿床一处,为斑岩型木吉村铜钼矿;其余均为小型或矿点,为矽卡岩型和陆相火山热液型。木吉村铜钼矿产于王安镇闪长玢岩岩体及岩体与下古生界、元古宇碳酸盐岩的接触带上。矿体形态有透镜体状、脉状、似层状、瘤状、囊状、不规则状,产状与"岩颈"产状大体一致,长轴 NNW 向,向南偏东倾伏,倾角 20°~30°。矿带长 800 余米,宽 390m,厚达 100~340m。矿石矿物成分有黄铜矿、黄铁矿、辉钼矿、硫钴矿、自然金、白钨矿。矿石结构主要为细粒结构,矿石构造主要为浸染状构造。蚀变特征,闪长玢岩蚀变体系可区别为斑岩型热液蚀变与接触交代变质两个子体系,自岩体到围岩,由深而浅,其蚀变分带为内蚀变带—典型斑岩型热液蚀变带,发育钾化、硅化、青磐岩化及泥化等面型蚀变,钾化、硅化与斑岩型铜钼矿关系密切;外蚀变带—闪长玢岩与寒武系—奥陶系灰质白云岩接触交代,沿 F_4 断裂带形成一套钙质矽卡岩;与中 4 界白云岩接触交代形成一套镁质矽卡岩,以渗滤交代钙(镁)质矽卡岩为主,内矽卡岩不发育。

3. 区域磁异常特征

本区航磁异常为正磁异常,由王安镇岩体阜平群变质岩和侏罗系火山岩引起,轴向北北东,梯度变化中等,幅值 400~700nT,变质岩区异常梯度较为平缓,幅值较低。

该区铜钼矿均分布在正磁异常西侧,呈带状北北东向展布。

4. 找矿标志

根据以上特征,总结本区铜钼矿找矿标志如下。
(1)地层标志:下古生界、元古宇碳酸盐岩地层是区内重要的赋矿围岩。
(2)岩浆岩标志:燕山期王安镇杂岩体,其中以闪长玢岩最为有利。
(3)构造标志:北北东向乌龙沟-上黄旗构造岩浆岩带。
(4)围岩蚀变标志:内接触带为典型的斑岩型热液蚀变,发育钾化、硅化、青磐岩化及泥化等面型蚀变;外接触带为矽卡岩化。
(5)区域磁场标志:该区铜钼矿均分布在与王安镇岩体有关的正磁异常的西侧。

(三)贾家营-口前钼矿集中区

1. 概况

贾家营-口前钼矿集中区位于宣化县、涿鹿县一带,地理坐标为北纬 40°10′—40°40′,东经 115°00′—115°30′,面积约 2 400km²。矿床类型为斑岩型和矽卡岩型。典型矿床有宣化县贾家营钼矿。

2. 地质矿产特征

区内地层主要为长城系、蓟县系和侏罗系,少量变质深成岩。断层构造有北北东向、近南北向、北西向、近东西向多组,以北北东向为主。岩浆岩主要为燕山期花岗岩、二长花岗岩等。

区内共有钼矿两处,分别为贾家营斑岩型小型钼矿和口前矽卡岩型小型钼矿。贾家营钼矿产于燕山早期中酸性—酸性浅成—超浅成小型复式斑岩体中,其地层围岩为中生界侏罗系南大岭组、下花园组。矿体呈透镜状、脉状、不规则状;总体产状走向北30°西,倾向NE60°,倾角35°～50°;矿体走向延长大于600m,倾斜延深180～850m,埋深110～750m。矿石矿物主要有辉钼矿、磁铁矿、黄铁矿、磁黄铁矿、黄铜矿,其次为白铁矿、辉铜矿、铜蓝、褐铁矿、方铅矿、闪锌矿、金、银等。矿石结构以自形、半自形晶鳞片状、叶片状结构为主,另有少量他形粒状结构。矿石构造以细脉—网脉状构造为主,其次为浸染状、条带状、块状、晶洞状及角砾状构造。矿床围岩蚀变种类复杂,与斑岩型矿床有关的显著蚀变仅有硅化、钾长石化、黑云母化、绿泥石化、绢云母化、高岭土化等,而又以前三者与成矿作用关系密切。依据蚀变矿物种属、含量、组合及蚀变围岩类型及其在空间的连续性,可将矿区蚀变围岩分为钾化、石英绢云母化、泥化、青磐岩化等4个蚀变带。由蚀变中心向外,从钾化带→石英绢云母化带→泥化带→青磐岩化带,矿化分别为(钼)、铜→钼、(铜)→钼→钼、锌,铅。其中以钼最为重要。

3. 区域磁异常特征

本区航磁异常轴向以北北东向为主。北侧以负磁异常为主,梯度中等,幅值-200nT,由长城系、蓟县系及侏罗系地层引起。南侧以正磁异常为主,梯度中等,幅值350nT,由半隐伏状变质深成岩和燕山期中酸性岩浆岩引起。

该区钼矿分布在正或负航磁异常的边部。

4. 找矿标志

根据以上特征,总结本区铜钼矿找矿标志如下。
(1)岩浆岩标志:燕山早期中酸性—酸性浅成—超浅成小型复式斑岩体。
(2)围岩蚀变标志:钾化、石英绢云母化、泥化、青磐岩化等。
(3)区域磁场标志:该区钼矿分布在正或负航磁异常的边部。

三、Ⅲ-57-3成矿带钼矿区域磁异常特征及找矿标志

兴隆花市-青龙采桑峪钼矿集中区

1. 概况

兴隆花市-青龙采桑峪钼矿集中区位于兴隆县、青龙县一带,地理坐标为北纬40°10′—40°20′,东经117°30′—118°45′,面积约2 400km²。该集中区主要矿床类型为热液型和斑岩型,无典型矿床。

2. 地质矿产特征

区内地层主要为太古宇变质岩和中新元古界沉积岩。断层构造有东西向、北西向等多组。岩浆岩主要为燕山期中酸性岩和酸性岩侵入体。

区内热液型钼矿主要与燕山期二长花岗岩及中细粒花岗岩有关,斑岩型钼矿与燕山期二长花岗斑岩有关。

3. 区域磁异常特征

本区东部为负磁异常,轴向北西,梯度中等,幅值-550nT,由中新元古界沉积岩引起。中部及西部航磁异常轴向以东西向为主,正磁异常梯度较缓,幅值250nT,由变质岩引起;负磁异常梯度缓至中等,幅值-500nT,主要由燕山期酸性岩浆岩侵入体引起。

该区西部钼矿位于正负航磁异常的交接部位,反映岩体与变质岩的接触带位置;东部钼矿位于负磁异

常区,反映钼矿位于中新元古界地层区。

4. 找矿标志

根据以上特征,总结本区铜钼矿找矿标志如下。

(1)岩浆岩标志:燕山酸性岩体。

(2)区域磁场标志:该区西部钼矿位于正负航磁异常的交接部位,反映岩体与变质岩的接触带位置;东部钼矿位于负磁异常区,反映钼矿位于中新元古界地层区。

第八节 银矿区域磁异常特征及找矿标志

河北省铁矿类型主要有热液型型、次火山热液型和矽卡岩型,主要分布在康保-围场深断裂以南地区,在Ⅲ-57-1、Ⅲ-57-2、Ⅲ-57-3及Ⅲ-61-3成矿区带上均有分布,主要有以下8个银矿集中区,分别是:①康保-沽源银矿集中区;②丰宁-围场银矿集中区;③丰宁-隆化银矿集中区;④宣化银矿集中区;⑤高板河-小寺沟银矿集中区;⑥王安镇-大河南银矿集中区;⑦西柏坡-阜平银矿集中区;⑧相广-瑞云观银矿集中区。河北省银多以与铅锌矿、金矿、铜矿伴生形式出现。见图2-14。

一、Ⅲ-57-1成矿带银矿区域磁异常特征及找矿标志

该成矿带包括3个银矿集中区,分别是:康保-沽源银矿集中区、丰宁-围场银矿集中区、丰宁-隆化银矿集中区。

(一)康保-沽源银矿集中区

1. 概况

康保-沽源铅锌矿集中区位于冀西北张家口市康保县、张北县、沽源县、赤城县一带,地理坐标为北纬40°50′—41°50′,东经115°10′—116°00′,面积约4 000km²。该集中区主要矿床类型为热液型矿,主要伴生银矿有蔡家营铅锌矿、青羊沟铅锌矿,主要独立银矿有赤城县彭家沟银矿、赤城县孙家庄银矿等。

2. 地质矿产特征

该区夹于康保-围场深断裂和尚义-赤城深断裂之间,位于乌龙沟-上黄旗深断裂西侧。区内出露地层主要为太古宇红旗营子群、侏罗系张家口组、白垩系义县组和第三系汉诺坝组。岩浆侵入岩主要为海西期花岗岩类、燕山期花岗岩类、正长岩类、二长岩类等。构造有断裂构造、火山盆地构造等。断裂构造有北东、北西及近东西向等多组,其中北西向构造与成矿关系密切,常常是赋矿构造。火山盆地构造对铅锌矿也有明显的控制作用,盆地边缘是有利的成矿部位。

本区银矿主要与铅锌矿伴生,独立银矿一处,为小型,仅有赤城县彭家沟银矿、赤城县孙家庄银矿2处,分布在张家口组火山岩盆地边缘及盆地边缘的红旗营子群变质岩中。彭家沟银矿银矿产于张家口组2段火山碎屑岩中,为火山岩型浅成低温热液矿床,呈层状、似层状及透镜状产出,产状与地层基本一致,倾向230°~240°,倾角43°~50°,矿体长300~600m,延深150~350m,平均厚1.13~1.69m。矿石矿物主要有硬锰矿、软锰矿、方铅矿、白铅矿、闪锌矿、辉银矿、硫锡银矿、硫铜银矿、磷黄铁矿、褐铁矿等,脉石矿物有正长石、石英、绢云母、高岭石、水云母、蒙脱石、萤石、玉髓、方解石碳酸盐矿物等。矿石结构有粒状变晶结构、变余角砾状结构、斑状结构、变余岩屑砂状结构、半自形粒状结构、岩屑晶状玻屑凝灰结构。矿石构造主要有网脉状构造、角砾状构造、碎裂状构造、块状构造等。围岩蚀变主要有铁锰碳酸盐化、萤石化、硅化、绢云母化、钾化、高岭土化和水云母化等。

3. 区域磁异常特征

伴生银矿的区域磁异常特征与本区铅锌矿一致。独立银矿位于本区东南部,矿床西侧为正磁异常,轴

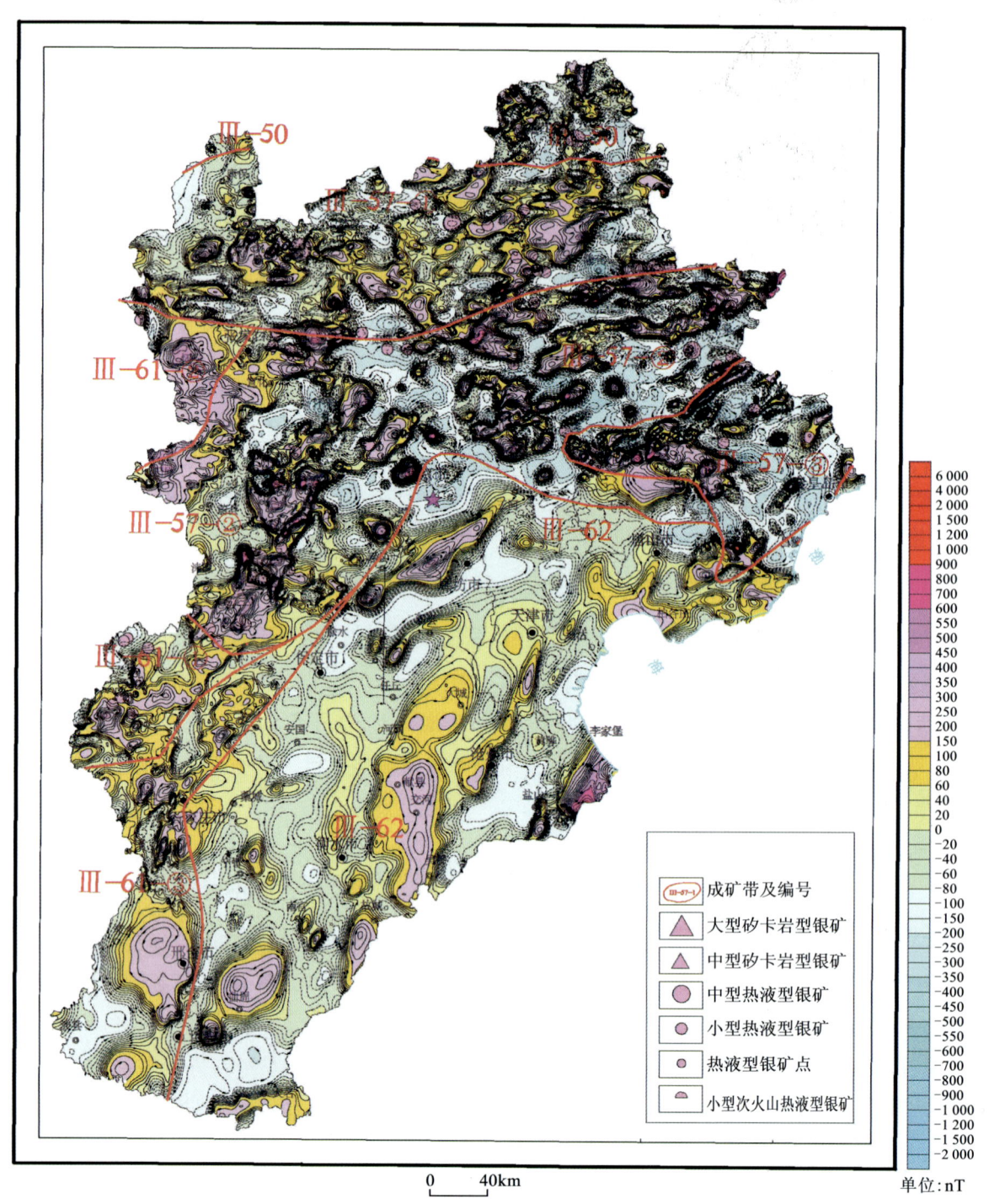

图 2-14 河北省银矿航磁 ΔT 化极等值线图

向北北西,梯度变化中等,幅值为 1 000nT。东侧为宽缓的负磁异常,轴向近东西,幅值-350nT。银矿位于正负磁异常交接处或交接处附近的负磁异常中。

4. 找矿标志

根据以上特征,总结本区独立银矿找矿标志如下。

(1)地层标志:张家口组火山岩盆地边缘及盆地边缘的红旗营子群变质岩中。
(2)构造标志:火山盆地边缘是有利成矿部位。
(3)围岩蚀变标志:铁锰碳酸盐化、萤石化、硅化、绢云母化、钾化、高岭土化和水云母化等。
(4)区域磁场标志:银矿位于正负磁异常交接处或交接处附近的负磁异常中。

伴生型银矿找矿标志参见铅锌矿的康保-沽源银矿集中区。

(二)丰宁-围场银矿集中区

1. 概况

丰宁-围场银矿集中区位于承德市丰宁县、围场县、隆化县、承德县城一带,地理坐标为北纬 $41°20'$—$42°00'$,东经 $116°00'$—$118°20'$,面积约 $15\,000km^2$。该集中区主要矿床类型为热液型矿,典型矿床有丰宁县牛圈子银多金属矿、北岔铅锌矿(伴生)等。

2. 地质矿产特征

该区夹于康保-围场深断裂和尚义-赤城深断裂之间,位于乌龙沟-上黄旗深断裂东西两侧。区内出露地层主要为太古宇红旗营子群、古元古代变质二长花岗岩、古元古代变质斑状二长花岗岩、古元古代变质闪长岩、侏罗系张家口组、白垩系义县组、九佛堂组。岩浆侵入岩主要为海西期花岗岩类、正长岩类,燕山期花岗岩类、正长岩类、二长岩类等。构造有断裂构造、火山盆地构造等。断裂构造有北东、北西及近东西向等多组,其中北西向构造与成矿关系密切,常常是赋矿构造。火山盆地构造对银矿也有明显的控制作用,盆地边缘是有利的成矿部位。

本区是河北省独立或以银为主的银矿最多的地区,有丰宁县牛圈子银金矿、丰宁县双井子银矿、丰宁县张木南沟银矿、丰宁县丰吉银矿。另外,本区也有不少矿银矿与铅锌矿伴生,如北岔铅锌矿(伴生)、王家窝铺铅锌金银矿等。独立或以银为主的银矿多分布在该区西部丰宁县内,牛圈子银金中型矿一处,其余均为小型和矿点。牛圈子银金矿产于燕山期细粒花岗岩、隐爆贯入角砾岩中,矿区主要地层为古元古代变质斑状二长花岗岩和张家口组流纹质晶屑凝灰岩、凝灰岩、凝灰角砾岩、砂砾岩、安山质角砾岩及页岩、砂岩、砾岩等。区内主矿体平面形态呈"S"形,剖面上呈反"S"形脉状,总体走向北东 $10°$,局部变化在 $28°\sim356°$ 间。全区共圈出 26 个矿体,Ⅰ号银金矿体为主矿体,长 $750m$,厚 $8m$,沿倾斜最大延深 $410m$,一般为 $300m$ 左右,垂直延深 $80\sim370m$,平均 $250m$。矿石矿物以黄铁矿、白铁矿、方铅矿、闪锌矿、黄铜矿为主。矿石结构有交代结构、包含结构、固溶体分离结构、粒状结构及碎裂结构。矿石构造主要有角砾状、角砾网脉状、浸染状、细脉状及环带状、蜂窝状、团块状等。围岩蚀变沿老虎坝-牛圈断裂破碎带发育,范围较大,长千余米,宽 $100\sim300m$。蚀变类型有硅化、高岭土化、绿泥石化、碳酸盐化、蒙脱石化、铁白云岩化及重晶石化等。

3. 区域磁异常特征

在乌龙沟-上黄旗构造岩浆岩带上,本区航磁异常以北北东向为主;构造岩浆岩带西侧航磁异常以近南北向、北北西向为主;构造岩浆岩带东侧航磁异常以近东西向、北东向为主。区内航磁正异常多与太古宇红旗营子群、古元古代变质深成岩及海西期、燕山期花岗岩、正长岩等有关,在构造上太古宇红旗营子群、古元古代变质深成岩多构成隆起;正磁异常梯度较缓,幅值不高,一般为 $60\sim200nT$。负磁异常多与侏罗系张家口组火山岩有关,张家口组火山岩构成火山盆地的主体;负磁异常梯度一般较缓,幅值一般为 $-100\sim-200nT$,个别为 $-350\sim-500nT$。火山盆地分布区也常常有正磁异常,多是由盆地内燕山期岩浆岩侵入体引起。

独立或以银为主的银矿区域磁异常特征可分两种情况,一是银矿产在负磁异常区,有牛圈子银金矿和双井子银矿,负磁异常总体走向北西西,梯度变化较小,幅值 $-100\sim-150nT$,主要由侏罗纪火山岩引起,火山岩构成火山盆地的主体;银矿一般产在负磁异常的东南端部,反映银矿靠近火山盆地的边部。另一种情况是银常在正磁异常区,磁异常轴向北东东或近南北向,为低缓异常,幅值 $200\sim250nT$,多由海西期花岗岩引起。银矿一般位于正磁异常的边部,如张木南沟银矿和丰吉银矿。

与火山盆地有关的伴生银矿位于盆地的正磁异常的边缘或负磁异常边部;与红旗营子群变质岩有关的伴生银矿位于负磁异常中心部位。

4. 找矿标志

独立或以银为主的银矿找矿标志如下。
(1)地层标志:侏罗系火山岩及红旗营子群变质岩。
(2)岩浆岩标志:燕山期中酸性岩体及有关的爆破角砾岩体。
(3)构造标志:火山盆地边缘是有利成矿部位。
(4)围岩蚀变标志:硅化、高岭土化、绿泥石化、碳酸盐化、蒙脱石化、铁白云岩化及重晶石化等。
(5)区域磁场标志:负磁异常的东南端部或正磁异常的边部。

伴生型银矿的找矿标志如下。
(1)地层标志:侏罗系火山岩及与有燕山期岩体侵入的红旗营子群变质岩。
(2)岩浆岩标志:燕山期石英斑岩及潜火山岩。
(3)构造标志:火山盆地边缘是有利成矿部位。
(4)围岩蚀变标志:绢云母化、硅化、黄铁矿化是本区的重要围岩蚀变。
(5)区域磁场标志:与火山盆地有关的伴生银矿位于盆地的正磁异常的边缘或负磁异常边部;与红旗营子群变质岩有关的伴生银矿位于负磁异常中心部位。

(三)丰宁-隆化银矿集中区

1. 概况

丰宁-隆化金矿集中区位于承德市丰宁—隆化一带,地理坐标为北纬41°00′—41°20′,东经116°30′—118°00′,面积约2 000km²。本区银矿主要与金或铅锌矿伴生,以热液型为主。

2. 地质矿产特征

本区位于丰宁-隆化断裂带上,出露地层有太古宇红旗营子群变质岩及变质闪长岩、变质石英闪长岩等。区内断层构造主要为东西向,是本区的主要控矿构造。岩浆岩主要为海西期及燕山期花岗岩。

该区银矿主要分布在东西两端,西部与金矿伴生,东部与铅锌矿伴生。

3. 区域磁异常特征

区内航磁异常受丰宁-隆化深断裂影响,其轴向在西部为北东向,东部为北东东向。

本区西端航磁异常以正磁异常为主,丰宁-隆化深断裂以南由变闪长岩引起,异常梯度较大,幅值较高,为700nT。其西侧为一规模较大的负磁异常,由燕山期及海西期酸性岩体引起。沿酸性岩侵入体与变质闪长岩的外接触带金矿(伴生银)呈北东向带状分布,在航磁异常上位于正负磁异常交界附近的正磁异常区,恰为上述外接触带的位置。西端丰宁-隆化深断裂以北正磁异常由红旗营子群变质岩引起,异常梯度较大,幅值为1 000nT;该正磁异常北侧为一负磁异常,由变质石榴石花岗岩引起。伴生银矿位于正负磁异常交界附近的负磁异常一侧,或位于正磁异常的峰谷部位。

本区东部丰宁-隆化深断裂以南航磁异常以正磁异常为主,北部以负磁异常为主。北部负磁异常梯度较缓,幅值－500nT,由变质石英闪长岩引起;南部正磁异常梯度较陡,幅值－1 100nT,由红旗营子群地层及基性—超基性岩引起。伴生银矿主要分布在红旗营子群边部或变质石英闪长岩中,航磁异常上伴生银矿主要分布在正负磁异常交界附近的负磁异常区。

4. 找矿标志

根据以上特征,总结本区银矿找矿标志如下。
(1)地层标志:红旗营子群变质岩与本区成矿关系密切,当与变质花岗岩或变质闪长岩接触时,在变质岩浆岩一侧常有伴生银矿产出。

(2) 岩浆岩标志:海西期或燕山期酸性岩与变质石英闪长岩接触时,伴生银矿在变质闪长岩一侧呈带状分布。

(3) 围岩蚀变标志:钾长石化是本区银矿的重要围岩蚀变。

(4) 区域磁场标志:区域性正负航磁异常的交接部位或附近是伴生银矿产出的有利部位,这些部位反映了上述各种接触带位置。

二、Ⅲ-57-2成矿带银矿区域磁异常特征及找矿标志

该成矿带包括4个银矿集中区,分别是宣化银矿集中区、高板河-小寺沟银矿集中区、王安镇-大河南银矿集中区、相广-瑞云观银矿集中区。

(一) 宣化银矿集中区

该集中区位置、范围与宣化金矿集中区一致,银矿均与金矿伴生,区域磁异常特征及找矿标志见宣化金矿集中区。

(二) 高板河-小寺沟银矿集中区

该集中区位置、范围包含高板河-小寺沟铅锌矿矿集中区与兴隆-青龙金集中区的峪耳崖-板城北东向金矿带,该区内银矿均与铅锌矿、金矿伴生,其区域磁异常特征及找矿标志与以上两区相同。

(三) 王安镇-大河南银矿集中区

该集中区位置、范围包含王安镇-大河南金矿集中区与王安镇-大河南铅锌矿集中区,该区内银矿均与铅锌矿、金矿伴生,其区域磁异常特征及找矿标志与以上两区相同。

(四) 相广-瑞云观银矿集中区

1. 概况

相广-瑞云观银矿集中区位于张家口市涿鹿县、怀来县一带,地理坐标为北纬$40°10′—40°20′$,东经$115°10′—116°00′$,面积约$1\ 200km^2$。该集中区主要矿床类型为热液型矿和次火山热液型,主要有涿鹿县相广锰银矿、涿鹿县口前银金矿等。

2. 地质矿产特征

该区位于乌龙沟-上黄旗构造岩浆岩带上,出露地层有信太古宙早期英云闪长质片麻岩、花岗闪长质片麻岩、中新元古代碳酸盐岩-碎屑沉积岩、中生代火山-碎屑沉积岩等。区内岩浆岩发育,主要为燕山期中酸性岩浆岩侵入体,有石英二长闪长岩、石英闪长玢岩、花岗岩等。断裂构造发育,有近东西向、北西向、北东向等多组断层。

区内矿产有锰、银、金、铜等,银多与锰、金、铜等矿产伴生。银矿与燕山期侵入体及火山活动关系密切。涿鹿县口前银金矿赋矿围岩主要为闪长岩及花岗岩,其次为外接触带中的雾迷山组燧石白云岩,矿化带为闪长岩及花岗岩体的边缘呈放射状分布的破碎蚀变带,D17号矿体总体走向呈北东$70°\sim 80°$,倾向南,倾角$48°\sim 76°$;SD14号矿体走向北西$290°\sim 310°$,倾向北东,倾角$70°\sim 85°$。SD17号矿体长640m,厚度一般$0.60\sim 0.70m$,最厚1.20m,平均厚度0.74m;SD14号矿体工程控制长约230m,矿体厚$0.4\sim 1.6m$,平均厚1.0m。矿石矿物成分中近地表以褐铁矿为主,其次为硬锰矿,少见孔雀石,为氧化矿石。深部为硫化矿石,以黄铁矿为主,其次为黄铜矿、方铅矿,主要银矿物为辉银矿、自然银、金银矿等。脉石矿物主要为石英、钾长石、绢云母、方解石等。矿石结构为他形粒状、网脉状及交代状结构。矿石构造为块状构造及细脉浸染状构造。矿体围岩蚀变强烈,具碳酸盐化、高岭土化、钾长石化。

3. 区域磁异常特征

受乌龙沟-上黄旗深断裂影响，区内航磁异常轴向为北东向，正负磁异常相间出现。正磁异常多呈带状，梯度变化中等，幅值 250~350nT，由燕山期中酸性岩及变质深成岩引起。负磁异常也呈带状，梯度变化较小，幅值-100nT，由区内中新元古代碳酸盐岩-碎屑沉积岩、中生代火山-碎屑沉积岩等引起。

本区银矿均位于正磁异常上，东端怀来县牛金山金银矿、怀来辛坊银铜多金属矿位于正磁异常西侧边部；西端涿鹿县相广锰矿、涿鹿县口前银金矿、涿鹿县口前铜矿位于正磁异常轴部或西侧。

4. 找矿标志

根据以上特征，总结本区银矿找矿标志如下。

(1) 地层标志：侏罗系火山岩地层及雾迷山组燧石白云岩地层均为有利赋矿围岩。
(2) 岩浆岩标志：燕山期中酸性岩浆岩侵入体。
(3) 围岩蚀变标志：具碳酸盐化、高岭土化、钾长石化。
(4) 区域磁场标志：银矿均位于正磁异常区的西侧，轴部至边部均有分布。

三、Ⅲ-61-3 成矿带银矿区域磁异常特征及找矿标志

该成矿带仅包括西柏坡-阜平铅锌矿集中区。

西柏坡-阜平铅锌矿集中区

1. 概况

西柏坡-阜平铅锌矿集中区位于石家庄市阜平县、平山县一带，地理坐标为北纬 38°20′—39°05′，东经 113°45′—114°20′，面积约 1 700km²。该集中区矿床类型为热液型。

2. 地质矿产特征

本区出露地层为中新太古代变质岩，与银矿关系密切的有中太古代中太古代英云闪长质片麻岩、新太古代湾子岩群板峪口组、新太古代湾子岩群上部、新太古代二长花岗质片麻岩等。区内岩浆岩主要有燕山期麻棚中酸性杂岩体、脉岩有辉绿岩脉。断裂构造以北西向为主，其次为北东向和近东西向。

本区银矿均为矿点，较多与铅锌矿伴生，均产在上述变质岩中。平山县秋卜洞铅锌(伴生银)矿产于新太古代变质岩中，地表出露霏细岩脉、石英斑岩脉、角砾状霏细岩脉与成矿关系密切，矿体呈串珠状、囊状和透镜状，一般倾向南西，倾角一般在 60°~80°以上，或近于直立；矿体控制长度 39~525m，厚度 0.3~4.93m，实际控制斜深 71m。矿石矿物以黄铁矿、闪锌矿、方铅矿为主，少量黄铜矿，次生矿物褐铁矿、孔雀石及自然银、辉银矿，局部可见自然金；脉石矿物主要有石英、长石、绢云母、绿泥石等。矿石结构有致密粒状结构、微细粒交代结构、残余结构、压碎、填隙结构。矿石构造有团块状、脉状、网状、角砾状。围岩蚀变较强，主要有绢云母化、硅化、钾长石化、绿泥石化和碳酸盐化，其中绢云母化、硅化与成矿关系密切。

3. 区域磁异常特征

本区磁异常以正磁异常为主，由太古宙变质岩及燕山期岩体引起，异常较平缓，幅值一般 150~300nT，最高 500nT。轴向有北西、近东西、近南多组。

本区银矿主要位于正磁异常的边部，少量位于正负磁异常交接部位的负磁异常中，如阜平县许家庄金矿(伴生银)、阜平县岭东金矿(伴生银)等。

4. 找矿标志

根据以上特征，总结本区银矿找矿标志如下。

(1) 地层标志:中新太古代变质岩是区内银矿赋矿围岩。
(2) 岩浆岩标志:燕山期中酸性岩体、岩脉。
(3) 围岩蚀变标志:绢云母化、硅化与成矿关系密切。
(4) 区域磁场标志:正磁异常的边部或正负磁异常交接处的负磁异常区。

第九节 磷矿区域磁异常特征及找矿标志

河北省磷矿类型主要有岩浆岩型和沉积变质型,岩浆岩型主要分布在尚义—赤城深断裂带、大庙—娘娘庙深断裂带上和宽城县孤山子—迁西县东荒峪一带,沉积型主要分布在丰宁招兵沟—胡麻营、怀安县西湾堡—阳原县高墙一带,在Ⅲ-57-1、Ⅲ-57-2、Ⅲ-57-3及Ⅲ-61-1成矿区带上均有分布,主要有以下4个磷矿集中区,分别是①崇礼-赤城磷矿集中区、②丰宁-平泉磷矿集中区、③怀安西湾堡-阳原高墙磷矿集中区、④迁西东荒峪-宽城孤山子磷矿集中区。见图2-15。

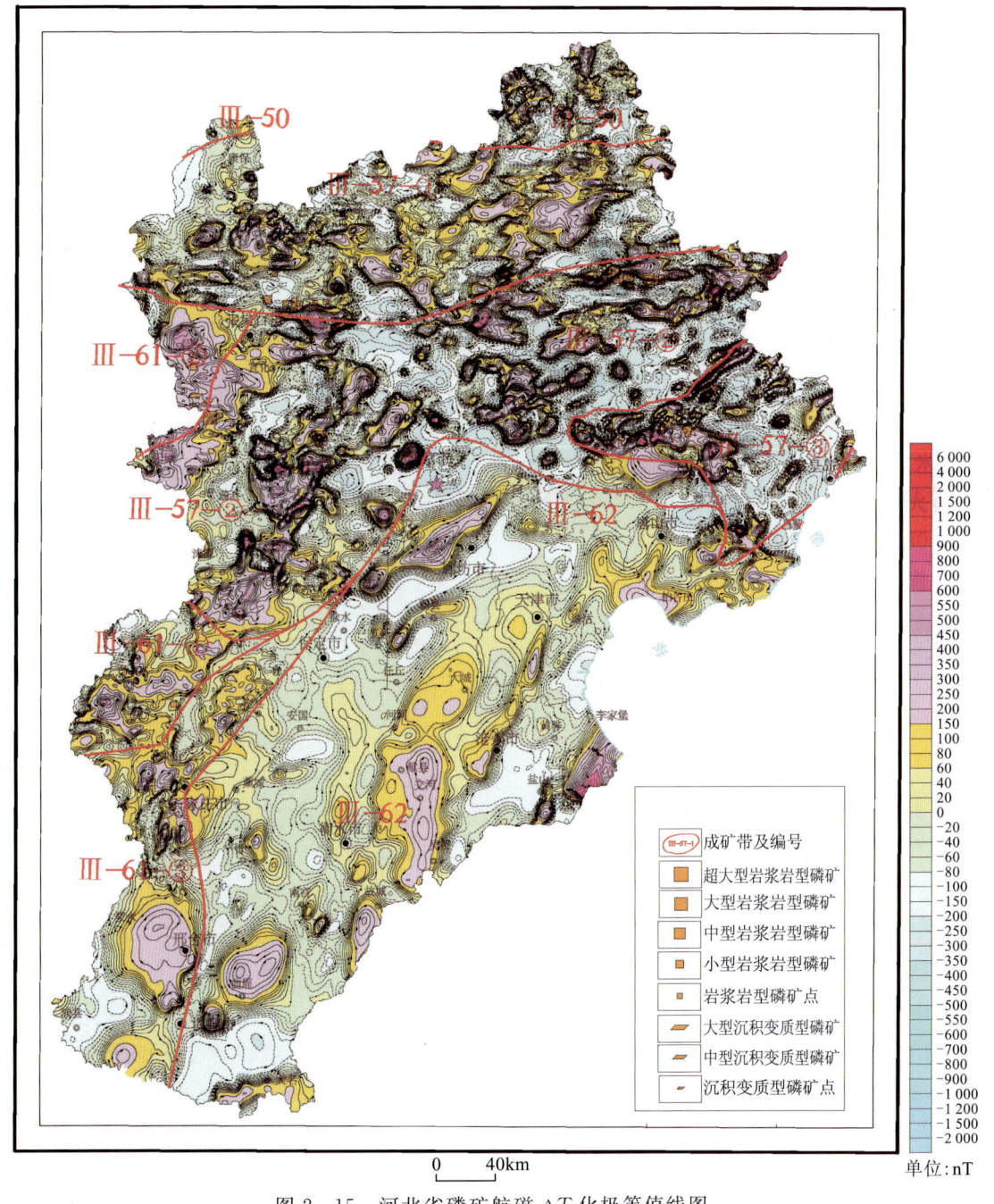

图 2-15 河北省磷矿航磁 ΔT 化极等值线图

一、Ⅲ-57-1 成矿带磷矿区域磁异常特征及找矿标志

该成矿带仅包括崇礼-赤城磷矿集中区。

崇礼-赤城磷矿集中区

1. 概况

崇礼-赤城磷矿集中区位于冀西北张家口市崇礼县、赤城县一带,地理坐标为北纬40°50′—41°10′,东经115°00′—115°40′,面积约1 000km²。该集中区主要矿床类型为岩浆岩型,区内规模最大矿床为崇礼县南天门中型磷矿,无典型矿床分布。

2. 地质矿产特征

该区位于尚义-赤城深断裂北侧,出露地层主要为太古宇红旗营子群。太古宙基性—超基性岩呈带状沿尚义-赤城深断裂北侧分布,区内岩浆岩型均受此基性—超基性岩带控制。

3. 区域磁异常特征

区内航磁异常轴向为东西向,与主要尚义-赤城深断裂方向一致。西北部为低缓的负磁异常,幅值-200nT;东北部为低缓的正磁异常,幅值20nT;南部为梯级带,反映了尚义-赤城深断裂的特征。磷矿位于梯级带北侧低缓正或负磁异常中。

4. 找矿标志

根据以上特征,总结本区独立银矿找矿标志如下。
(1)地层标志:红旗营子群变质岩。
(2)构造标志:深大断裂带附近。
(3)岩浆岩标志:太古宙基性—超基性岩带。
(4)区域磁场标志:梯级带附近的低缓正或负磁异常中。

二、Ⅲ-57-2 成矿带磷矿区域磁异常特征及找矿标志

该成矿带仅包括丰宁-平泉磷矿集中区。

丰宁-平泉磷矿集中区

1. 概况

丰宁-平泉磷矿集中区位于承德市丰宁县、承德县、平泉县一带,地理坐标为北纬41°00′—41°20′,东经116°50′—118°15′,面积约1 500km²。该区西部为沉积变质型磷矿,典型矿床有丰宁县招兵沟磷矿;东部为岩浆岩型磷矿,典型矿床有承德县马营磷矿、承德市罗锅子沟磷矿。

2. 地质矿产特征

该区位于丰宁-隆化深断裂和大庙-娘娘庙深断裂带上,区内西部沉积变质型磷矿集中区出露地层主要为太古宇单塔子群,东部岩浆岩型磷矿集中区出露地层主要为太古宇红旗营子群、遵化群变质岩。变质深成岩有钾质花岗质片麻岩。沉积岩有中生代侏罗系、白垩系陆相火山-碎屑沉积岩。岩浆岩主要为元古代基性—超基性岩带,呈带状沿大庙-娘娘庙深断裂分布。

区内岩浆岩型磷矿均受大庙-娘娘庙基性—超基性岩带控制,共有大型磷矿1处、中型磷矿5处、矿点7处。承德县马营磷矿产于黑山基性侵入杂岩体中,岩石组合有斜长岩、苏长岩、辉长岩、二长岩,磷矿围

岩为其中的斜长岩及苏长岩。分为南北两个矿带，矿带长800～1 200m，宽150～300m。矿体受岩体的原生流动构造和原生节理裂隙带控制，形态复杂，呈囊状、枝状、姜状及扁豆状等，结构构造为自形—半自形粒状结构，块状、浸染状构造。矿石的矿物组合有磷灰石、磁铁矿、钒钛磁铁矿、斜长石和紫苏辉石。围岩蚀变以纤闪石化、绿泥石化、黝帘石化为主，碳酸岩化次之。

区内沉积变质型磷矿产于单塔子群变质岩地层中，有大中型矿各1处，矿点1处。招兵沟磷矿矿层赋存于单塔子岩群白庙组变质地层中，矿层与地层产状基本一致，矿体为似层状、透镜状，矿物组合为磷灰石、磁铁矿、钒钛磁铁矿、角闪石、斜长石和紫苏辉石。矿石结构为花岗变晶结构，构造为片麻状、条带状等构造。

3. 区域磁异常特征

本区东部岩浆岩型磷矿分布区磁异常总体为一近东西向磁异常带，与大庙-娘娘庙基性—超基性构造岩浆岩带吻合。该带磁异常以正磁异常为主，局部为负磁异常。正磁异常为窄闭状，梯度较大，幅值较高，达1 000nT；异常与苏长岩、辉长岩、辉石角闪石岩等有关。黑山斜长岩体κ:21.36(10^{-6}·4πSI)、J_r:33.3(10^{-3}·A/m)磁性较低，在航磁异常上为负磁异常，最低值-200nT。岩浆岩型磷矿分布在东西向基性—超基性构造岩浆岩带上，与苏长岩、辉长岩、辉石角闪石岩等有关的岩浆岩型磷矿分布在航磁正异常的边部，与斜长岩有关的岩浆岩型铁矿分布在航负磁异常上。

本区西部沉积变质型磷矿分布区为正磁异常，轴向东西，梯度中等，幅值350nT，由单塔子群变质岩引起。矿床大体位于正磁异常的轴部。

4. 找矿标志

根据以上特征，总结本区岩浆岩型磷矿找矿标志如下。
(1)岩浆岩标志：苏长岩、斜长岩是此类矿床的成矿母岩。
(2)构造标志：磷矿严格受基性—超基性构造岩浆岩带控制，相关的深大断裂既是导岩构造又是导矿构造。
(3)磁场标志：磷矿分布在带状磁异常带上。当磷矿与斜长岩有关时，铁矿分布在异常带的负磁异常区域；当磷矿与其他基性岩体有关时，铁矿分布在异常带的正磁异常区域。

本区沉积变质型磷矿找矿标志如下。
(1)地层标志：单塔子群变质岩。
(2)构造标志：磷矿位于深大断裂附近。
(3)磁场标志：磷矿分布在正磁异常的轴部。

三、Ⅲ-57-3成矿带磷矿区域磁异常特征及找矿标志

该成矿带仅包括迁西东荒峪-宽城孤山子磷矿集中区。

迁西东荒峪-宽城孤山子磷矿集中区

1. 概况

迁西东荒峪-宽城孤山子磷矿集中区位于承德市迁西县、宽城县一带，地理坐标为北纬40°10′—40°30′，东经118°15′—118°45′，面积约800km²。该区为岩浆岩型磷矿，典型矿床有宽城县大庙沟磷矿。

2. 地质矿产特征

该区位于密云-喜峰口大断裂与平坊-桑园大断裂交会部位，出露地层主要为太古宇迁西群和遵化群及中新元古代长城系地层。变质深成岩发育，主要有闪长质片麻岩、花岗质片麻岩等。区内太古宙至中生代基性超基性岩浆岩发育，典型的为孤山子超基性岩体，岩石组合为纯橄岩—橄辉岩—透辉岩—角闪石

岩、角闪辉石岩—辉石角闪岩—角闪石岩。断裂构造以北北东向及近东西向为主。

本区岩浆岩型磷矿多与超基性岩有关，共有大型磷矿 1 处、中型磷矿 1 处、小型磷矿 1 处、矿点 1 处，呈北北东向展布。宽城县大庙沟磷矿产于孤山子超基性侵入杂岩体中，主要与其中的角闪石岩、辉石角闪石岩、角闪辉石岩有关。矿体多数为不规则状、透镜状，少数呈似脉状。矿石的矿物组合以磷灰石、磁铁矿、钒钛磁铁矿、普通角闪石、普通辉石为主，少量黄铁矿、黄铜矿、铂族矿物、透辉石。矿石类型为含磷角闪岩、含磷角闪辉石岩、含磷辉石角闪岩、含磷铁角闪辉石岩。矿石中磷灰石具自形—半自形柱状、六方柱状、短柱状集合体。

3. 区域磁异常特征

本区总体位于一个北北东向航磁正异常凸起带上，航磁正异常分强弱两种，强磁异常由孤山子超基性杂岩体引起，轴向北北东，梯度较高，幅值 1 500nT；弱磁异常由太古宙变质岩引起，轴向也为北北东向，异常低缓，幅值 350nT。航磁负异常位于集中区的东北端，轴向北北东，异常也较低缓，幅值－350nT，由长城纪地层引起。

本区磷矿产出有 3 种位置，一是与孤山子岩体有关的航磁异常的北侧负磁异常的轴部，如宽城县大庙沟磷矿；二是孤山子岩体引起的航磁异常上，如宽城县孤山子磷矿；三是变质岩引起的低缓正磁异常上。

4. 找矿标志

根据以上特征，总结本区岩浆岩型磷矿找矿标志如下。
(1)岩浆岩标志：角闪石岩、辉石角闪石岩、角闪辉石岩等是此类矿床的成矿母岩。
(2)构造标志：磷矿产于密云-喜峰口大断裂与平坊-桑园大断裂交会部位。
(3)磁场标志：本区磷矿产出有 3 种位置，一是与孤山子岩体有关的航磁异常的北侧负磁异常的轴部，如宽城县大庙沟磷矿；二是孤山子岩体引起的航磁异常上，如宽城县孤山子磷矿；三是变质岩引起的低缓正磁异常上。

四、Ⅲ-61-2 成矿带磷矿区域磁异常特征及找矿标志

该成矿带仅包括怀安西湾堡-阳原高墙磷矿集中区。

怀安西湾堡-阳原高墙磷矿集中区

1. 概况

怀安西湾堡-阳原高墙磷矿集中区位于张家口市怀安县、阳原县一带，地理坐标为北纬 40°10′—40°40′，东经 114°15′—114°40′，面积约 800km²。该区磷矿分为沉积变质型和岩浆岩型，规模最大矿床为阳原县姚家庄磷矿，无典型矿床。

2. 地质矿产特征

该区位于松枝口-马市口大断裂西侧，变质岩为太古宙桑干变质杂岩，少量出露长城系及白垩系沉积岩地层。岩浆岩侵入体有元古宙透辉石岩、角闪石岩和古生代中粗粒二长花岗岩。区内断裂构造为北西向。

本区磷矿呈北西向带状分布，岩浆岩型磷矿多与超基性岩有关，有阳原县姚家庄大型磷矿 1 处、怀安县北庄堡磷灰石矿点 1 处；沉积变质型磷矿均产于太古宙桑干变质杂岩中，有怀安县右所堡中型磷矿 1 处，矿点 4 处。

3. 区域磁异常特征

本区航磁异常为低缓正磁异常，北西走向，梯度较低，幅值 200～250nT，由太古宙桑干变质杂岩引起。本区磷矿产均产于上述低缓磁异常区。

4. 找矿标志

根据以上特征,总结本区岩浆岩型磷矿找矿标志如下。
(1)岩浆岩标志:元古宙透辉石岩、角闪石岩等是岩浆岩型磷矿的成矿母岩。
(2)地层标志:沉积变质型磷矿均产于太古宙桑干变质杂岩中。
(3)磁场标志:沉积变质型磷矿产于太古宙桑干变质杂岩的低缓正磁异常区。

第十节　钨矿区域磁异常特征及找矿标志

河北省钨矿均为热液型,主要分布在Ⅲ-57-1、Ⅲ-57-3成矿区带上,有以下2个钨矿集中区,分别是①康保县芦家营钨矿集中区、②青龙县隔河头-青龙县安子岭钨矿集中区(图2-16)。

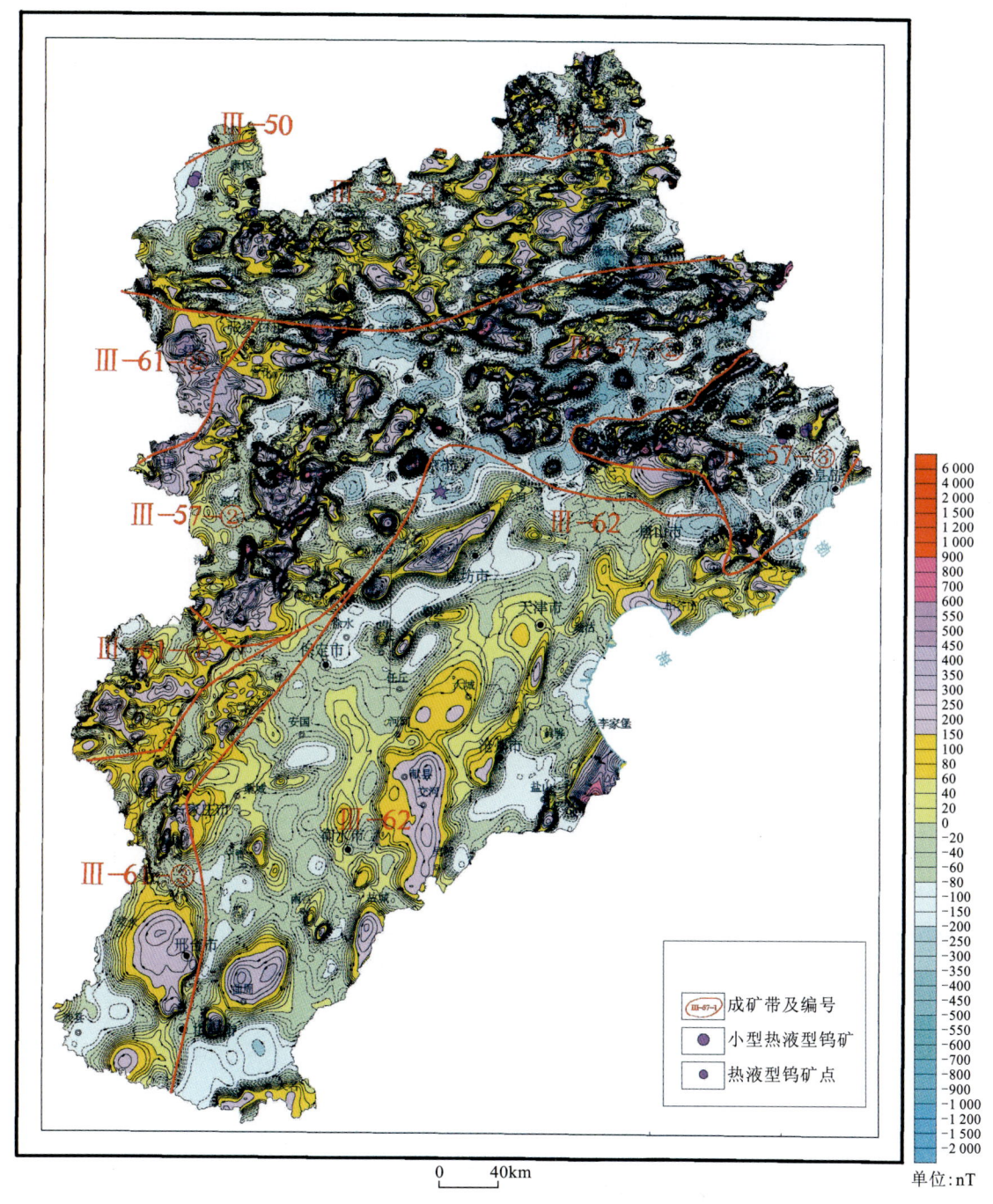

图2-16　河北省钨矿航磁 ΔT 化极等值线图

一、Ⅲ-57-1成矿带钨矿区域磁异常特征及找矿标志

该成矿带仅包括康保县芦家营钨矿集中区。

康保县芦家营钨矿集中区

1. 概况

康保县芦家营钨矿集中区位于冀西北张家口市康保县一带,地理坐标为北纬41°00′—41°10′,东经114°20′—114°30′,面积约300km²。该集中区矿床类型为热液型,典型矿床为康保县炭头山钨矿。

2. 地质矿产特征

该区位于康保-围场深断裂南侧,出露地层主要为古元古代早期化德群浅变质岩。岩浆岩有元古宙斑状花岗岩斑状二长花岗岩和晚古生代粗粒正长花岗岩、石英二长岩、石英二长斑岩。

区内热液型钨矿有小型1处、矿点1处。小型钨矿为康保县炭头山钨矿,与晚古生代石英二长岩、石英二长斑岩有关,赋矿围岩为华德群变质岩系,以磁铁石英岩为主。矿体形态为脉状、透镜体状,局部具分支复合现象。矿体规模:产于含磁铁石英岩中的矿体含矿性好,脉幅变化大,长为60~340m,厚度变化也大,为0.1~2.7m;产于石英二长岩和石英二长斑岩中之石英脉一般脉幅规模不大,长几十米为最普通,最长者110m,脉厚绝大部分在10cm左右,含矿性差。矿石矿物成分以黑钨矿、硬锰矿、褐铁矿为主,其次有黄铁矿、方铅矿、闪锌矿、孔雀石、铜蓝、钨华等;脉石矿物以石英为主,其次为绢云母、白云母、萤石、电气石。矿石结构有黑钨矿在石英脉中以板状、板柱状、浸染状为主,其次为蜂窝状,细脉少见。矿石构造有石英脉呈灰白色致密块状,有较多的犬牙状石英小晶硐,在局部地段石英有松软、粉末状、压碎状等现象出现。

3. 区域磁异常特征

区内航磁异常轴向为近南北向,为低缓的负磁异常,幅值-150nT,由化德群地层和各类酸性岩等引起。

热液型钨矿产于负磁异常的轴部。

4. 找矿标志

根据以上特征,总结本区独立银矿找矿标志如下。
(1)地层标志:赋矿围岩为化德群变质岩系。
(2)构造标志:深大断裂带附近。
(3)岩浆岩标志:钨矿与晚古生代石英二长岩、石英二长斑岩有关。
(4)区域磁场标志:产于负磁异常的轴部。

二、Ⅲ-57-3成矿带钨矿区域磁异常特征及找矿标志

该成矿带仅包括青龙县隔河头-青龙县安子岭钨矿集中区。

青龙县隔河头-青龙县安子岭钨矿集中区

1. 概况

青龙县隔河头-青龙县安子岭钨矿集中区位于秦皇岛市青龙县一带,地理坐标为北纬40°10′—40°20′,东经119°00′—119°20′,面积约800km²。该集中区矿床类型为热液型,无典型矿床。

2. 地质矿产特征

该区位于青龙-滦县大断裂东侧，出露地层主要为太古宙滦县群变质岩、元古宙长城系沉积岩。变质深成岩有变质石英闪长岩、变质斜长花岗岩、花岗闪长质片麻岩、云英闪长质片麻岩等，区内西南部侏罗纪各类花岗岩、石英闪长岩等发育。本区断裂构造主要为北北东向。

区内热液型钨矿共5处，均为矿点。西南侧钨矿均产于太古宙滦县群变质岩中，东北部钨矿均产于花岗闪长质片麻岩、云英闪长质片麻岩中。

3. 区域磁异常特征

区内航磁异常以正磁异常为主，西部异常轴向为近东西向，梯度较大，幅值600nT，由太古宙滦县群变质岩引起。东部异常轴向为北北东向，梯度中等，幅值150nT，为低缓的负磁异常，幅值－150nT，由花岗闪长质片麻岩、云英闪长质片麻岩等引起。本区西南部有低缓的负磁异常，轴向近东西，幅值－250nT。

西南部热液型钨矿产于正负磁异常的交接部位；东部钨矿产于正磁异常的梯度带上。

4. 找矿标志

根据以上特征，总结本区独立钨矿找矿标志如下。
(1) 地层标志：赋矿围岩为太古宙滦县群变质岩及花岗闪长质片麻岩、云英闪长质片麻岩等。
(2) 构造标志：深大断裂带附近。
(3) 区域磁场标志：正负磁异常的交接部位或正磁异常的梯度带上。

第十一节　锰矿区域磁异常特征及找矿标志

河北省锰矿类型主要有热液型和碳酸盐岩中氧化锰沉积型，其次还有硅泥灰岩中碳酸海相沉型、海相火山沉积型、淋型、受区域变质型等，主要分布在尚义-赤城深断裂带以南地区。其中热液型主要分布在Ⅲ-57-2的西部，碳酸盐岩中氧化锰沉积型主要分布在Ⅲ-57-2东部及Ⅲ-57-3上。河北省主要有以下2个锰矿集中区，分别是①怀安县太平庄-涿鹿县麻黄峪锰矿集中区、②兴隆-青龙锰矿集中区（图2-17）。

一、Ⅲ-57-2成矿带西部锰矿区域磁异常特征及找矿标志

该区域包括怀安县太平庄-涿鹿县麻黄峪锰矿集中区。

怀安县太平庄-涿鹿县麻黄峪锰矿集中区

1. 概况

怀安县太平庄-涿鹿县麻黄峪锰矿集中区位于冀西北张家口市怀安县、涿鹿县一带，地理坐标为北纬39°55′—40°40′，东经114°25′—115°30′，面积约2 000km²。该集中区主要矿床类型为热液型，其次还有碳酸盐岩中氧化锰沉积型和硅泥灰岩中碳酸海相沉型，典型矿床为涿鹿县相广小型锰矿。

2. 地质矿产特征

该区位于乌龙沟-上黄旗深断裂西侧、马市口-松枝口大断裂东北侧，出露地层主要为中新元古界长城系及蓟县系沉积地层和侏罗系碎屑-火山岩地层，另有少量的太古宙桑干变质杂岩及英云闪长质片麻岩等。区内岩浆岩侵入体主要为燕山期中酸性岩。本区断层构造发育，以北西向及北东向为主，少量近东西向。

本区有热液型锰矿13处，其中小型6处，矿点7处；另外尚有碳酸盐岩中氧化锰沉积型和硅泥灰岩中碳酸海相沉型各1处，均为矿点。热液型锰矿主要产于长城纪地层中，少量产于蓟县系及侏罗系张家口组地层中，区内燕山期中酸性岩浆岩侵入体与热液型锰矿关系密切。涿鹿县相广锰矿产于上侏罗系张家口

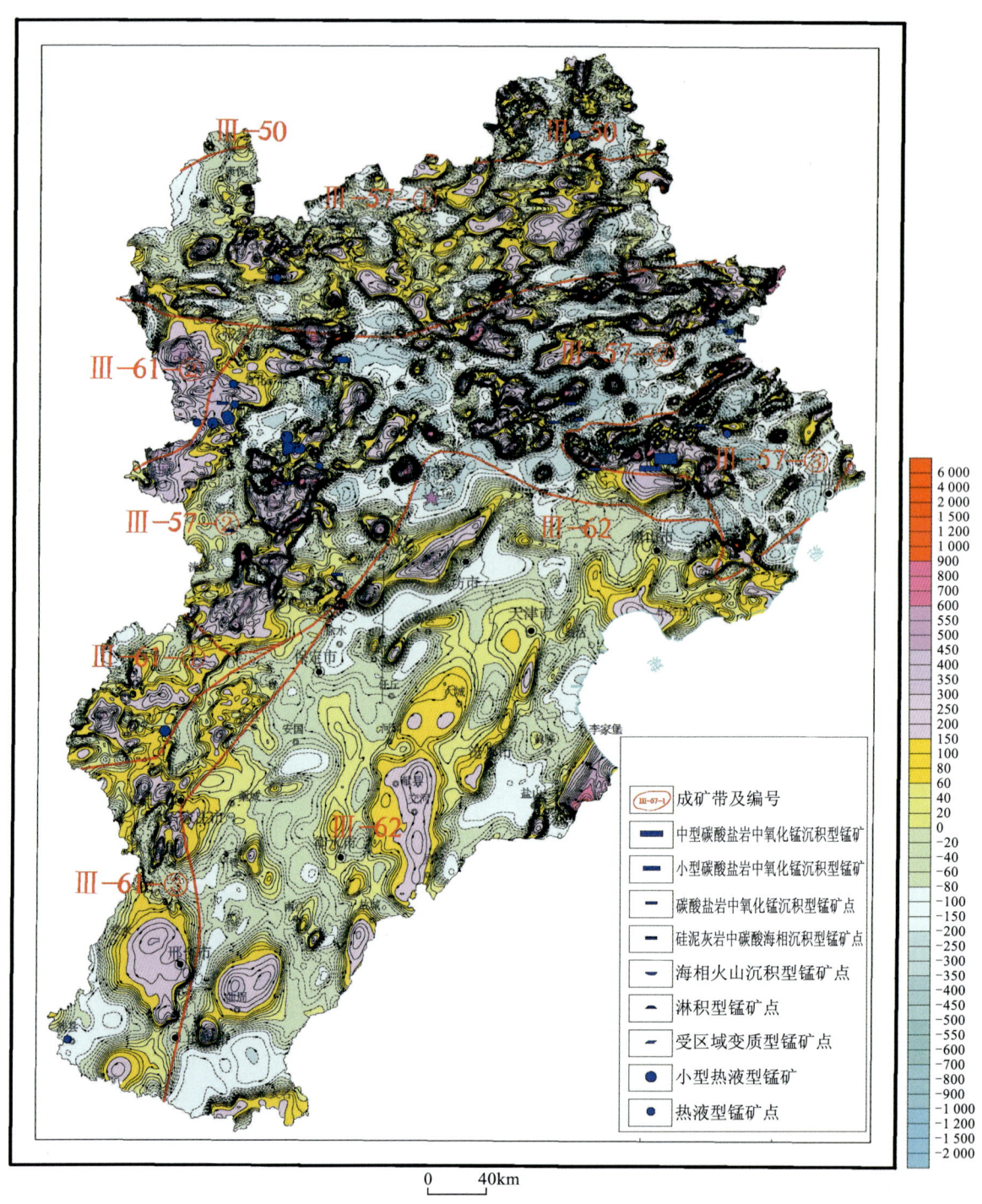

图 2-17 河北省锰矿航磁 ΔT 化极等值线图

组三段地层中,与成矿关系密切的岩浆岩为中生代燕山期花岗斑岩。矿体形态有脉状,沿走向及倾向具分支复合、尖灭再现、侧现等特点。矿体总体走向北西,倾向北东,倾角 64°～67°。区内发现不同规模的矿脉(体)有 60 余条,矿脉长一般 80～700m,最长 1 150m。一般厚 0.50～1.00m,矿体最大厚度 2.00m。矿石金属矿物主要为硬锰矿、铅硬锰矿、软锰矿、溴角银矿、氯溴银矿、溴银矿、辉银矿、自然银、碘银矿、银金矿等,脉石矿物主要为石英、长石、绢云母、高岭土、蛇纹石等。矿石结构为他形粒状、胶状、纤维状、叶片状等结构。矿石构造为脉状、网脉状、块状、角砾状等构造。本区成矿早期出现沿裂隙带两侧的热液蚀变,严格受构造控制,具线型蚀变特征,主要有硅化、高岭土化、锰矿化、褐铁矿化、黄钾铁矾化、绢云母化等,成矿晚期主要有锰矿化、褐铁矿化及碳酸盐化等。

3. 区域磁异常特征

区内航磁异常自西北至东南两端为正磁异常，中间为负磁异常。西北端正磁异常轴向为北西，梯度较缓，面积较大，幅值450nT，主要由长城系覆盖下的桑干变质杂岩引起，热液型锰矿主要分布在正磁异常边部的梯度带上。区内中部为负磁异常，轴向北东，异常呈低缓状，梯度较小，幅值－200nT，由长城系及蓟县系沉积地层和侏罗系碎屑-火山岩地层引起。本区东部为正磁异常，轴向北东，梯度中等，幅值40～350nT，主要由盖层下的英云闪长质片麻岩等引起，此区热液型锰矿主要分布在正磁异常上，且主要分布在异常强度较低的西南端。

4. 找矿标志

根据以上特征，总结本区独立银矿找矿标志如下。
(1)地层标志：长城系及蓟县系沉积地层和侏罗系碎屑-火山岩地层为区内锰矿的主要围岩。
(2)岩浆岩标志：燕山期中酸性岩浆岩侵入体。
(3)区域磁场标志：西部热液型锰矿主要分布在正磁异常边部的梯度带上。东部热液型锰矿主要分布在正磁异常上，且主要分布在异常强度较低的西南端。

二、Ⅲ-57-3及Ⅲ-57-2东部成矿带锰矿区域磁异常特征及找矿标志

该区域包括兴隆-青龙锰矿集中区。

兴隆-青龙锰矿集中区

1. 概况

兴隆-青龙锰矿集中区位于冀东兴隆县、遵化县、迁西县、青龙县、平泉县一带，地理坐标为北纬40°00′—41°00′，东经117°20′—119°00′，面积约14 000km²。该集中区主要矿床类型为碳酸盐岩中氧化锰沉积型，其次还有热液型和海相火山沉积型，典型矿床为迁西县秦家峪大型锰矿。

2. 地质矿产特征

该区锰矿主要位于迁西陆核两侧的中新元古代沉积岩区，迁西陆核区出露地层主要为太古宙各类变质岩，陆核两侧出露地层主要为长城系、蓟县系沉积岩，少量寒武系、奥陶系沉积岩及侏罗系火山-沉积岩。区内岩浆岩主要为燕山期各类中酸性岩侵入体。断裂构造有北东、北西及近东西向多组。

本区共有锰矿12处，其中碳酸盐岩中氧化锰沉积型10处、海相火山沉积型1处、热液型1处，以上计有碳酸盐岩中氧化锰沉积型大型1处、中型1处，其余均为矿点。碳酸盐岩中氧化锰沉积型均产于长城系高于庄组及蓟县系雾迷山组含锰砂岩、页岩、白云岩地层中。区内迁西县秦家峪大型锰矿产于中元古界长城系高于庄组含锰砂岩、页岩、白云岩地层中，矿体呈层状；西段矿体走向南北，倾向西，倾角40°；中段矿体走向近东西，倾向南，倾角63°；东段矿体总体走向110°，倾向南西，倾角47°。区内有2层锰矿，分为3段产出，分别长为3 950m、2 650m、6 300m，Ⅰ矿体厚0.70～8.50m，Ⅱ矿体厚2.39～13.75m。矿石矿物成分以硬锰矿、软锰矿、水锰矿、菱锰矿等为主，脉石矿物主要为石英。矿石结构有晶粒状结构、胶体变晶结构、交代结构、隐晶结构等。矿石构造有砂状胶结构造、浸染状构造、脉状构造。

3. 区域磁异常特征

区内航磁正异常主要分布在陆核区，异常轴向有近东西、北东及近南北多个方向，异常梯度多较大，幅值350～700nT，异常由太古宙各类变质岩引起。区内负磁异常主要分布在陆核区周边，异常多较平缓，轴向有近东西、北东、近南北及北西多个方向，幅值－20～－550nT，由各类盖层沉积岩引起。

区内锰矿主要分布在正负磁异常的交接部位的正磁异常区或靠近交接部位的负磁异常区，反映锰矿

主要分布在靠近陆核的沉积岩中。

4. 找矿标志

根据以上特征,总结本区独立银矿找矿标志如下。
(1)地层标志:长城系高于庄组及蓟县系雾迷山组含锰砂岩、页岩、白云岩地层。
(2)构造标志:陆核区周边附近。
(3)区域磁场标志:正负磁异常的交接部位的正磁异常区或靠近交接部位的负磁异常区。

第十二节 镍矿区域磁异常特征及找矿标志

河北省镍矿类型仅有热液型一种,计有内邱县杏树台小型1处、迁安县铜硐子铜镍矿点1处,分别分布在Ⅲ-63-1和Ⅲ-57-3成矿带上,省内没有划分镍矿集中区。见图2-18。

一、Ⅲ-57-3成矿带镍矿区域磁异常特征及找矿标志

该区域仅有迁安县铜硐子铜镍矿点1处,没有划分镍矿集中区,以下叙述该矿点的区域磁异常特征及找矿标志。

1. 概况

迁安县铜硐子铜镍矿点位于迁安县三拔子村西南,矿区中心地理坐标为北纬40°13′,东经118°40′,为热液型。

2. 地质矿产特征

该区位于燕山裂谷,处于密云-喜峰口大断裂南侧。区内出露变质岩有奥长花岗质片麻岩,沉积岩有长城系、蓟县系、青白口系沉积岩及侏罗系沉积岩,岩浆岩主要为燕山期中酸性侵入体,此外还有辉长岩侵入体。区内断裂构造主要为北西向,少量近东西向。

本区镍矿与辉长岩关系密切,矿体围岩主要为辉长岩,在Ⅰ号矿体的南端为花岗片麻岩。

3. 区域磁异常特征

区内航磁异常为一梯度带,走向北西,西南磁场为正,由变质岩引起;东北侧磁场为负,由沉积岩引起。该梯度带梯度较高,两侧磁异常幅值分别为1 000nT、-550nT,该梯度带是由两侧岩石磁性差异引起,两侧岩石为断层接触,断层走向与梯度带走向一致。

镍矿点产于梯度带的负磁异常一侧。

4. 找矿标志

根据以上特征,总结本区独立银矿找矿标志如下。
(1)岩浆岩标志:辉长岩岩侵入体。
(2)区域磁场标志:镍矿产于梯度带的负磁异常一侧。

二、Ⅲ-63-1成矿带镍矿区域磁异常特征及找矿标志

该区域仅有内邱县杏树台小型镍矿1处,没有划分镍矿集中区,以下叙述该矿点的区域磁异常特征及找矿标志。

1. 概况

杏树台镍矿区位于内邱县獐狐乡,矿区中心地理坐标为北纬37°19′,东经114°07′,为热液型。

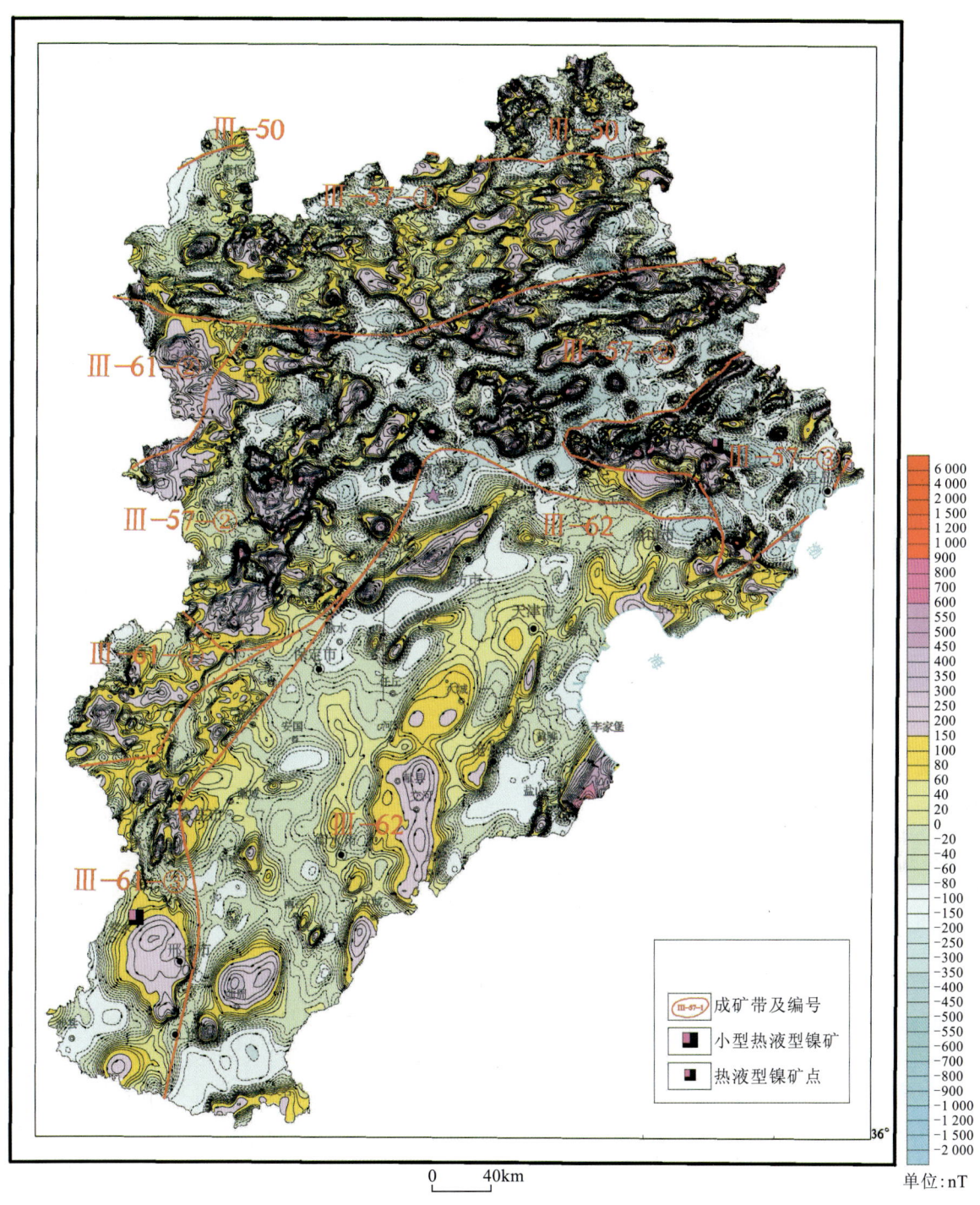

图 2-18　河北省镍矿航磁 ΔT 化极等值线图

2. 地质矿产特征

该区位于五台-太行岩浆弧,仅有变质岩出露,断层有北东向和北西向。

内邱县杏树台小型镍矿区地层为五台群石家栏组第二段上部和第三段下部变质岩系,岩性为斜长角闪岩、黑云角闪斜长片麻岩、角闪黑云斜长片麻岩。矿体形态呈透镜状、似层状斜列或平行状排列。矿体产状受帚状片岩破碎带控制,呈 300°~305°北西方向分布。主要矿体长 460~478m,厚 1.69~5.43m。矿石矿物成分常见的有辉砷镍矿、紫硫镍矿、红锑镍矿、水镍钴矾和金红石、电气石、白钛石以及黄铁矿、黄铜矿。矿石结构有自形细粒结构、鳞片粒状变晶结构,偶见陨铁结构。矿石构造有块状构造、变余片状构造、斑杂状构造以及变余片麻状构造。

3. 区域磁异常特征

区内航磁异常为一梯度带，走向北北东，西北磁场为负，幅值－200nT；东南侧磁场为正，幅值为300nT。该梯度带梯度较缓，由变质岩磁性差异引起。

镍矿产于梯度带的正磁异常一侧。

4. 找矿标志

根据以上特征，总结本区独立银矿找矿标志如下。

(1) 地层标志：五台群石家栏组第二段上部和第三段下部变质岩系。
(2) 区域磁场标志：镍矿产于梯度带的正磁异常一侧。

第十三节 铬矿区域磁异常特征及找矿标志

河北省铬矿类型为岩浆岩型，分布在尚义-赤城深断裂带以南地区。在Ⅲ-57-2成矿带上有1处小型铬矿，在Ⅲ-57-3成矿带上有3处小型铬矿。有1个铬矿集中区，即遵化闫家沟-赵庄子铬矿集中区（图2-19）。

一、Ⅲ-57-2 成矿带铬矿区域磁异常特征及找矿标志

该区域仅有承德县高寺台小型铬铁矿1处，没有划分铬矿集中区，以下叙述该矿的区域磁异常特征及找矿标志。

1. 概况

高寺台铬铁矿位于承德县高寺台镇杨树底村，矿区中心地理坐标为北纬41°07′52″，东经117°54′00″，面积0.40km²，为岩浆岩型。

2. 地质矿产特征

该区位于大庙-娘娘庙深大断裂带上，沿深大断裂分布有多处基性—超基性岩浆岩侵入体，构成本区的一个基性—超基性岩带。区内处变质岩有遵化群、红旗营子群及中酸性变质深成岩，沉积岩有侏罗系、白垩系火山-沉积岩。断裂构造主要为近东西向。

高寺台铬铁矿产于高寺台海西期超基性岩体中，岩性为自中心向外依次为纯橄榄岩相、辉橄岩相、透辉岩相和角闪岩相。纯橄榄岩相为主体，铬矿化强烈。矿体呈扁豆状、透镜状、脉状和似脉状。矿体倾向北，倾角50°～70°。区内计有工业矿体112个，贫矿体33个，难用矿体169个。工业矿体规模一般较小，最大者长95m，倾斜延深92m，厚度最大13.5m，最小0.5m，一般厚1～3m。矿石矿物成分以铬铁矿、铬尖晶石为主，另有少量磁铁矿、钛磁铁矿。矿石结构有自形中粗粒结构、自形不等粒结构、自形—半自形不等粒度结构、他形结构、交代结构、压碎结构。矿石构造有致密块状、浸染状、同生角砾状、网环状、斑点浸染状、浸染条带构造。

3. 区域磁异常特征

大庙-娘娘庙基性—超基性构造岩浆岩带磁异常总体为一近东西向磁异常带，该带磁异常以正磁异常为主，局部为负磁异常。正磁异常为窄闭状，梯度较大，幅值较高达1 000nT；异常与苏长岩、辉长岩、辉石角闪石岩等有关。黑山斜长岩体κ：21.36($10^{-6} \cdot 4\pi SI$)、Jr：33.3（$10^{-3} \cdot A/m$）磁性较低，在航磁异常上为负磁异常，最低值－200nT。

高寺台铬铁矿位于一正磁异常上，是超基性岩体的反映。

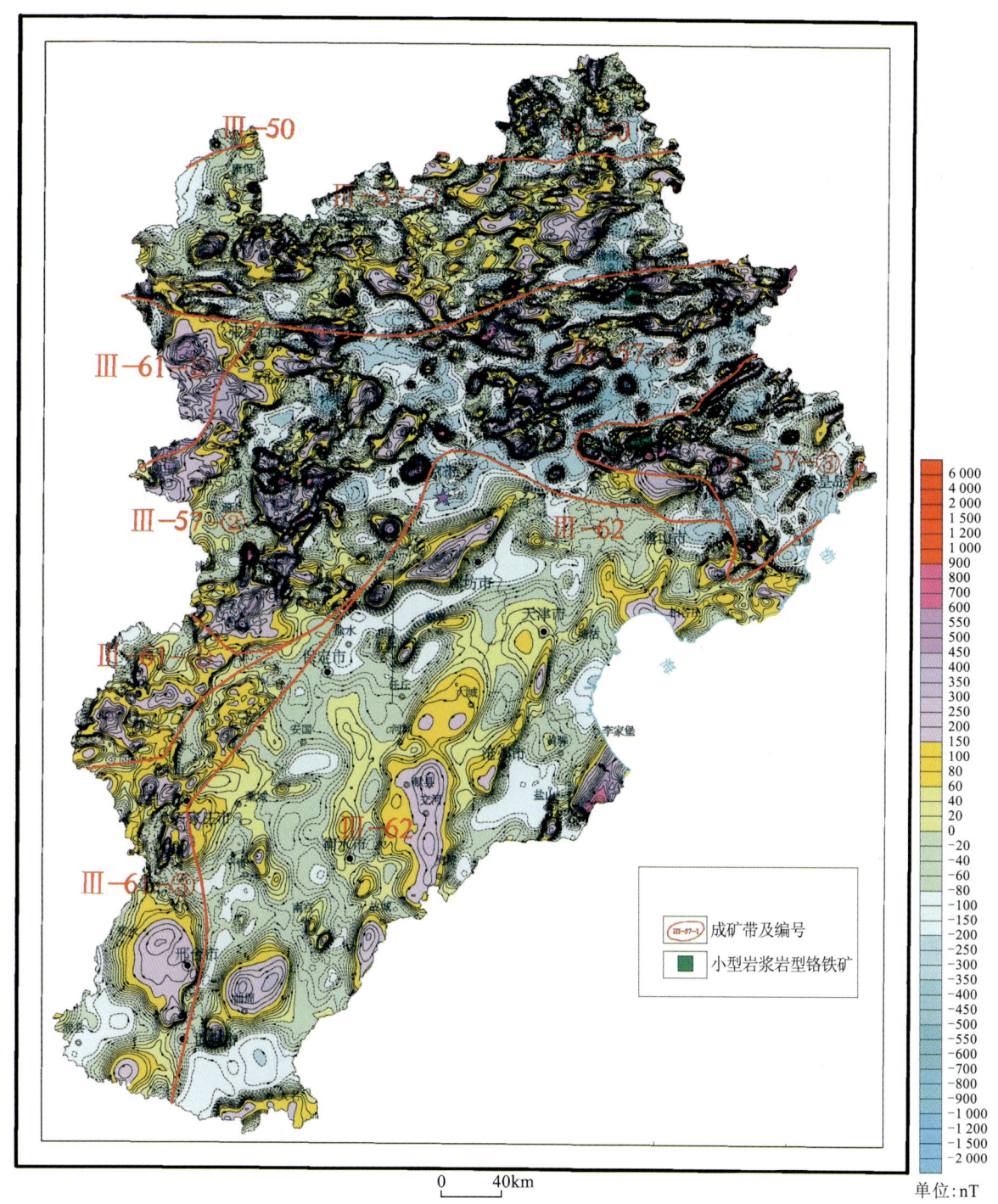

图 2-19 河北省铬矿航磁 ΔT 化极等值线图

4. 找矿标志

根据以上特征，总结本区铬矿找矿标志如下。

(1) 岩浆岩标志：高寺台海西期超基性岩体，纯橄榄岩为主要成矿母岩。

(2) 区域磁场标志：高寺台铬铁矿位于一正磁异常上，是超基性岩体的反映。

二、Ⅲ-57-3 成矿带铬矿区域磁异常特征及找矿标志

该区域仅包括遵化阎家沟-赵庄子铬矿集中区。

遵化阎家沟-赵庄子铬矿集中区

1. 概况

遵化阎家沟-赵庄子铬矿集中区位于冀东遵化县一带，地理坐标为北纬 $40°10'—40°20'$，东经 $117°50'—118°00'$，面积约 $400km^2$。该集中区铬矿类型为岩浆岩型，典型矿床为遵化市毛家厂小型铬铁矿。

2. 地质矿产特征

该区位于冀东迁西陆核区，区内出露变质岩有迁西岩群及云英闪长质片麻岩。岩浆岩为新太古晚期变质基性、超基性岩。

本区有岩浆岩型铬矿3处，均为小型，产于阎家沟-赵庄子超基性岩带中。遵化市毛家厂小型铬铁矿产于毛家厂超基性岩体中，岩体岩性为蛇纹石化纯橄榄岩、蛇纹岩岩（原岩为辉橄岩类）。矿体呈透镜状、扁豆状，少数为不规则团块状。多数矿体赋存于岩体的上盘或中上盘，一般由数厘米厚的稀疏至中等浸染状铬铁矿条与蛇纹岩相间构成，矿体与围岩之间大部分为渐变过渡，矿体走向近南北。大部分含矿带矿化规模很小，形成密度不等的矿群，长度、厚度一般只有几米，其中较大者长130m，最厚12m，延深50m。矿石矿物成分中金属矿物主要为铬尖晶石，脉石矿物主要为蛇纹石、滑石、蛭石、透闪石、方解石，少量次生磁铁矿、黄铁矿和磁黄铁矿。矿石结构为自形或半自形结构。矿石构造以浸染状构造为主，多呈中等浸染状或稀疏浸染状，亦有致密块状、稠密浸染条带或星散浸染状构造。

3. 区域磁异常特征

区内航磁异常为一轴向东西的负磁异常，异常梯度较高，幅值 $-500nT$，由迁西岩群变质岩及云英闪长质片麻岩引起。

区内3处铬矿均分布在负磁异常的西南部边缘。

4. 找矿标志

根据以上特征，总结本区铬矿找矿标志如下。

(1) 地层标志：迁西岩群变质岩及云英闪长质片麻岩。
(2) 岩浆岩标志：阎家沟-赵庄子新太古代晚期超基性岩带。
(3) 区域磁场标志：铬矿均分布在负磁异常的西南部边缘。

第十四节 硫铁矿区域磁异常特征及找矿标志

河北省硫铁矿矿类型主要有海相沉积型、滨海—浅海相沉积型、沉积变质型、矽卡岩型、热液型等，主要分布在尚义-赤城-平泉深断裂南侧，主要分布在Ⅲ-57-2、Ⅲ-61-1、Ⅲ-61-3成矿区带上，有以下6个硫铁矿集中区，分别是：①兴隆-宽城硫铁矿集中区；②王安镇-大河南硫铁矿集中区；③阜平-西柏坡硫铁矿集中区；④井陉硫铁矿集中区；⑤内丘-临城硫铁矿集中区；⑥沙河-涉县硫铁矿集中区（图2-20）。

一、Ⅲ-57-1成矿带硫铁矿区域磁异常特征及找矿标志

该成矿带包括兴隆-宽城硫铁矿集中区、王安镇-大河南硫铁矿集中区。

（一）兴隆-宽城硫铁矿集中区

1. 概况

兴隆-宽城硫铁矿集中区位于冀东张家口市崇礼县、赤城县一带，地理坐标为北纬 $40°20'—40°50'$，东

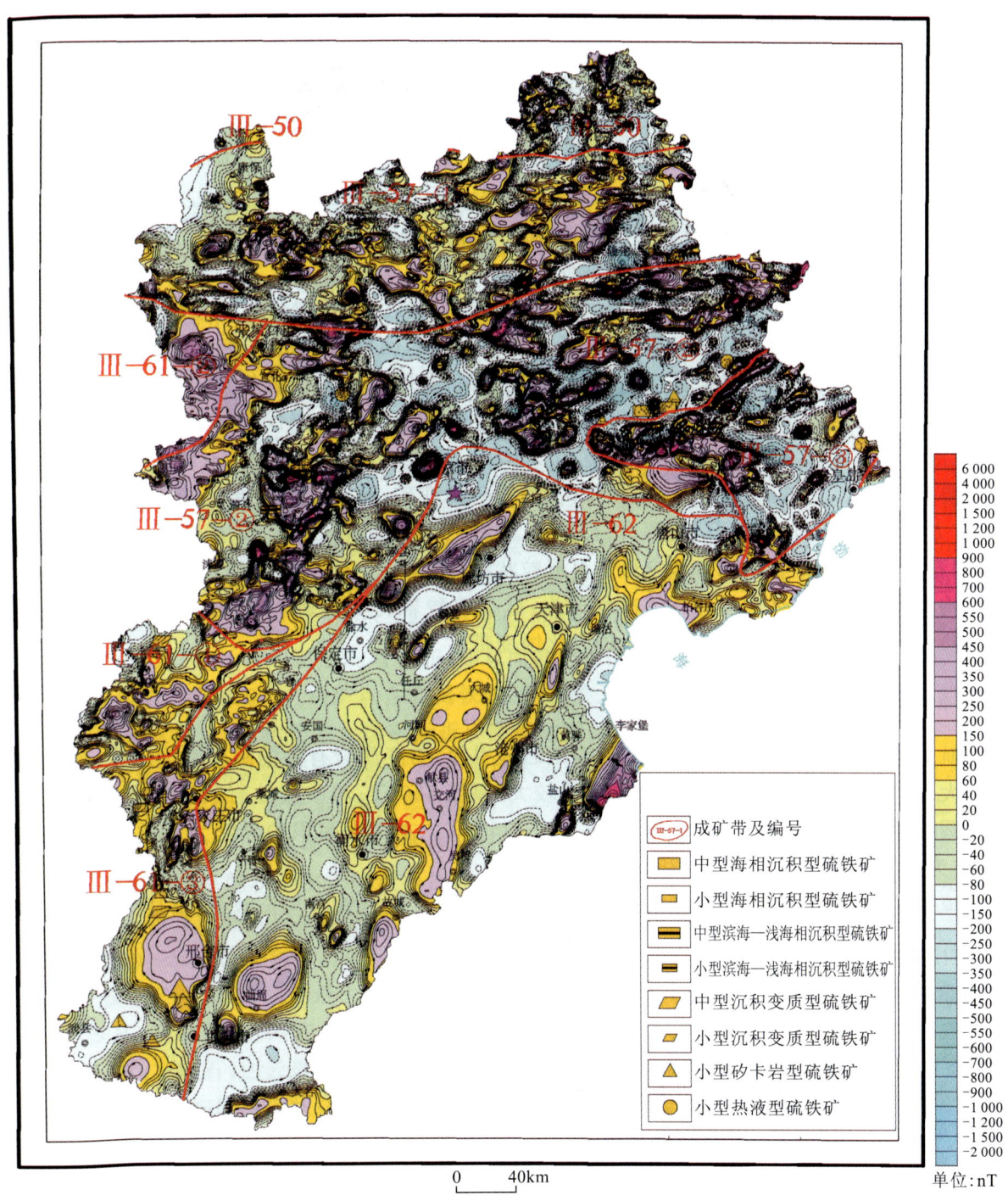

图 2-20 河北省硫铁矿航磁 ΔT 化极等值线图

经 117°30′—118°40′，面积约 6 400km²。该集中区主要矿床类型有海相沉积型、矽卡岩型、热液型、沉积变质型，典型矿床有兴隆县高板河铅锌黄铁矿、莫古峪钼锌铜矿。

2. 地质矿产特征

该区位于燕山裂谷迁西陆核北侧。区内出露地层主要为长城系、蓟县系沉积地层，少量青白口系、寒武系、奥陶系、侏罗系和白垩系沉积地层，太古宙变质岩在区内也有少量出露。本区岩浆岩主要为燕山期中酸性、酸性岩侵入体，主要侵入到元古宙地层中。区内断层构造以北东向、近东西向为主，北西向地层也有分布，多为规模较小的次级构造。

本区共有硫铁矿 7 处，其中海相沉积型 3 处（中型 2 处、小型 1 处）、矽卡岩型 2 处（小型和矿点各 1

片麻岩、闪长花岗质片麻岩、二长花岗质片麻岩等变质深成岩,新太古代晚期变质花岗岩、变质花岗闪长岩、变质奥长花岗岩、变质石英闪长岩、变质碱性花岗岩等变质侵入岩。区内沉积岩十分发育,中新元古代、寒武纪、奥陶纪、石炭纪、二叠纪、三叠纪、侏罗纪、白垩纪及新生代地层均很发育,除第四纪松散堆积建造之外,沉积岩建造大致可分为5种类型:寒武纪—奥陶纪地层的钙质碳酸盐岩建造,下马岭组砂岩-页岩建造,石炭纪—二叠纪和侏罗纪下花园组含煤地层的建造,三叠纪刘家沟组、和尚沟组、二马营组的岩屑砂岩-泥岩建造和杏石口组砾岩建造,晚侏罗世土城子组复成分砾岩-砂砾岩建造。区内中生代火山活动较为频繁,髫髻山组总体为一套粗安质火山岩系,张家口组火山岩火山活动强烈,喷发物堆积厚度大,岩性主体为流纹质和石英粗面质熔结凝灰岩、角砾凝灰岩、凝灰岩和粗面岩、流纹岩及流纹质玻璃岩。本区属华北陆块区东部叠加构造区构造岩浆岩带,主要为中生代侵入岩,少量中元古代和晚古生代侵入体。侏罗纪侵入岩岩性组合为花岗闪长斑岩、闪长玢岩。早白垩世侵入岩主要为中—浅成侵入体,以中酸性岩为主。受昌黎—滦县断裂影响,本区断层构造以北东向为主。

区内有热液型萤石型2处,均为小型,产于太古宙滦县群变质岩或变质花岗岩中。区内木柞峪普通萤石矿产于新太古代片麻状花岗岩体中,矿体为脉状,走向北西20°~45°,一般倾向北或北东,倾角60°~70°。矿体总长约330m,厚度一般为1~1.5m,最大3m。矿石矿物组成有萤石、石英、方解石、绢云母、重晶石。矿石结构有他形—半自形粒状结构、自形—半自形粒状结构。矿石构造以块状构造为主,皮壳状构造、梳状构造少见。矿体围岩蚀变主要有硅化、绢云母化和重晶石化。

3. 区域磁异常特征

本区西侧为负磁异常,东侧为正磁异常,轴向均为南北向。西侧负磁异常较宽缓,幅值－250nT,由滦县群变质岩及变质花岗岩引起。东侧正磁异常梯度中等,幅值250nT,由燕山期碱性花岗岩引起。

区内热液型萤石矿位于负磁异常区或正负磁异常的交接部位。

4. 找矿标志

根据以上特征,总结本区萤石矿找矿标志如下。
(1)地层标志:区内萤石矿产于太古宙滦县群变质岩或变质花岗岩中。
(2)围岩蚀变标志:矿体围岩蚀变主要有硅化、绢云母化和重晶石化。
(3)区域磁场标志:区内热液型萤石矿位于负磁异常区或正负磁异常的交接部位。

第十六节 菱镁矿区域磁异常特征及找矿标志

河北省菱镁矿类型为沉积变质型,Ⅲ-60-1成矿区带上,共圈出1个集中区即邢台菱镁矿集中区。见图2-22。

Ⅲ-60-1成矿带菱镁矿区域磁异常特征及找矿标志

该两成矿带包括邢台菱镁矿集中区。

邢台菱镁矿集中区

1. 概况

邢台菱镁矿集中区位于邢台县一带,地理坐标为北纬37°00′—37°20′,东经114°00′—114°15′,面积约800km²。矿床类型为沉积变质型,区内仅有邢台大河菱镁矿1处矿床。

2. 地质矿产特征

区内变质表壳岩有新太古代赞皇岩群、古元古代官都岩群,变质深成岩为新太古代变质深成岩。赞皇

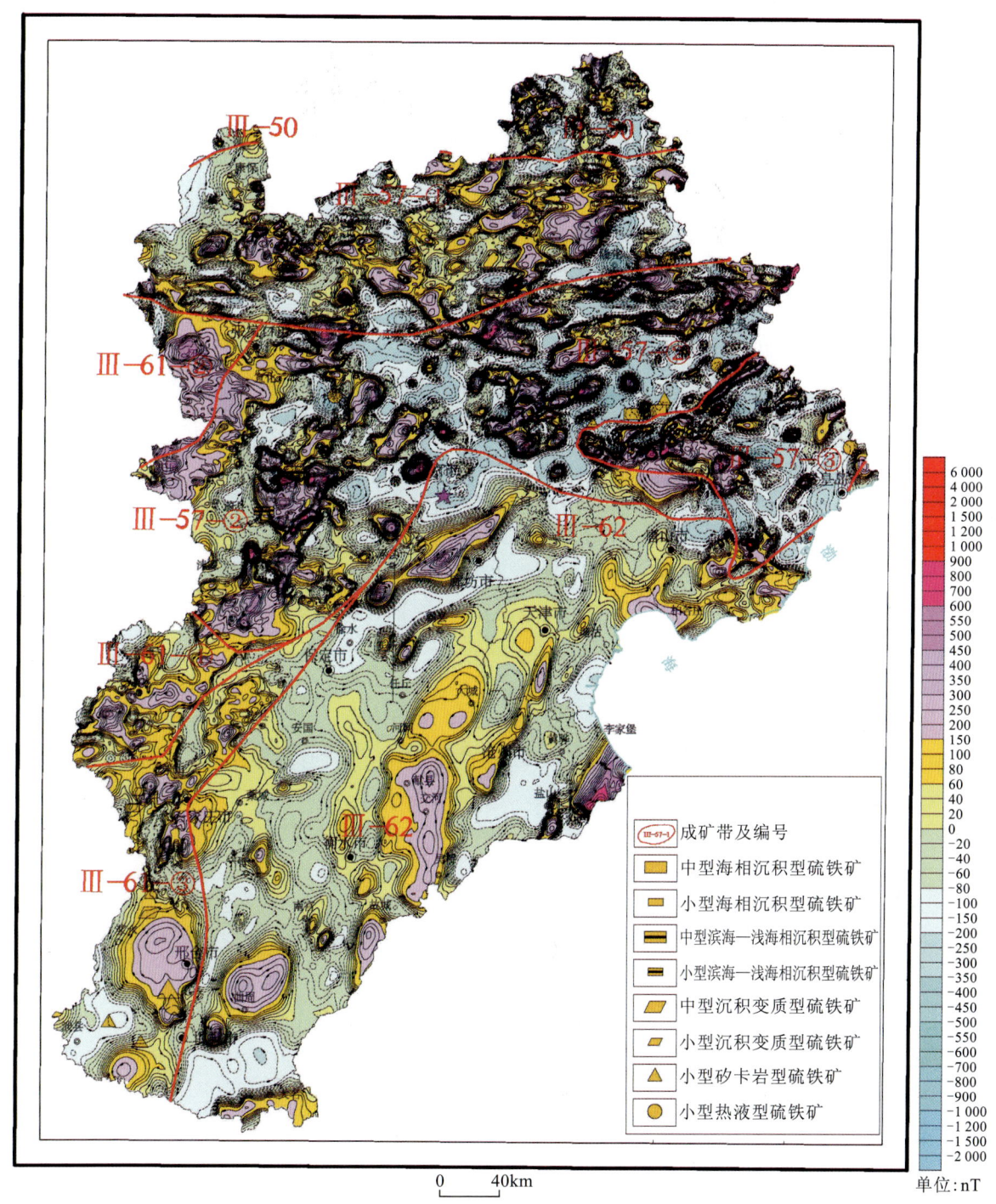

图2-20 河北省硫铁矿航磁 ΔT 化极等值线图

经117°30′—118°40′,面积约6 400km²。该集中区主要矿床类型有海相沉积型、矽卡岩型、热液型、沉积变质型,典型矿床有兴隆县高板河铅锌黄铁矿、莫古峪钼锌铜矿。

2. 地质矿产特征

该区位于燕山裂谷迁西陆核北侧。区内出露地层主要为长城系、蓟县系沉积地层,少量青白口系、寒武系、奥陶系、侏罗系和白垩系沉积地层,太古宙变质岩在区内也有少量出露。本区岩浆岩主要为燕山期中酸性、酸性岩侵入体,主要侵入到元古宙地层中。区内断层构造以北东向、近东西向为主,北西向地层也有分布,多为规模较小的次级构造。

本区共有硫铁矿7处,其中海相沉积型3处(中型2处、小型1处)、矽卡岩型2处(小型和矿点各1

处)、热液型和沉积变质型各1处(均为小型),可见本区硫铁矿以海相沉积型和矽卡岩型为主。

海相沉积型硫铁矿受中上元古代长城系高于组沉积地层控制。兴隆县高板河铅锌黄铁矿产于长城系高于庄组三、四段含锰白云岩中,矿体呈层状似层状产出,与地层产状一致。矿体规模:安子岭矿段一般延长380～2500m,延深500m,厚度6～7m,最厚14.18m;高板河矿段:一般延长几十米至396m,沿深几十至几百米,厚4.14m(氧化锌)。矿石矿物主要为黄铁矿、闪锌矿、方铅矿,脉石矿物以白云石为主,次为方解石。矿石结构有胶状结构、隐晶状结构、自形—他形晶粒状结构、微莓球状结构、放射状、球粒状结构、花岗状变晶结构及变胶状结构、交代结构等。矿石构造有层纹状、条带状、致密块状、肾状、角砾状、斑状、团斑状、浸染状、脉状、网脉状等。近矿围岩无蚀变。

矽卡岩型硫铁矿产于长城系、蓟县系白云岩与燕山期中酸性、酸性岩浆岩的接触带上。兴隆县蘑菇峪钼锌铜矿产于蓟县系杨庄组泥质白云岩、燧石条带白云岩与燕山期莫利山石英正长斑岩体接触带上。矿体呈细脉状、透镜体状、似层状。矿体受岩体裂隙、接触面、顺层矿体的围岩性质及构造破碎带的控制,有岩体裂隙充填矿体、接带触交代矿体、层间交代矿体、构造破碎带充填交代矿体。矿体一般较小。13-1较大:南北沿倾向延深长200m,东西沿走向宽70～100m,厚1～37m,一般厚8～12m,平均厚9.27m。矿石矿物主要为辉钼矿、磁铁矿、黄铜矿、磁黄铁矿、赤铁矿镜铁矿;脉石矿物主要为钙镁矽卡岩系列矿物组合,主要有方解石、白云石、透闪石、透辉石、石榴石、镁杆栏石、尖晶石、金云母、硅镁石、蛇纹石、绿帘石、绿泥石、角闪石、石英等。矿石结构有半自形—自形粒状结构,少量为他形粒状结构。矿石构造为浸染状或致密块状构造。蚀变由岩体内带向外依次划分为:硅化碳酸岩化石英斑岩带(内带)、钙镁矽卡岩蚀变带(侠义外带)、顺层钙镁矽卡岩大理岩带、大理岩化蚀变带。

3. 区域磁异常特征

区内航磁异常正异常由变质岩及中酸性岩浆岩体引起,与变质岩有关的磁异常为带状,轴向北东。异常规模较大,沿轴向延伸数十千米。异常梯度也较大,幅值550nT;与中酸性岩浆岩体有关的磁异常多为圆状至椭圆状异常,规模较小,梯度中等,幅值150～250nT。本区大面积的异常为负磁异常,轴向东西至北北东,多为低缓异常,幅值-250～350nT。

本区硫铁矿均分布在靠近迁西陆核一侧的负磁异常中,反映硫铁矿与长城系、蓟县系白云岩的密切关系。

4. 找矿标志

根据以上特征,总结本区独立银矿找矿标志如下。
(1)地层标志:长城系高于庄组及蓟县系杨庄组白云岩地层。
(2)构造标志:迁西陆核北侧附近。
(3)岩浆岩标志:海相沉积型无岩浆岩,矽卡岩型岩浆岩为燕山期中酸性岩侵入体。
(4)区域磁场标志:硫铁矿均分布在靠近迁西陆核一侧的负磁异常中。

(二)王安镇-大河南硫铁矿集中区

1. 概况

王安镇-大河南硫铁矿集中区位于涞水县、涞源县、易县一带,地理坐标为北纬39°20′—40°10′,东经114°45′—115°15′,面积约2000km²。主要矿床类型为滨海-浅海相沉积型、矽卡岩型,其次为热液型。典型矿床有涿鹿县乔麦川黄铁矿。

2. 地质矿产特征

本区位于乌龙沟-上黄旗构造岩浆岩带上,出露地层主要为太古宇阜平岩群变质岩,长城系、蓟县系沉积岩及少量奥陶系沉积岩、侏罗系火山-沉积岩。区内断裂构造非常发育,以北东、北北东向为主。岩浆岩主要为燕山期王安镇酸性杂岩体和大河南酸性杂岩体。区内岩浆岩为铅锌成矿提供了热源和矿质;岩体侵入至长城系、蓟县系白云岩地层并在接触带附近形成矽卡岩,为铅锌等成矿物质的沉淀提供了有利条件。

区内有滨海-浅海相沉积型 3 处(中型 1 处、小型 2 处)、矽卡岩型 2 处(均为小型)、热液型 1 处(小型)。

本区滨海-浅海相沉积型黄铁矿层均毫无例外地赋存于蓟县系铁岭组侵蚀面之上,下马岭组底部含矿带中。表现为页岩-泥灰岩、含砾泥灰岩-角砾岩组合。典型矿床——涿鹿县乔麦川黄铁矿成矿地层为青白口系下马岭组,矿体形态主要为砾状矿层,次为泥灰岩页岩矿层。矿层产状与地层产状一致,亦形成向斜形态。矿层走向在荞麦川地段为 N20°~30°E,在高庄、牌楼沟地段为 N30°~40°E。西翼矿层倾角 5°~20°,东翼倾角 20°~40°。矿体规模:Ⅰ号矿段:22 勘探线控制范围,位于向斜西翼,沿倾斜延长约 1 100m,走向延长约 200m,矿层倾角 10°,主要为砾状矿层,呈透镜状,分布较稳定,最厚 1.59m,平均厚度 1.22m,矿层厚度 83~377m。Ⅱ号矿段:包括第 18~20 勘探线西部范围,沿倾斜长 800m,沿走向长 400m,矿层倾角 10°~20°,矿层最厚 2.53m,平均厚度 1.55m,角砾状矿、泥灰岩均较为发育但矿层变化最大,工业矿段与非矿地段相间出现,工业矿体呈透镜状。埋深 30~274m。Ⅲ号矿段:第 15~16 勘探线包括范围,主要在向斜西翼,沿倾斜延长 400m,沿走向长 300m,矿层倾角西部 5°,东部 42°。矿产最厚 2.5m,平均厚度 1.67m。以角砾状矿层为主,次为泥灰岩矿层,矿体呈透镜状。埋深 50~270m。Ⅳ号矿段:包括整个高庄地段,位于向斜东翼,沿倾斜延长 400m,沿走向延长 600m。矿层倾角 26°,矿层最厚 3.10m,平均厚度 1.70m,角砾状矿、泥灰岩矿、页岩矿层均有分布,相对而言是本区最稳定的矿段,矿体呈透镜状。埋深 0~250m。矿石矿物组合为黄铁矿,个别矿点含有褐铁矿、赤铁矿。矿石呈自形、半自形粒状结构。矿石构造为角砾状构造、浸染状构造、块状构造。该矿无近矿围岩蚀变。

矽卡岩型硫铁矿为涞源县浮图峪铜铁矿和涞源县木吉村铜钼矿,均产于长城系高于庄组白云岩、蓟县系雾迷山组燧石条带白云岩及寒武系、奥陶系灰岩与王安镇中性杂岩体的接触带上。矿体形态为透镜体状、脉状、似层状、瘤状、囊状、不规则状。矿体产状受原岩层理、层间破碎构造带控制,呈似层状、透镜状、瘤状,部分受断裂带控制呈脉状产出。热液叠加矽卡岩型铜(铁)矿体:产状受 F_4 断裂带控制,走向 40°~60°。鸽子岭矿段矿体受层理及层间构造控制,呈似层状、透镜状产出,倾角 0°~20°。矿体分支复合、膨缩强烈,长度一般 100~500m,宽 50~200m,厚数米至数十米不等。热液叠加矽卡岩型铜(铁)矿体:矿体最长 800 余米,一般 150~360m,延伸最大 650m,一般 10~200m,厚度 1~32.96m。矿石的矿物成分有黄铜矿、磁铁矿、黄铁矿、硫钴矿、白钨矿、闪锌矿、方铅矿、镜铁矿、自然金、自然银、透辉石、蛇纹石、透闪石、绿帘石、绿泥石、石英、方解石、白云母。矿石结构有晶粒状、乳滴状、束状、交代结构。矿石构造有似层状、脉状、瘤状、条带状、块状、细脉浸染状构造。蚀变特征:外蚀变带——闪长玢岩与寒武系——奥陶系灰质白云岩接触交代,沿 F_4 断裂带形成一套钙质矽卡岩;与中元古界白云岩接触交代形成一套镁质矽卡岩,以渗滤交代钙(镁)质矽卡岩为主,内矽卡岩不发育。

3. 区域磁异常特征

本区航磁异常为南北 2 个正磁异常,由王安镇岩体、大河南岩体、阜平群变质岩和侏罗系火山岩引起。南侧异常范围与王安镇岩体、阜平群变质岩范围吻合,轴向北北东,梯度变化中等,幅值 400~700nT,变质岩区异常梯度较为平缓,幅值较低。北侧异常范围与大河南岩体及西侧的侏罗系火山岩地层吻合,轴向北北东,梯度变化中等,幅值 400~800nT。

该区滨海-浅海相沉积型和热液型硫铁矿分布在大河南岩体正磁异常的边部梯度带上,矽卡岩型硫铁矿分布在正磁异常的轴部附近。

4. 找矿标志

根据以上特征,总结本区铅锌矿找矿标志如下。

(1)地层标志:蓟县系杨庄组地层是滨海-浅海相沉积型硫铁矿的赋矿层位,长城系、蓟县系及寒武系白云岩、寒武系、奥陶系灰岩均是区内矽卡岩型硫铁矿的围岩。

（2）岩浆岩标志：燕山期酸性—中酸性杂岩体。

（3）构造标志：北北东向乌龙沟-上黄旗构造岩浆岩带。

（4）围岩蚀变标志：滨海-浅海相沉积型硫铁矿无围岩蚀变，矽卡岩型蚀变特征为闪长玢岩与寒武系—奥陶系灰质白云岩接触交代形成一套钙质矽卡岩，与中元古界白云岩接触交代形成一套镁质矽卡岩。

（5）区域磁场标志：滨海-浅海相沉积型和热液型硫铁矿分布在大河南岩体正磁异常的边部梯度带上，矽卡岩型硫铁矿分布在正磁异常的轴部附近。

二、Ⅲ-61-1成矿带硫铁矿区域磁异常特征及找矿标志

该成矿带包括阜平-西柏坡硫铁矿集中区。

阜平-西柏坡硫铁矿集中区

1. 概况

阜平-西柏坡硫铁矿集中区位于阜平县一带，地理坐标为北纬38°20′—39°10′，东经113°30′—114°15′，面积约1 600 km²。该集中区主要矿床类型为沉积变质型，典型矿床有阜平县大川硫铁矿。

2. 地质矿产特征

区内变质岩有石咀岩群，板峪口岩组为浅粒岩—片岩—大理岩建造，金刚库岩组为黑云（角闪）斜长变粒岩—斜长角闪岩—磁铁石英岩建造。本区变质深成岩十分发育，有中太古代、新太古代变质深成岩，主要有各类花岗质片麻岩。古元古代变质侵入岩划分为变质角闪石岩建造、扣子头变质辉绿岩建造。区内沉积岩十分发育，从中—新元古代到新生代地层均有出露。除第四纪松散堆积建造之外，沉积岩建造大致可分为3种类型：中—新元古代地层和寒武纪—奥陶纪地层中的碳酸盐岩建造；晚石炭世本溪组和中侏罗世髫髻山组含煤碎屑岩建造。本区断层构造以北西向为主，多被后期岩脉充填。区内岩浆侵入活动主要发生在中侏罗世和早白垩世，岩性有石英二长闪长岩、花岗闪长岩、石英闪长岩、斑状二长花岗岩等。

本区有沉积变质型硫铁矿2处，中型1处，小型1处，矿体严格受新太古代的石咀岩群金刚库岩组地层控制。阜平县大川硫铁矿矿体形态呈似层状、透镜状，膨缩现象明显。主矿体走向330°，倾向SW，倾角25°～50°，出露长度870 m，宽1～10 m。矿化带沿走向、倾向呈舒缓波状。矿体规模：Ⅰ号矿体：为矿区内主矿体，工程控制矿体长375 m，延深590 m，呈似层状，厚度0.84～7.59 m，平均3.76 m。Ⅱ号矿体：长250 m，透镜状，厚1.40～4.74 m，平均厚2.68 m。Ⅲ号矿体：分布于矿床西部，透镜状，长110 m，厚2.40 m。Ⅳ号矿体：分布于矿床西部，透镜状，长110 m，厚0.73 m。Ⅴ号矿体：分布于矿床西部，透镜状，长70 m，厚0.8～2.00 m，平均厚1.40 m。矿石主要金属矿物为磁黄铁矿25%～70%，其次有黄铁矿、磁铁矿、黄铜矿、褐铁矿。此外脉石矿物主要为石英，其次为透闪石—阳起石、石榴石、黑云母、斜长石等。矿石结构以半自形—他形粒状结构为主，半自形—自形粒状结构次之。矿石构造主要为致密块状构造、浸染状构造。区内围岩蚀变较弱，主要是硅化，其次有透闪—阳起石化、绿泥石化、普通角闪石化等。

3. 区域磁异常特征

区内航磁异常以正磁异常为主，异常轴向为近南北和近东西向，异常大体呈北东向展布，梯度中等，幅值幅值150～550 nT，由太古宙变质岩引起。

本区硫铁矿均分布在正磁异常的边缘。

4. 找矿标志

根据以上特征，总结本区硫铁矿找矿标志如下。

（1）地层标志：新太古代的石咀岩群金刚库岩组地层。

(2)区域磁场标志:本区硫铁矿均分布在正磁异常的边缘。

三、Ⅲ-61-3 成矿带硫铁矿区域磁异常特征及找矿标志

该成矿带包括井陉硫铁矿集中区、内丘-临城硫铁矿集中区、沙河-涉县硫铁矿集中区。

(一)井陉硫铁矿集中区

1. 概况

井陉硫铁矿集中区位于井陉煤矿区,地理坐标为北纬 37°55′—38°10′,东经 113°55′—113°10′,面积约 400km²。主要矿床类型为沉积变质型。典型矿床有井陉县城关绵河滩硫铁矿。

2. 地质矿产特征

本区变质岩有中太古代麻河清岩组,主要岩石组合为细粒角闪黑云斜长变粒岩,新太古代变质深成岩——正长花岗质片麻岩;官都岩群主要岩性为变质砾岩、砂岩、石英岩、云母片岩及角闪片岩、结晶白云质灰岩、大理岩,变质斑状花岗岩;南寺组为变质长石砂岩、砂板岩夹不稳定硅质白云岩、变玄武岩;蒿亭组主要岩性砂板岩互层、变玄武岩、玄武安山岩。区内沉积岩分布有中元古代、古生代地层和第四纪松散堆积物。其中以早古生代地层最发育,石炭纪地层大部分地段被第四纪松散堆积物覆盖。本区与硫铁矿有关为石炭纪本溪组、太原组。根据岩石组合特征分为 2 个沉积建造,即本溪组含铝土质泥岩-粉砂岩建造(赋硫铁矿)和太原组含煤砂岩—泥岩建造。区内断裂构造主要以北北东—北东向断层为主,有少量近东西向、南北向断层,对地层造成破坏。本区岩浆岩不发育。

区内有沉积变质型 2 处(小型)、海相沉积型处(小型),沉积变质型硫铁矿赋存于煤系地层中。关绵河滩硫铁矿成矿地层为中奥陶统马家沟组和中石炭统本溪组,岩性为灰岩、含硫铁矿的黏土岩。矿体呈似层状,连续性较好。矿体产状与岩层产状基本一致,走向为北东,倾向以北西为主,倾角一般为 5°左右,局部大于 10°。本矿区只有 1 个矿体,长约 800m 左右,宽约 500m 左右。矿体的最大厚度为 3.24m,最小厚度为 0.60m,平均厚度为 1.54m。矿石矿物主要为硫铁矿、白铁矿,脉石矿物为高岭石、埃洛石、水铝石、硅灰石、方解石等。矿石结构有粒状自形—半自形晶结构、压碎结构、环带结构、放射状结构、包裹状结构。矿石构造有团块状构造、浸染状构造、条带(纹)状构造、结核状构造。该矿无围岩蚀变。

3. 区域磁异常特征

区内航磁正异常轴向北北东,梯度中等,幅值 400nT,与结晶基底隆起有关;区内西侧负磁异常场值由高到低变化平滑,轴向近南北,幅值-80nT,与古生代地层有关。

本区硫铁矿分布在正磁异常西侧近南北向的梯度带上。

4. 找矿标志

根据以上特征,总结本区硫铁矿找矿标志如下。
(1)地层标志:中奥陶统马家沟组和中石炭统本溪组。
(2)构造标志:古生代沉积盆地。
(3)区域磁场标志:本区硫铁矿分布在正磁异常西侧近南北向的梯度带上。

(二)内丘-临城硫铁矿集中区

1. 概况

内丘-临城硫铁矿集中区位于内丘县、临城县一带,地理坐标为北纬 37°20′—37°30′,东经 114°00′—114°15′,面积约 400km²。矿床类型有沉积变质型、矽卡岩型,典型矿床有内邱县杏树台硫铁矿。

2. 地质矿产特征

区内变质岩有中太古代赞皇岩群,可分为3个建造,即大和庄岩组的黑云变粒岩-斜长角闪岩-磁铁石英岩建造,立羊河岩组的黑云变粒岩-钾长浅粒岩-大理岩建造,宁家庄岩组的黑云斜长变粒岩—斜长角闪岩建造。中太古代变质深成岩分别为北潘花岗闪长质片麻岩建造,王家崇英云闪长质片麻岩建造,丰天峪辉长质片麻岩建造。新太古代变质侵入岩分别为变质花岗岩建造和变质斑状花岗岩建造。古元古代变质表壳岩为变质砂砾岩-片岩-大理岩建造;古元古代变质侵入岩为许亭变质斑状花岗岩建造;古元古代甘陶河群分别为变质砂砾岩-玄武岩建造(南寺掌组)和变质玄武岩-长石砂岩-白云岩建造(南寺组)。古元古代变质辉绿岩($\beta\mu Pt_1^2$)。区内沉积岩见于东北、东南部,中元古代、古生代和新生代地层均有出露。除第四纪松散堆积建造外,沉积岩建造有碳酸盐岩建造、海相碎屑岩建造。本区属中生代冀北-燕辽-太行叠加岩浆岩带之太行山岩浆岩亚带。区内未见中生代侵入岩分布,仅见有辉绿岩脉、正长斑岩脉、闪长岩脉、花岗岩脉、变质石英岩脉和变质辉绿玢岩脉等。区内基底构造以虎寨口-双石铺向斜为代表,该褶皱直接控制着岩浆活动与矿产的形成。表部断层构造以北东向断裂最发育,其次为近南北向断裂和北西向断裂。

区内有沉积变质型硫铁矿1处(中型)、矽卡岩型1处(小型)。内邱县杏树台沉积变质型硫铁矿成矿地层为太古界赞皇群石家栏组变质岩系二段斜长角闪岩、黑云母闪斜长片麻岩、磁铁角闪石英岩、磁铁角闪岩及大理岩。矿体受地层控制,主矿体呈层状、似层状、透镜状。矿体走向320°~340°,倾向北东,倾角30°~50°,深部变缓,倾角为20°~30°。局部地段矿体产状有变化,如里头沟矿段38、39和40号矿体走向北东40°,倾向北西,倾角15°~20°。矿带总体呈一新月形分布于里头沟—杏树台—满天峪—岭头一带,全长4 350m。沿倾向延深最大为1 000m。矿带大致为单斜构造。现将主要矿体分布情况叙述如下:①1号矿体位于0~16线间,为本区最大矿体。在其深部工程控制长635m,最大延深500m,除在3—8线出现无矿天窗外,与1966年探明的浅部基本连成一体。顶底板赋存标高:809.82~286.72m。②14号矿体位于8—12-1线。延长178m,最大延深105m,顶底板赋存标高514.21~400.95m。③15-1号矿体:位于6-10线。延长275m,最大延深180m。顶底板赋存标高431.10~338.78m。矿石金属矿物主要为磁黄铁矿、黄铁矿、磁铁矿,其次要金属矿物为闪锌矿、黄铜矿;非金属矿物主要为角闪石、石榴石,次为绿泥石及方解石等。矿石结构有半自形结构、粒状变晶结构、交代结构、碎裂结构。矿石构造有块状构造、浸染状构造、条带状构造。围岩强烈钠化、角岩化等。

3. 区域磁异常特征

本区航磁异常为正磁异常,轴向南北,梯度较小,幅值100nT,由英云闪长质片麻岩及赞皇群变质岩引起。

该区硫铁矿分布在正磁异常的轴部附近。

4. 找矿标志

根据以上特征,总结本区硫铁矿找矿标志如下。

(1)地层标志:太古界赞皇群石家栏组变质岩系二段斜长角闪岩、黑云母闪斜长片麻岩、磁铁角闪石英岩、磁铁角闪岩及大理岩。

(2)围岩蚀变标志:围岩强烈钠化、角岩化等。

(3)区域磁场标志:该区硫铁矿分布在正磁异常的轴部附近。

(三)沙河-涉县硫铁矿集中区

1. 概况

沙河-涉县硫铁矿集中区位于沙河市、涉县一带,地理坐标为北纬36°30′—37°00′,东经113°50′—114°30′,面积约2 500km²。主要矿床类型为矽卡岩型,其次为热液型。典型矿床有沙河市三王村含钴铜黄铁矿和永年县台口硫铁矿。

2. 地质矿产特征

区内地层出露较齐全,依次为中元古代、古生代及中生代、新生代地层。其中以古生代地层最发育。石炭纪、二叠纪和三叠纪地层出露零星。本区自奥陶纪—早二叠世石盒子组均有黄铁矿赋存,但本溪组、太原组及山西组含煤地层为主要赋矿层位,分布于区内东部,第四系覆盖较严重。部分硫铁矿产于奥陶纪马家沟组与燕山晚期岩体的接触带中,马家沟组为陆表海碳酸盐岩沉积,在区内广泛分布。区内白垩纪早期岩浆活动较强烈,除东部见有火山活动外,主要表现为多次侵入活动,构成 3 条以闪长岩类为主体的侵入岩带,这些岩体是矽卡岩型硫铁矿的成矿母岩。区内断裂以北东、北北东向为主。褶皱构造尤其是发育在岩体顶板围岩的褶皱构造,具有同步弯曲的特征,在接触交代过程中,这些小型的褶皱构造对硫铁矿的沉积有很大意义。

本区共有硫铁矿 5 处,其中矽卡岩型 4 处(中型 1 处、小型 3 处)、热液型 1 处(中型)。矽卡岩型硫铁矿产于中奥陶统碳酸盐岩地层与闪长岩类侵入体的接触带,与本区铁矿产出位置相同,大部分为铁矿伴生矿。沙河市三王村含钴铜黄铁矿产于中奥陶统碳酸盐岩地层与燕山期闪长玢岩的接触带上,主矿体呈层状、似层状、透镜状。矿体倾向 $120°\sim150°$,倾角 $17°$。黄铁矿可利用者为 16 层,编号由上到下为 1、2、3、4、6-2、6、6-1、8-2、8、8-1、9、10-2、10、11-2、11、12。分别赋存在山西组(1、2、3、4 四层矿体)、太原组(九层 6-2、6、6-1、8-2、8、8-1、9、10-2、10)、本溪组(3 层 11-2、11、12)。主要矿体 2 号黄铁矿体分布在Ⅱ—Ⅷ线之间,倾向南东 $120°\sim150°$,倾角 $17°$,倾向长 1 500m,宽 450m;10 号黄铁矿体主要分布在 B 线以西,Ⅱ—Ⅷ线间,倾向 $120°\sim150°$,倾角 $17°$,倾向长 850m,宽 450m。矿石矿物组合为瓷土矿-黄铁矿-磁铁矿。矿石结构有他形粒状结构、其次为自形粗粒结构、微晶连晶结构、交代残余结构,矿石构造以浸染状、稠密浸染状构造为主,其次为块状构造、细脉网状构造、似条带状构造、角砾状构造、蜂窝状构造、星散浸染状构造。局部可见致密块状构造。围岩强烈矽卡岩化、钠化、角岩化等。

热液型硫铁矿为永年县台口硫铁矿产于中奥陶统峰峰组二段和中石炭统本溪组、上石炭统太原组地层与闪长岩的接触带上,矿体多为硫铁矿与磁铁矿共生,呈扁豆状、透镜状。矿体走向 $310°\sim317°$,倾向北东,倾角 $15°\sim18°$。矿体规模:Ⅰ-S、Ⅱ-S、Ⅲ-S、Ⅳ-S、Ⅴ-S、Ⅶ-S 为硫铁矿和磁铁矿共生;S-1、S-2 为硫铁矿,规模较小。矿石主要金属矿物为磁黄铁矿、黄铁矿、黄铜矿、磁铁矿等。矿石多呈自形—半自形粒状结构,矿石构造多数为稠密浸染状构造,次有块状、浸染状、稀疏浸染状及不规则的团块状构造等。围岩强烈钠化、角岩化等。

3. 区域磁异常特征

总体看本区磁异常场东正西负,正磁异常轴向近南北向,共南北 2 处异常,异常均为面状低缓异常,幅值 $200\sim250$nT。区内主要出露二叠系、下三叠统沉积岩地层,岩性为砂岩、泥岩、页岩等,均为微磁。其正磁异常是由其下伏结晶基底变质岩隆起引起。本区负磁异常形似向东凸出的马鞍状,其中心部位轴向东西,异常宽缓平静,幅值 -150nT,主要由奥陶系碳酸盐岩地层引起,也是变质结晶基底凹陷区。

区内正磁异常和负磁异常过渡区域为一向东弯曲的梯度带,这一梯度带恰是东侧基底隆起与西侧基底凹陷的过渡带,矽卡岩型硫铁矿主要位于这一过渡带上,并主要分布在梯度带的弯曲处。

4. 找矿标志

根据以上特征,总结本区硫铁矿找矿标志如下。

(1)地层标志:中奥陶统碳酸盐岩地层是形成矽卡岩型铁矿的围岩条件,其中以马家沟组地层对成矿最为有利,其次为磁县组和峰峰组地层。

(2)围岩蚀变:主要为钠长石化、角岩化和矽卡岩化。

(3)磁场标志:区域性正磁异常与负磁异常间的梯度带,其中梯度带的弯曲部位成矿最为有利。

第十五节 萤石矿区域磁异常特征及找矿标志

河北省萤石矿类型主要有热液型等,主要分布在尚义-赤城-平泉深断裂两侧的火山岩区,涉及的成矿带有Ⅲ-50、Ⅲ-57-1、Ⅲ-57-2、Ⅲ-57-3成矿区带上,有以下6个萤石矿集中区,分别是:①康保萤石矿集中区;②隆化-围场萤石矿集中区;③张北-赤城萤石矿集中区;④丰宁四岔口-万胜永萤石矿集中区;⑤兴隆-平泉萤石矿集中区;⑥抚宁萤石矿集中区。见图2-21。

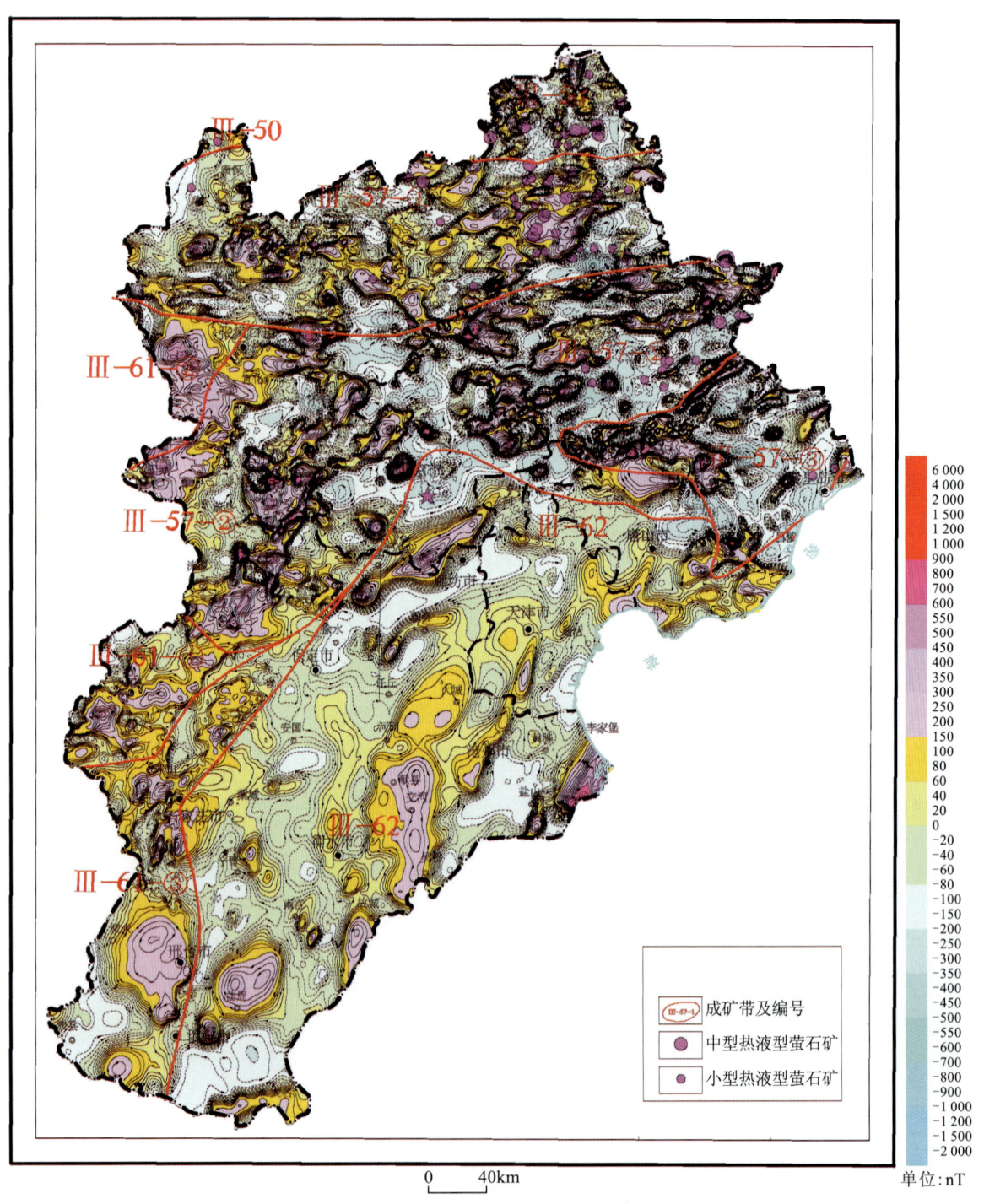

图2-21 河北省萤石矿航磁 ΔT 化极等值线图

一、Ⅲ-57-1及Ⅲ-50成矿带萤石矿区域磁异常特征及找矿标志

该两成矿带包括①康保萤石矿集中区、②隆化-围场萤石矿集中区、③张北-赤城萤石矿集中区、④丰宁四岔口-万胜永萤石矿集中区4个成矿集中区,其中康保萤石矿集中区和隆化-围场萤石矿集中区横跨Ⅲ-50、Ⅲ-57-1两个成矿带,隆化-围场萤石矿集中区南侧有一小部分又跨入了Ⅲ-57-2成矿带,张北-赤城萤石矿集中区和丰宁四岔口-万胜永萤石矿集中区均位于Ⅲ-57-1成矿带,Ⅲ-57-1成矿带是河北省最重要的萤石成矿带。

(一)康保萤石矿集中区

1. 概况

康保萤石矿集中区位于冀东张家口市康保县县一带,地理坐标为北纬41°40′—42°10′,东经114°15′—114°45′,面积约1 000km^2。该集中区矿床类型为热液型,典型矿床有康保县黄花洼普通萤石矿。

2. 地质矿产特征

区内变质岩有新太古代晚期红旗营子岩群东井子岩组,主要岩性为二长浅粒岩-变粒岩-大理岩建造。古元古代化德群变质岩建造包括戈家营组含透辉(透闪、方柱)大理岩-二云石英片岩建造;三夏天组石英岩-长石石英岩建造;朝阳河组石榴黑云石英片岩夹板岩、碳质绢云千枚岩建造。区内古元古代变质侵入岩包括变质辉长岩、变质闪长岩、变质二长花岗岩。本区自二叠纪—新近纪均有火山-沉积活动,包括早二叠世三面井组砂岩-粉砂岩建造、额里图组粗安质凝灰岩夹安山岩建造、侏罗纪下花园组陆相含煤碎屑岩建造、早白垩世张家口组陆相中酸性火山岩建造、新近纪—第四纪新近纪汉诺坝组玄武岩、安山玄武岩建造等。区内中元古代、晚古生代、侏罗纪侵入岩分布较广泛,表现为多期次岩浆活动的特点,岩性以花岗岩为主。其中中元古代及古生代侵入岩分布最广泛,呈近东西向带状,平行康保-围场断裂带展布。本区断层构造主要为东西向和北北西向,主要为康保-围场断裂带、兴隆村-阿布盖庙断裂带。

本区有热液型萤石矿2处,均为小型,晚古生代二叠纪花岗岩体是萤石矿脉围岩,又是成矿母岩。康保县黄花洼普通萤石矿产于炭头山-黄花洼海西期粗粒似斑状花岗岩体中,矿体形态为脉状。矿脉产状严格受断裂构造控制,分为3组,分布为走向N7°~38°E、近SN和N45°E。矿体规模不一,较大规模的矿脉有7条,长度从43~200m以上不等,矿脉厚度一般在0.5~1.5m之间,最大可达4m。矿石矿物有萤石、石英、黄铁矿、玉髓、蛋白石、铅锌矿。矿石结构为他形—半自形粒状结构。矿石构造为脉状、细脉状、块状、条带状及复杂条带状。蚀变特征:高岭土化、褐铁矿化、绿泥石化、硅化、绢云母化。

3. 区域磁异常特征

区内航磁异常南正北负,走向北北东,异常均较平缓,幅值为-150~80nT,负磁异常由华德群变质岩和中元古代斑状花岗岩引起,正磁异常由晚古生代正长花岗岩引起。本区萤石矿均分布在正或负磁异常的边部。

4. 找矿标志

根据以上特征,总结本区萤石矿找矿标志如下。
(1)岩浆岩标志:晚古生代二叠纪花岗岩体。
(2)区域磁场标志:本区萤石矿均分布在正或负磁异常的边部。

(二)隆化-围场萤石矿集中区

1. 概况

隆化-围场萤石矿集中区位于河北省承德市围场县、隆化县、承德县、丰宁县、滦平县及双滦区。地理

坐标为北纬41°10′—42°30′，东经116°40′—118°20′，面积约16 000km²。矿床类型为热液型。典型矿床有围场县广发永普通萤石矿。

2. 地质矿产特征

区内变质岩表壳岩有遵化岩群灰黑色斜长角闪岩-黑云变粒岩-磁铁石英岩建造；红旗营子岩群黑云斜长变粒岩夹斜长角闪岩-浅粒岩-磁铁石英岩建造。变质深成岩有英云闪长片麻岩、奥长花岗质片麻岩、辉长质片麻岩、花岗闪长质片麻岩、斜长花岗质片麻岩、二长花岗质片麻岩、正长花岗质片麻岩。变质侵入岩有古元古代变质石英闪长岩、变质石英二长闪长岩、变质斜长花岗岩、变质石英二长岩、变质斑状花岗闪长岩、变质花岗闪长岩、变质含石榴二长花岗岩、（韩家窝铺）变质斑状二长花岗岩、（牛圈子）变质二长花岗岩。本区火山-沉积岩石地层有中元古代长城群、晚古生代地层、中生代地层和新生代玄武岩及松散堆积物。包括中元古代沉积岩，晚古生代二叠纪火山-沉积岩，中生代火山-沉积岩建造，新生代地层。其中以早白垩世火山岩最发育，是萤石矿重要的目标层之一。

侵入岩分布极为广泛，形成时代可分为中元古代、晚古生代及中生代。中元古代岩性以中性岩为主，晚古生代及中生代岩性以中酸性岩浆岩为主。其中中生代早白垩世侵入岩与萤石矿关系密切。

区内断裂构造发育，主要有康保-围场-赤峰断裂带，尚义-丰宁-隆化断裂带，红石砬-大庙-娘娘庙断裂带，乌龙沟-上黄旗断裂带，黑山咀-张三营-银镇（区内）断裂带，伊逊河八十二号-棋盘山-小锥子山-碾盘沟断裂带。另外，本区侏罗纪至早白垩世火山构造也很发育。

区内共有萤石矿47处，其中中型10处、小型37处，本区萤石矿与侏罗纪、白垩纪火山岩及岩浆岩侵入体关系密切，矿床主要分布在上述火山岩或岩体中。围场县广发永普通萤石矿产于中生界侏罗系张家口组二段，与成矿有关岩体为燕山期粗粒似斑状花岗岩，矿体为脉状，走向北西345°，一般倾向北东东，局部倾向南西西，倾角80°。矿体长度700m，厚0.80～1.20m，平均厚度1.03m。矿石矿物有萤石、石英、方解石、绢云母。矿石结构为他形—半自形粒状结构、自形—半自形粒状结构、角砾状结构。矿石构造以块状构造为主，皮壳状构造、梳状构造少见。矿体围岩蚀变主要有绿泥石化、高岭土化、绢云母化、碳酸盐化、硅化和萤石矿化。

3. 区域磁异常特征

以康保-围场断裂为界，北部航磁异常以负磁异常为主，轴向北东和近南北向，异常梯度低缓，幅值-100～-200nT，多由侏罗系火山岩引起区内航磁异常。区内少量正磁异常由白垩系大北沟组安山岩及第三系汉诺坝组玄武岩引起，正磁异常呈近南北向展布，梯度自小到中等，幅值60～350nT。

康保-围场断裂南侧以正磁异常为主，轴向近东西和北东向，异常规模明显比北侧要大，异常梯度自中等到较高，幅值200～600nT，主要由各类中酸性变质深成岩及燕山期中酸性岩浆岩引起。区内负磁异常主要分布在区内北侧、南侧及东侧边缘，轴向有近东西向及北北东向，异常梯度自较小至中等，幅值-200～500nT。负磁异常主要由侏罗系、白垩系沉积-火山岩引起。

本区萤石多与张家口组火山岩关系密切，多位于负磁异常区。部分分布在正磁异常的边部磁场强度较低处。

4. 找矿标志

根据以上特征，总结本区萤石矿找矿标志如下。

(1)地层标志：萤石主要产于侏罗系火山岩尤其是张家口组火山岩地层中。

(2)岩浆岩标志：燕山期中酸性侵入岩。

(3)围岩蚀变标志：矿体围岩蚀变主要有绿泥石化、高岭土化、绢云母化、碳酸盐化、硅化和萤石矿化。

(4)区域磁场标志：萤石多与张家口组火山岩关系密切，多位于负磁异常区。部分分布在正磁异常的边部磁场强度较低处。

(三)张北-赤城萤石矿集中区

1. 概况

张北-赤城萤石矿集中区位于张家口市张北县、沽源县、赤城县一带,地理坐标为北纬40°50′—41°30′,东经115°00′—116°20′,面积约2 000km²。主要矿床类型为热液型。典型矿床有赤城县长沟门萤石矿。

2. 地质矿产特征

区内变质岩为红旗营子岩群太平庄岩组黑云变粒岩-斜长角闪岩-大理岩建造。火山沉积地层有侏罗纪南大龄组中基性火山岩夹少量页岩、砂岩及砾岩;下花园组含煤碎屑岩系;土城子组碎屑岩系。早白垩世地层有张家口组中酸性火山岩、火山碎屑岩;义县组中、基性火山熔岩、火山碎屑岩夹多层沉积岩。区内侵入岩有中元古代侵入岩、二叠纪侵入岩、中生代侵入岩,岩性为中酸性侵入岩。区内萤石矿化与中生代中性火山岩和侵入岩关系密切。区内主要断裂有尚义-赤城断裂带、上黄旗-乌龙沟断裂带。一般断裂受主要断裂控制,北东向、北西向、南北向断裂都有发育。

区内有热液型萤石矿4处,均为小型,产于侏罗系火山岩或太古代变质岩地层中。赤城县长沟门萤石矿产于太古宙红旗营子群黑云斜长变粒岩中,矿体呈脉状,大沟门干沟倾向东南矿体产状140°~155°∠72°~75°,小南沟产状345°∠76°。矿体规模:大沟门萤石矿体长度1 500m,矿体厚度2.50~3.23m,平均厚度2.83m;小南沟矿脉矿体长度265m,矿体厚度1.50~2.80m,平均厚度2.24m;干沟矿脉矿体长度390m,矿体厚度2.58~2.70m,平均厚度2.64m。矿石的矿物组成有萤石、长石、石英。矿石结构有他形—半自形粒状结构、嵌晶结构、充填交代结构。矿石构造有块状构造、条带状构造。围岩蚀变有轻微硅化、碳酸盐化、绿泥石化。

3. 区域磁异常特征

本区航磁异常轴向以近东西向为主,其次为北西向和近南北向。区内正磁异常分布较为广泛,主要由太古宙变质岩及燕山期中酸性岩浆岩体引起,正磁异常有带状、不规则状,规模几十平方千米至数百平方千米,梯度较缓至较陡,幅值200~900nT,一般250~300nT。区内负磁异常主要由侏罗系火山岩引起,轴向有北西向和近东西向,呈宽缓的面状,面积一般数百平方千米,梯度较低,幅值-200~-300nT。

本区萤石矿主要分布在正磁异常的边部或正负磁异常的交接部位,是火山盆地边缘的磁场特征。

4. 找矿标志

根据以上特征,总结本区萤石矿找矿标志如下。
(1)地层标志:侏罗系张家口组火山岩地层或太古宙红旗营子群黑云斜长变粒岩地层。
(2)构造标志:火山盆地边缘或基底隆起区。
(3)区域磁场标志:萤石矿主要分布在正磁异常的边部或正负磁异常的交接部位,是火山盆地边缘的磁场特征。

(四)丰宁四岔口-万胜永萤石矿集中区

1. 概况

丰宁四岔口-万胜永萤石矿集中区位于涞水县、涞源县、易县一带,地理坐标为北纬41°30′—42°00′,东经116°10′—116°30′,面积约1 000km²。主要矿床类型为热液型。典型矿床有丰宁县万胜永开源萤石矿。

2. 地质矿产特征

区内变质岩有新太古代晚期红旗营子岩群太平庄岩组黑云变粒岩-斜长角闪岩-大理岩建造;古元古

代变质侵入岩变质斑状二长花岗岩、变质二长花岗岩。中生代火山沉积岩有张家口组中酸性火山岩、火山碎屑岩；大北沟组为一套火山-沉积岩组合；义县组为一套中、基性火山熔岩、火山碎屑岩夹多层沉积岩。

区内二叠纪、侏罗纪和早白垩世侵入岩均有分布，岩性以中酸性侵入岩为主。其中元古宙及古生代侵入岩分布最广泛，呈近东西向带状，平行康保－围场与尚义－平泉断裂带展布。

本区主要断裂为上黄旗-乌龙沟断裂带，一般断裂受主要断裂控制，北东向、北西向、南北向断裂都有发育。北东向断裂多与上黄旗-乌龙沟断裂带平行产出，多为正断层，具有平移或斜落特征。沿断裂多有潜火山岩侵入或侵出，见硅化等蚀变，为燕山期产物。北西向断裂发育程度较北东向断裂弱，沿断裂多有潜火山岩侵入或侵出，见硅化等蚀变，为燕山期产物。

区内有热液型萤石矿4处，其中中型1处、小型3处，主要产于侏罗系张家口组火山岩中。丰宁县万胜永开源萤石矿产于侏罗系张家口组流纹质晶屑凝灰岩中，矿体为脉状。区内共5条矿脉，倾向一般160°~180°，部分40°~80°，倾角一般70°~80°。5条矿脉地面出露最短89m，最长170m。一般在130m左右；矿体厚度1~2m之间，一般在1.7m左右。矿石的矿物有萤石、石英、长石、燧石、方解石。矿石结构为他形—半自形粒状结构、嵌晶结构。矿石为块状构造。矿体围岩蚀变不强，主要有高岭土化、硅化、绿泥石化、碳酸盐化。

3. 区域磁异常特征

本区航磁异常西南侧为负磁异常，轴向北西，异常较低缓，幅值-150nT，由侏罗系及白垩系沉积-火山岩引起。区内东北侧为正磁异常，轴向近东西至北东，异常也较低缓，幅值200nT，由隐伏结晶基底变质岩及燕山期花岗岩引起。

本区萤石矿分布在负磁异常区或正负磁异常的交接部位。

4. 找矿标志

根据以上特征，总结本区萤石矿找矿标志如下。
(1) 地层标志：主要产于侏罗系张家口组火山岩中。
(2) 构造标志：侏罗系地层构成的火山盆地，以盆地边缘最为有利。
(3) 围岩蚀变标志：矿体围岩蚀变不强，主要有高岭土化、硅化、绿泥石化、碳酸盐化。
(4) 区域磁场标志：本区萤石矿分布在负磁异常区或正负磁异常的交接部位。

二、Ⅲ-57-2成矿带萤石矿区域磁异常特征及找矿标志

该两成矿带包括兴隆-平泉萤石矿集中区

兴隆-平泉萤石矿集中区

1. 概况

兴隆-平泉萤石矿集中区位于承德县、兴隆县、宽城县、平泉县一带，地理坐标为北纬40°30′—41°20′，东经117°30′—119°00′，面积约7 000km²。主要矿床类型为热液型。典型矿床有平泉县郝家楼普通萤石矿。

2. 地质矿产特征

区内变质岩零星分布，主要有新太古代遵化岩群包括马兰峪岩组和滦阳岩组。前者为斜长角闪岩夹角闪斜长变粒岩建造；后者为黑云（角闪）斜长变粒岩-斜长角闪岩建造和黑云斜长变粒岩-斜长角闪岩-磁铁石英岩建造。新太古代早期变质深成岩为辉长质片麻岩建造、角闪斜长片麻岩建造、二长花岗片麻岩建造，新太古代晚期红旗营子岩群太平庄岩组黑云变粒岩-斜长角闪岩-大理岩建造。区内沉积岩十分发育，中—新元古代、寒武纪、奥陶纪、石炭纪、二叠纪、三叠纪、侏罗纪、白垩纪及新生代地层均很发育，除第四纪松散堆积建造之外，沉积岩建造大致可分为5种类型。中—新元古代地层为主的镁质碳酸盐岩建造；海相

碎屑岩建造，如常州沟组砂砾岩-砂岩建造，大红峪组砂岩建造，洪水庄组、下马岭组砂岩-页岩建造，龙山组含海绿石砂岩建造等。含煤碎屑沉积岩建造：石炭纪—二叠纪和侏罗纪下花园组含煤地层的建造。陆相碎屑沉积岩建造：三叠纪刘家沟组、和尚沟组、二马营组的岩屑砂岩-泥岩建造和杏石口组砾岩建造，晚侏罗世土城子组复成分砾岩建造和砂砾岩建造。陆相火山岩建造：髫髻山组粗安岩及粗安质角砾岩建造，张家口组酸性火山碎屑岩，义县组中基性火山岩。本区属华北陆块区东部叠加构造区构造岩浆岩带，冀北-太行山叠加构造岩浆岩亚带，侵入岩较发育，中元古代、三叠纪和侏罗纪—白垩纪均有发育。中元古代以基性超基性为主，其他时代以中酸性、酸性岩为主。区内构造主要为断裂构造，主要区域性有大庙-娘娘庙断裂带，平坊-桑园大断裂带。一般断裂有北北东向断裂系、近南北向断裂系、北东向断裂系、北西向断裂系和北北西向断裂系。除此还有环状、放射状火山断裂系，为中生代火山活动产物。

区内有热液型萤石型16处，其中中型2处，小型14处，产于侏罗系及白垩系火山岩中。平泉县郝家楼普通萤石矿产于中生界白垩系西瓜园组、花吉营组安山质凝灰岩、凝灰角砾岩、砖红色安山岩中。矿体为脉状、透镜状，部分为板状。矿体走向同赋矿断层一致，倾向一般为东或东南向，倾角60°~75°之间，一般为65°左右。区内共有10条矿体，长度不等，最小100m，最大947m。矿体厚度一般为1~4m。部分可达15m。矿体平均品位一般为30%~50%。矿石矿物组成有萤石、石英、方解石、绢云母、长石、黑云母、角闪石、辉石。矿石结构为半自形—他形粒状镶嵌结构。矿石构造为角砾状构造、块状构造、皮壳状构造。矿体围岩蚀变主要有绿泥石化、高岭土化、绢云母化、碳酸盐化、硅化和萤石矿化。

3. 区域磁异常特征

本区兴隆、宽城、平泉一带主要为负磁异常，少量椭圆状、圆状正磁异常镶嵌其中，正磁异常主要由燕山期中酸性岩浆岩侵入体引起。区内负磁异常轴向主要为北东向，异常梯度较缓，幅值-250~350nT，主要由中新元古界、古生界沉积岩及中生界侏罗系和白垩系沉积-火山岩等引起。

本区平泉县城以北地区以正磁异常为主，轴向北西，异常梯度较高，幅值200~800nT，主要由白垩系义县组安山岩等引起。

区内热液型萤石矿主要参与负磁异常区，少量参与正磁异常的边部。

4. 找矿标志

根据以上特征，总结本区萤石矿找矿标志如下。
(1)地层标志：萤石矿产于侏罗系及白垩系火山岩中。
(2)构造标志：侏罗系及白垩系火山盆地。
(3)围岩蚀变标志：矿体围岩蚀变主要有绿泥石化、高岭土化、绢云母化、碳酸盐化、硅化和萤石矿化。
(4)区域磁场标志：区内热液型萤石矿主要参与负磁异常区，少量参与正磁异常的边部。

三、Ⅲ-57-3成矿带萤石矿区域磁异常特征及找矿标志

该两成矿带包括抚宁萤石矿集中区。

抚宁萤石矿集中区

1. 概况

抚宁萤石矿集中区位于秦皇岛市抚宁县一带，地理坐标为北纬40°00′—40°10′，东经119°20′—119°45′，面积约500km²。主要矿床类型为为热液型。典型矿床有抚宁县木柞峪普通萤石矿。

2. 地质矿产特征

区内变质岩有迁西岩群二辉麻粒岩-磁铁石英岩建造，新太古代滦县岩群黑云变粒岩夹斜长角山岩-磁铁石英岩建造，新太古代朱杖子岩群黑云变粒岩夹浅粒岩、斜长角闪岩建造，新太古代早期奥长花岗质

片麻岩、闪长花岗质片麻岩、二长花岗质片麻岩等变质深成岩,新太古代晚期变质花岗岩、变质花岗闪长岩、变质奥长花岗岩、变质石英闪长岩、变质碱性花岗岩等变质侵入岩。区内沉积岩十分发育,中新元古代、寒武纪、奥陶纪、石炭纪、二叠纪、三叠纪、侏罗纪、白垩纪及新生代地层均很发育,除第四纪松散堆积建造之外,沉积岩建造大致可分为5种类型:寒武纪—奥陶纪地层的钙质碳酸盐岩建造,下马岭组砂岩-页岩建造,石炭纪—二叠纪和侏罗纪下花园组含煤地层的建造,三叠纪刘家沟组、和尚沟组、二马营组的岩屑砂岩-泥岩建造和杏石口组砾岩建造,晚侏罗世土城子组复成分砾岩-砂砾岩建造。区内中生代火山活动较为频繁,髫髻山组总体为一套粗安质火山岩系,张家口组火山岩火山活动强烈,喷发物堆积厚度大,岩性主体为流纹质和石英粗面质熔结凝灰岩、角砾凝灰岩、凝灰岩和粗面岩、流纹岩及流纹质玻璃岩。本区属华北陆块区东部叠加构造区构造岩浆岩带,主要为中生代侵入岩,少量中元古代和晚古生代侵入体。侏罗纪侵入岩岩性组合为花岗闪长斑岩、闪长玢岩。早白垩世侵入岩主要为中—浅成侵入体,以中酸性岩为主。受昌黎—滦县断裂影响,本区断层构造以北东向为主。

区内有热液型萤石型2处,均为小型,产于太古宙滦县群变质岩或变质花岗岩中。区内木柞峪普通萤石矿产于新太古代片麻状花岗岩体中,矿体为脉状,走向北西20°～45°,一般倾向北或北东,倾角60°～70°。矿体总长约330m,厚度一般为1～1.5m,最大3m。矿石矿物组成有萤石、石英、方解石、绢云母、重晶石。矿石结构有他形—半自形粒状结构、自形—半自形粒状结构。矿石构造以块状构造为主,皮壳状构造、梳状构造少见。矿体围岩蚀变主要有硅化、绢云母化和重晶石化。

3. 区域磁异常特征

本区西侧为负磁异常,东侧为正磁异常,轴向均为南北向。西侧负磁异常较宽缓,幅值−250nT,由滦县群变质岩及变质花岗岩引起。东侧正磁异常梯度中等,幅值250nT,由燕山期碱性花岗岩引起。

区内热液型萤石矿位于负磁异常区或正负磁异常的交接部位。

4. 找矿标志

根据以上特征,总结本区萤石矿找矿标志如下。
(1)地层标志:区内萤石矿产于太古宙滦县群变质岩或变质花岗岩中。
(2)围岩蚀变标志:矿体围岩蚀变主要有硅化、绢云母化和重晶石化。
(3)区域磁场标志:区内热液型萤石矿位于负磁异常区或正负磁异常的交接部位。

第十六节 菱镁矿区域磁异常特征及找矿标志

河北省菱镁矿类型为沉积变质型,Ⅲ-60-1成矿区带上,共圈出1个集中区即邢台菱镁矿集中区。见图2-22。

Ⅲ-60-1成矿带菱镁矿区域磁异常特征及找矿标志

该两成矿带包括邢台菱镁矿集中区。

邢台菱镁矿集中区

1. 概况

邢台菱镁矿集中区位于邢台县一带,地理坐标为北纬37°00′—37°20′,东经114°00′—114°15′,面积约800km²。矿床类型为沉积变质型,区内仅有邢台大河菱镁矿1处矿床。

2. 地质矿产特征

区内变质表壳岩有新太古代赞皇岩群、古元古代官都岩群,变质深成岩为新太古代变质深成岩。赞皇

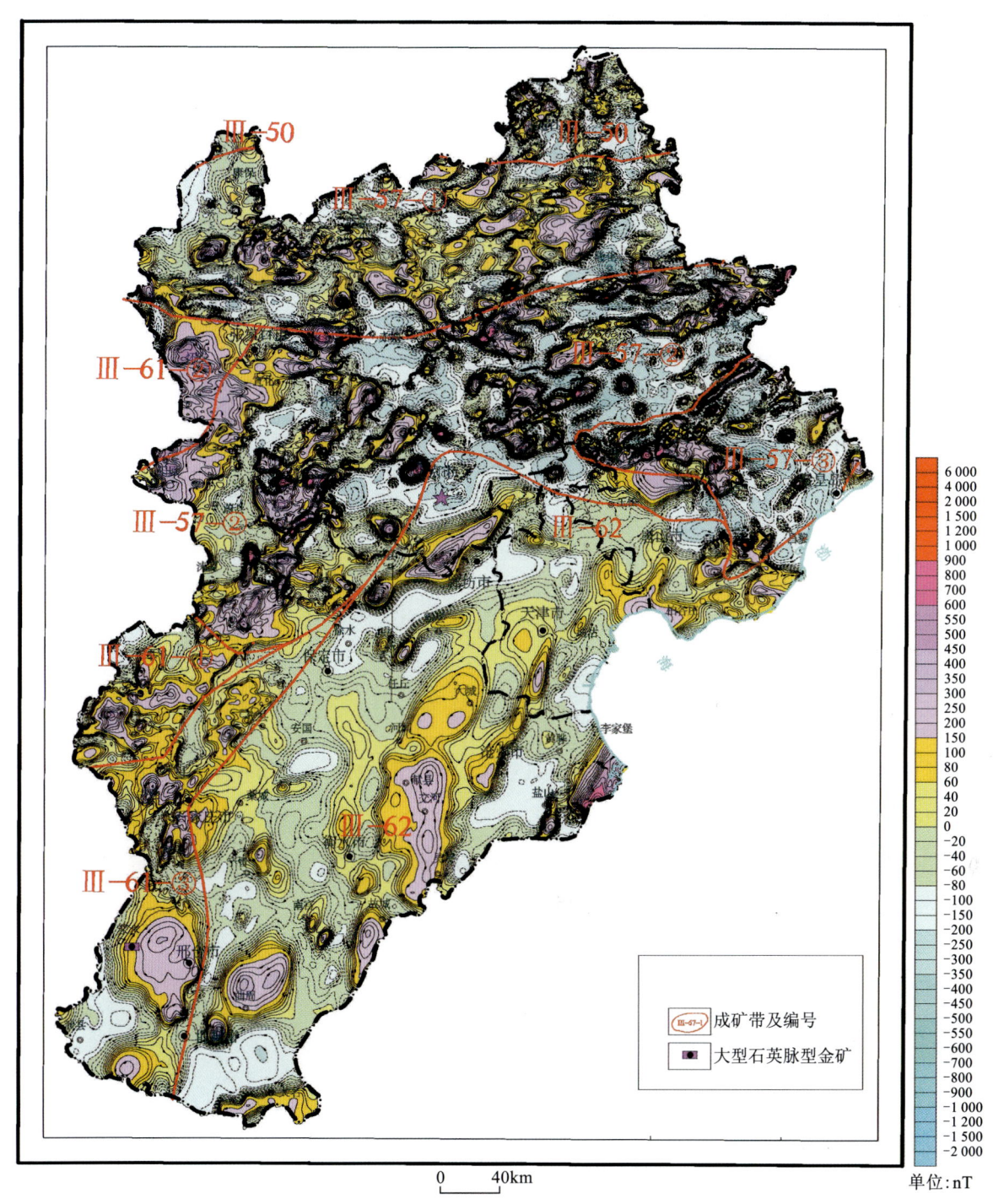

图 2-22 河北省菱镁矿航磁 ΔT 化极等值线图

岩群有黑云变粒岩-斜长角闪岩-磁铁石英岩建造、黑云变粒岩-钾长浅粒岩-大理岩建造、黑云斜长变粒岩-斜长角闪岩建造。官都岩群为变质砂砾岩-片岩-大理岩建造。变质深成岩有潘片麻岩（变质辉长岩类）、王家崇片麻岩（变质英云闪长岩类）、丰来峪片麻岩（变质花岗闪长岩类），原岩为基性-中性-酸性侵入岩类。区内沉积岩建造分别是：常州沟组为含砾石英砂岩建造，串岭沟组为页岩建造，馒头组为页岩-泥质灰岩建造，张夏组、炒米店组为钙质碳酸盐岩建造，崮山组为页岩-碎屑岩建造。本区古生代以后岩浆活动微弱，仅见古元古代浅变质的许亭变质斑状花岗岩、楼底变质辉绿岩（墙），新太古代变质花岗岩、变质斑状花岗岩。本区基底构造以发育多期背向形（斜）构造和韧性剪切带为特征。表部构造以北东向、北西向断裂最发育，规模较大，其次为近南北向断裂。

区内有沉积变质型菱镁矿 1 处,为小型,本区菱镁矿主要与赞皇岩群中的黑云变粒岩-钾长浅粒岩-大理岩建造有关。邢台大河菱镁矿成矿地层为赞皇岩群红鹤组下段白云岩,矿体形态为似层状、透镜状,局部呈不规则团块状。矿体产状与围岩基本一致,受弧形转折构造控制,前补透矿区矿体产状倾向 335°左右,倾角 15°左右;大河矿区矿体产状倾向北,倾角 8°～22°。区内有 2 个矿层,第一层为主要矿层,大河矿段矿层长约 1 000m 左右,最大沿深 900m,厚 2.83～38.37m;第二层为前补透矿段矿层,长 1 000m,延深 550～900m,厚 3.62～17.6m,平均 7.68m。矿石矿物成分以菱镁矿为主,脉石主要为白云石,少量石英、长石,偶见黄铜矿、黄铁矿、赤铁矿、孔雀石等矿物。矿石结构有叶片状或粒状镶嵌结构、他形粒状结构。矿石构造为块状构造。

3. 区域磁异常特征

本区航磁异常为一正磁异常,走向南北,异常较为宽缓,椭圆状,面积约 2 500km^2,由区内各类太古宙变质岩引起。

菱镁矿位于正磁异常边部近南北向的梯度带上。

4. 找矿标志

根据以上特征,总结本区菱镁矿找矿标志如下。
(1)地层标志:成矿地层为赞皇岩群红鹤组下段白云岩。
(2)区域磁场标志:菱镁矿位于正磁异常边部近南北向的梯度带上。

第十七节 重晶石矿区域磁异常特征及找矿标志

河北省重晶石矿类型为低温热液型,分布在Ⅲ-57-3及Ⅲ-61-3成矿区带上,共圈出 2 个集中区,即邢台重晶石矿集中区、抚宁重晶石矿集中区(图 2-23)。

一、Ⅲ-57-3 成矿带重晶石矿区域磁异常特征及找矿标志

该成矿带仅包括抚宁重晶石矿集中区。

抚宁重晶石矿集中区

1. 概况

抚宁重晶石矿集中区位于抚宁一带,地理坐标为北纬 39°50′—40°00′,东经 119°00′—119°30′,面积约 800km^2。矿床类型为低温热液型。仅有 1 处矿床为抚宁县河潮营重晶石矿。

2. 地质矿产特征

区内变质岩有迁西岩群、滦县岩群、安子岭片麻岩套、秦皇岛变质花岗岩系列。迁西岩群为紫苏黑云斜长变粒岩夹二辉麻粒岩、次透辉石岩建造和紫苏黑云变粒岩-二辉麻粒岩-磁铁石英岩建造;滦县岩群为黑云斜长变粒岩夹角闪斜长变粒岩-磁铁石英岩建造和黑云变粒岩夹斜长角闪岩建造和斜长角闪岩-黑云变粒岩-片岩建造。安子岭片麻岩套包括柏和松片麻岩(花岗闪长片麻岩)为黑云角闪斜长片麻岩建造,牛心山片麻岩(奥长花岗片麻岩)为黑云斜长片麻岩建造。秦皇岛变质花岗岩系列主要为山海关变质花岗岩。区内沉积岩主要以中新元古代地层为主,少量寒武纪和奥陶纪地层,大多被第四纪覆盖。沉积建造大致可分为两种类型:镁质碳酸盐岩型、钙质碳酸盐岩建造。区内火山岩主要为白垩纪火山岩,早白垩世以中酸性火山喷发为主,晚期以酸性火山碎屑岩为主,厚度大而稳定,在区内分布面积较大。

本区属燕辽-太行叠加岩浆岩带,侵入岩分布于测区西北部昌黎、芦峰口等地。主要为斑状二长花岗岩,其次为偏碱性的花岗岩、正长花岗岩组成。

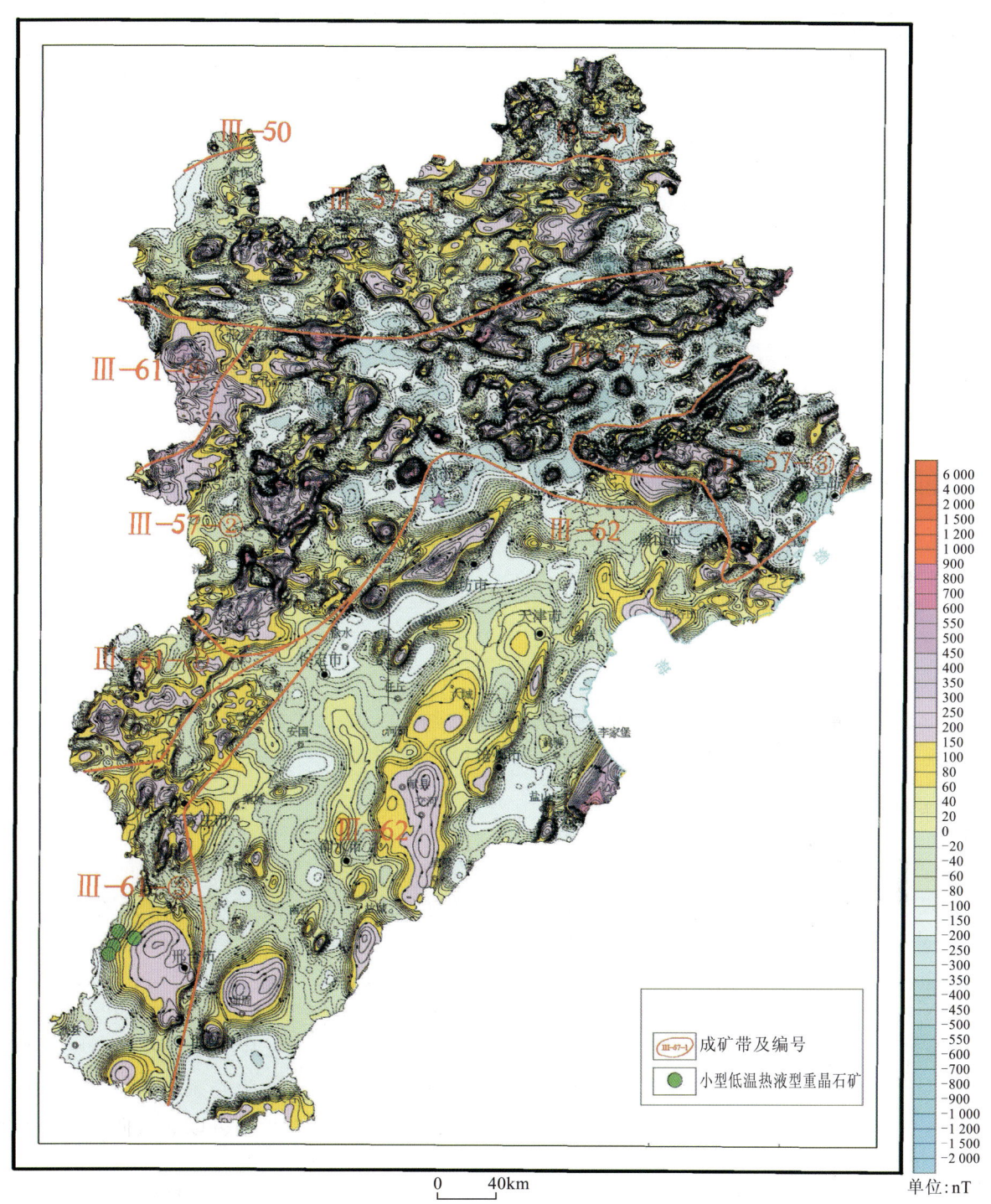

图 2-23 河北省重晶石矿航磁 ΔT 化极等值线图

受青龙-滦县大断裂影响,本区断层构造主要为北东向,多分布在工作区中部,并被中酸性岩脉充填。

区内仅有低温热液型抚宁县河潮营小型重晶石矿 1 处,赋矿地层为太古宙花岗片麻岩。与成矿有关岩体为燕山期中酸性岩体。该矿矿体形态为似脉状。产状与破碎带一致,呈 NE10°或近南北向,倾向 SE、倾角 80°左右。头道岭矿体长 397m,平均厚度 1.69m;石头岭矿体长 226m,平均厚度 1.06m;二道岭矿体长 125m,平均厚度 0.77m,平均品位 55.37%。矿石主要矿物为重晶石,含微量闪锌矿、方铅矿、黄铜矿、孔雀石;脉石矿物为石英、萤石、高岭土、绿泥石等。矿石结构为粒状、板状、多孔状。矿石构造为致密块状、星点状。

3. 区域磁异常特征

本区航磁异常轴向为北东向，矿床西侧为正磁异常，带状，长 25km，宽 5km，异常梯度中等，幅值 150～250nT，由变质石英闪长岩及燕山期中酸性岩浆岩引起。矿床东侧为负磁异常，不规则带状，异常宽缓，幅值－350nT，由滦县群变质岩引起。

区内重晶石矿床产于正负磁异常交接部位的负磁异常一侧。

4. 找矿标志

根据以上特征，总结本区重晶石矿找矿标志如下。
(1) 地层标志：赋矿地层为太古宙花岗片麻岩。
(2) 岩浆岩标志：燕山期酸性中酸性岩体。
(3) 区域磁场标志：区内重晶石矿床产于正负磁异常交接部位的负磁异常一侧。

二、Ⅲ-61-3 成矿带重晶石矿区域磁异常特征及找矿标志

该成矿带仅包括邢台重晶石矿集中区。

邢台重晶石矿集中区

1. 概况

邢台重晶石矿集中区位于邢台县一带，地理坐标为北纬 37°00′—37°20′，东经 113°45′—114°15′，面积约 1 200km²。矿床类型为低温热液型，典型矿床为邢台县李家庄重晶石矿。

2. 地质矿产特征

区内变质表壳岩有新太古代赞皇岩群、古元古代官都岩群，变质深成岩为新太古代变质深成岩。赞皇岩群有黑云变粒岩-斜长角闪岩-磁铁石英岩建造、黑云变粒岩-钾长浅粒岩-大理岩建造、黑云斜长变粒岩-斜长角闪岩建造。官都岩群为变质砂砾岩-片岩-大理岩建造。变质深成岩有潘片麻岩（变质辉长岩类）、王家崇片麻岩（变质英云闪长岩类）、丰来峪片麻岩（变质花岗闪长岩类），原岩为基性—中性—酸性侵入岩类。区内沉积岩分别是常州沟组为含砾石英砂岩建造，串岭沟组为页岩建造；馒头组为页岩-泥质灰岩建造，张夏组、炒米店组为钙质碳酸盐岩建造，崮山组为页岩-碎屑岩建造。本区古生代以后岩浆活动微弱，仅见古元古代浅变质的许亭变质斑状花岗岩、楼底变质辉绿岩（墙），新太古代变质花岗岩、变质斑状花岗岩。本区基底构造以发育多期背向形（斜）构造和韧性剪切带为特征。表部构造以北东向、北西向断裂最发育，规模较大，其次为近南北向断裂。

区内有低温热液型重晶石矿 4 处，均为矿点，产于五台群石家栏组变质岩系。邢台县李家庄重晶石矿产于五台群石家栏组，岩性为黑云角闪斜长片麻岩、黑云斜长片麻岩、花岗片麻岩、斜长角闪片麻岩，其次尚有黑云角闪片麻岩、黑云角闪片岩、云母片岩等，与成矿有关岩体为燕山期中酸性岩体。矿体为脉状、不规则脉状、透镜状。矿脉总体走向 NNW，倾向 SE，倾角 60°～80°。主矿脉（东侧矿脉）连续延长约 1 200m，局部因矿化不均或蚀变，有所间断，矿体最大厚度为 1.80m，最小厚度为 0.70m。支脉位于主矿脉西侧，呈不连续出现，含矿带断续延长 1 000 余米，矿脉厚度均小于可采厚度。矿石主要矿物成分为重晶石，其次有石英、褐铁矿和少量的黄铁矿、黄铜矿颗粒及云母等。矿石结构为粗粒状或板状结晶。矿石构造为块状构造。

3. 区域磁异常特征

本区航磁异常为一正磁异常，走向南北，异常较为宽缓，椭圆状，面积约 2 500km²，由区内各类太古宙变质岩引起。

区内重晶石矿床位于正磁异常西侧边部北北东向的梯度带上。

4. 找矿标志

根据以上特征,总结本区重晶石矿找矿标志如下。

(1)地层标志:矿床产于五台群石家栏组变质岩系。

(2)岩浆岩标志:燕山期酸性中酸性岩体。

(3)区域磁场标志:区内重晶石矿床位于正磁异常西侧边部北北东向的梯度带上。

第三章 磁性铁矿矿产资源潜力

按照第一章给出的方法,对全省所有由磁性铁矿引起的磁异常进行了资源量估算,估算结果已应用于本项目资源量预测组,这里不再列举。本章主要根据各个磁异常单元的估算结果对河北省磁性铁矿资源潜力进行分析。河北省磁性铁矿类型主要有岩浆岩型、沉积变质型和矽卡岩型,资源潜力分析着重按省级、成矿带及预测工作区3个尺度进行,同时也对500m以浅、1 000m以浅和2 000m以浅资源潜力的分布情况进行了分析,结果表明河北省磁性铁矿资源潜力巨大,主要为沉积变质型,多分布在500m以浅。

第一节 省级磁性铁矿资源潜力

一、省级资源潜力估算结果

我们对全省铁矿预测区进行了以磁异常剖面正反演拟合计算为主、类比估算为辅的铁矿资源量估算,其中:航磁甲类异常正反演拟合计算177处、类比计算43处;航磁乙类异常正反演拟合计算123处、类比计算60处;地磁40处异常均采用正反演拟合计算。估算结果进行了资源量可靠性分级。

河北省三大磁性铁矿物探估算总的资源量约为 $2\,700\,000 \times 10^4$ t,其中,已累计探明的资源储量约为 $800\,000 \times 10^4$ t,预测有潜力的总资源量约为 $1\,900\,000 \times 10^4$ t。

(一)按方法统计

我们将典型矿床、其他已知矿床深部及外围的预测资源量和推断为磁性铁矿的预测资源量,按预测方法类别,以全省为单位进行资源量统计,其结果见表3-1。

表3-1 河北省预测资源量方法统计表

省编号	省名称	预测资源量($\times 10^4$ t)			矿产预测类型
		磁法体积法	定量类比法	合计	
13	河北省	187 735.1	22 284.5	210 019.6	岩浆岩型
		1 166 341.1	218 118.9	1 384 460	沉积变质型
		259 874.0	12 130.4	272 004.4	矽卡岩型
	合计	1 613 950.2	252 533.8	1 866 484.0	

(二)按精度统计

我们将典型矿床、其他已知矿床深部及外围的预测资源量和推断为磁性铁矿的预测资源量,按预测精度,以全省为单位进行资源量统计,其结果见表3-2。

(三)按延深统计

我们将预测资源量,以全省为单位,按照500m以浅、1 000m以浅和2 000m以浅进行资源量统计,其结果见表3-3。

第三章 磁性铁矿矿产资源潜力

表 3-2 河北省预测资源量精度统计表

省编号	省名称	预测资源量（×10⁴t）				矿床预测类型
		334-1	334-2	334-3	合计	
13	河北省	15 433.1	8 234.8	186 351.7	210 019.6	岩浆岩型
		275 381.7	542 385.1	566 693.2	1 384 460	沉积变质型
		116 678.2	5 483.1	149 843.1	272 004.4	矽卡岩型
合计		407 493.0	556 103.0	902 888.0	1 866 484.0	

表 3-3 河北省预测资源量深度统计表

省编号	省名称	500m以浅（×10⁴t）			1 000m以浅（×10⁴t）			矿床预测类型
		334-1	334-2	334-3	334-1	334-2	334-3	
13	河北省	15 433.2	8 234.8	186 351.7	15 433.2	8 234.8	186 351.7	岩浆岩型
		95 667.9	163 376	520 477.6	147 896.4	389 489.8	566 693.1	沉积变质型
		49 479.8	1 466.8	146 527.7	116 678.2	5 483.1	149 843.1	矽卡岩型
合计		160 580.9	173 077.6	853 357	280 007.8	403 207.7	902 887.9	

省编号	省名称	2 000m以浅（×10⁴t）			矿床预测类型
		334-1	334-2	334-3	
13	河北省	15 433.2	8 234.8	186 351.7	岩浆岩型
		275 381.7	542 385.1	566 693.1	沉积变质型
		116 678.2	5 483.1	149 843.1	矽卡岩型
合计		407 493.1	556 103	902 887.9	

（四）按矿产预测类型统计

我们将典型矿床、其他已知矿床深部及外围的预测资源量和推断为磁性铁矿的预测资源量，按矿产预测类型，以全省为单位，并按照500m以浅、1 000m以浅和2 000m以浅进行资源量统计，其结果见表3-4。

表 3-4 河北省预测资源量矿产类型统计表（×10⁴t）

省编号	省名称	沉积变质型			岩浆型			矽卡岩型		
		500m以浅	1 000m以浅	2 000m以浅	500m以浅	1 000m以浅	2 000m以浅	500m以浅	1 000m以浅	2 000m以浅
13	河北省	1 122 203.3	1 589 666.1	2 054 095.5	259 502.8	277 849.7	281 994	290 433.7	376 416.1	376 443.1

二、省级磁性铁矿资源潜力

（一）资源潜力总量分析

河北省估算资源量为 2 700 000×10⁴t，其中已查明的资源量为 800 000×10⁴t，所以本次预测资源潜力总量为：估算资源量－已查明的资源量＝2 700 000×10⁴t－800 000×10⁴t＝1 900 000×10⁴t。

资源潜力占资源总量的百分比＝资源潜力/估算资源量×100%＝1 900 000×10⁴t/2 700 000×10⁴t×100%＝70.3%。可见河北省虽然进行了大量的铁矿勘查工作，今后尚待查明的资源量仍然较大，70.3%的潜在资源量需要进一步的工作，任重道远。

（二）资源潜力的矿床类型分析

河北省3种主要磁性铁矿预测资源量情况见表3-5，资源潜力以沉积变质型为最大，其次为矽卡岩型和岩浆岩型。因此今后河北省应把主要勘查工作布置到沉积变质型铁矿勘查中，该类型铁矿预测资源量为1 384 460×10⁴t，资源潜力巨大，适合开展整装勘查工作，由面至点，逐步展开。矽卡岩型和岩浆岩型资源潜力也有数十亿吨，也要给与足够的重视，宜采取整装勘查和点上勘查相结合的方式进行工作。

表3-5　河北省各成因类型磁性铁矿床预测资源量统计表

磁性铁矿床成因类型	预测资源量（×10⁴t）	占比（%）
岩浆岩型	210 019.6	11.3
沉积变质型	1 384 460	74.2
矽卡岩型	272 004.4	14.5
合计	1 866 484.0	100.0

注：占比（%）＝预测资源量（×10⁴t）/合计×100%。

由表3-6，各成因类型的勘查工作程度值可大致用查明资源量（×10⁴t）/资源总量（×10⁴t）×100%表示，河北省总体勘查工作程度值为29.5%，其中以沉积变质型为最高，但也仅为32.6%，说明河北省铁矿勘查工作程度不高。

表3-6　河北省各成因类型磁性铁矿床工作程度统计表

磁性铁矿床成因类型	资源总量（×10⁴t）	查明资源量（×10⁴t）	占比（%）
岩浆岩型	281 994	50 000	17.7
沉积变质型	2 054 095.5	650 000	31.6
矽卡岩型	376 443.1	100 000	26.5
合计	2 712 532.6	800 000	29.5

注：占比（%）＝查明资源量（×10⁴t）/资源总量（×10⁴t）×100%。

（三）资源潜力的勘查深度分析

由表3-7可见河北省63.6%的铁矿资源潜力位于500m以浅，500～1 000m占21.4%，1 000～2 000m占15.0%。可见目前仍以500m以浅找矿为主，并重视深部找矿工作。

表3-7　河北省资源总量深度统计表

深度	500m以浅	500～1 000m	1 000～2 000m	合计
资源总量（×10⁴t）	1 187 015.5	399 087.9	280 380.6	1 866 484
占比（%）	63.6	21.4	15.0	100

第二节 成矿带的磁性铁矿资源潜力

河北省磁性铁矿主要集中在Ⅲ-57-2、Ⅲ-57-3、Ⅲ-61-1及Ⅲ-61-3成矿区带上,分述如下。

一、Ⅲ-57-2成矿带磁性铁矿资源潜力

Ⅲ-57-2成矿带主要潜力情况见表3-8。

该成矿带共有磁性铁矿94处,其中沉积变质型铁矿32处、岩浆岩型铁矿26处、矽卡岩型铁矿36处,预测资源潜力总量为439 739.3×10^{4}t,占河北省资源潜力总量的23.6%。按潜在资源量规模分大型($\geqslant 1\times 10^8$t)9处、中型($0.1\sim 1\times 10^8$t)71处、小型($<0.1\times 10^8$t)14处。

从不同类型的资源潜力看,2 000m以浅沉积变质型为151 159.7×10^{4}t,占34.4%;岩浆岩型铁矿为166 706×10^{4}t,占37.9%;矽卡岩型铁矿121 873.6×10^{4}t,占27.7%。可见本区以岩浆岩型和沉积变质型磁性铁矿为主。

表3-8 Ⅲ-57-2成矿带资源潜力统计表

磁性铁矿床成因类型	500m以浅(×10^{4}t)	1 000m以浅(×10^{4}t)	2 000m以浅(×10^{4}t)	500~1 000m(×10^{4}t)	1 000~2 000m(×10^{4}t)	磁性矿床数(个)
沉积变质型	130 989.6	151 159.7	151 159.7	20 170.1	0	32
岩浆岩型	166 706	166 706	166 706	0	0	26
矽卡岩型	118 835	121 873.6	121 873.6	3 038.6	0	36
合计	416 530.6	439 739.3	439 739.3	23 208.7	0	94

从赋存深度看,本区磁性铁矿主要分布在500m以浅,为416 530.6×10^{4}t,占94.7%;其次为500~1 000m,为23 208.7×10^{4}t,占5.3%;1 000~2 000m尚无磁性铁矿资源潜力。

该成矿带铁有3个集中区,分别是张宣铁矿集中区、涞源铁矿集中区和大庙铁矿集中区。沉积变质型磁性铁矿主要分布在大庙铁矿集中区的变质岩区,涞源铁矿集中区的变质岩区也有少量分布。岩浆岩型磁性铁矿均分布在该成矿带的东北部,其中以大庙铁矿集中区为主。矽卡岩型磁性铁矿主要分布在西南部的涞源铁矿集中区,在大庙铁矿集中区也有少量分布。总之该成矿带磁性铁矿主要分布在大庙铁矿集中区和涞源铁矿集中区,资源潜力较大。

二、Ⅲ-57-3成矿带磁性铁矿资源潜力

Ⅲ-57-3成矿带主要潜力情况见表3-9。

该成矿带共有磁性铁矿143处,其中沉积变质型铁矿134处、岩浆岩型铁矿7处、矽卡岩型铁矿2处,

表3-9 Ⅲ-57-3成矿带资源潜力统计表

磁性铁矿床成因类型	500m以浅(×10^{4}t)	1 000m以浅(×10^{4}t)	2 000m以浅(×10^{4}t)	500~1 000m(×10^{4}t)	1 000~2 000m(×10^{4}t)	磁性矿床数(个)
沉积变质型	571 522.4	857 755.8	1 138 136	286 233.4	280 380.6	134
岩浆岩型	40 341.7	40 341.7	40 341.7	0	0	7
矽卡岩型	12 272.2	12 272.2	12 272.2	0	0	2
合计	624 136.3	910 369.7	119 0750	286 233.4	280 380.6	143

预测资源潜力总量为 1 190 750×10⁴t,占河北省资源潜力总量的 63.8%,Ⅲ-57-3 成矿带是河北省最重要的铁矿成矿带。按潜在资源量规模分大型(≥1×10⁸t)16 处、中型(0.1~1×10⁸t)103 处、小型(<0.1×10⁸t)24 处。

从不同类型的资源潜力看,2 000m 以浅沉积变质型为 1 138 136×10⁴t,占 95.6%;岩浆岩型铁矿为 40 341.7×10⁴t,占 3.4%;矽卡岩型铁矿 12 272.2×10⁴t,占 1.0%。可见本区以沉积变质型磁性铁矿为主。

从赋存深度看,本区磁性铁矿主要分布在 500m 以浅,为 624 136.3×10⁴t,占 52.4%;其次为 500~1 000m,为 286 233.4×10⁴t,占 24.0%;1 000~2 000m 为 280 380.6×10⁴t,占 23.5%。资源潜力主要集中在 500m 以浅。

该成矿带仅有冀东沉积型变质型铁矿集中区,铁矿主要与太古代迁西群、滦县群及朱杖子群有关,大体可分为 3 个矿带:北部滦阳-板城北东向铁矿带、中部兴隆-青龙东西向铁矿带、南部迁安-滦南北西向铁矿带。其中以迁安-滦南矿带铁矿分布最为密集,铁矿规模也较大,其次为兴隆-青龙矿带。本区潜在资源量也主要集中在迁安-滦南矿带。

三、Ⅲ-61-1 成矿带磁性铁矿资源潜力

Ⅲ-61-1 成矿带主要潜力情况见表 3-10。

表 3-10 Ⅲ-61-1 成矿带资源潜力统计表

磁性铁矿床 成因类型	500m 以浅 (×10⁴t)	1 000m 以浅 (×10⁴t)	2 000m 以浅 (×10⁴t)	500~1 000m (×10⁴t)	1 000~2 000m (×10⁴t)	磁性矿床数 (个)
沉积变质型	49 439.9	62 311.7	62 311.7	12 871.8	0	12
岩浆岩型	0	0	0	0	0	0
矽卡岩型	0	0	0	0	0	0
合计	49 439.9	62 311.7	62 311.7	12 871.8	0	12

该成矿带共有磁性铁矿 12 处,均为沉积变质型铁矿,预测资源潜力总量为 62 311.7×10⁴t,占河北省资源潜力总量的 3.3%。按潜在资源量规模分大型(≥1×10⁸t)2 处、中型(0.1~1×10⁸t)8 处、小型(<0.1×10⁸t)2 处。

从赋存深度看,本区磁性铁矿在 500m 以浅为 49 439.9×10⁴t,占 79.3%;500~1 000m 为 12 871.8×10⁴t,占 20.7%。资源潜力主要集中在 500m 以浅。

该成矿带仅有阜平铁矿集中区,铁矿分布在阜平岩群、陈庄岩群、五台岩群等变质岩地层中。预测铁矿类型为沉积变质型,有较好的找矿前景。

四、Ⅲ-61-3 成矿带磁性铁矿资源潜力

Ⅲ-61-3 成矿带主要潜力情况见表 3-11。

表 3-11 Ⅲ-61-4 成矿带资源潜力统计表

磁性铁矿床 成因类型	500m 以浅 (×10⁴t)	1 000m 以浅 (×10⁴t)	2 000m 以浅 (×10⁴t)	500~1 000m (×10⁴t)	1 000~2 000m (×10⁴t)	磁性矿床数 (个)
沉积变质型	15 034.2	16 661.7	16 661.7	1 627.5	0	11
岩浆岩型	0	0	0	0	0	0
矽卡岩型	71 720.2	137 858.6	137 858.6	66 138.4	0	53
合计	86 754.4	154 520.3	154 520.3	67 765.9	0	64

该成矿带共有磁性铁矿 64 处,其中沉积变质型铁矿 11 处、矽卡岩型铁矿 53 处,预测资源潜力总量为 154 520.3×10⁴t,占河北省资源潜力总量的 8.3%。按潜在资源量规模分大型(≥1×10⁸t)2 处、中型(0.1~1×10⁸t)37 处、小型(<0.1×10⁸t)25 处。

从不同类型的资源潜力看,2 000m 以浅沉积变质型为 16 661.7×10⁴t,占 10.8%;矽卡岩型铁矿为 137 858.6×10⁴t,占 89.2%。可见本区以矽卡岩型磁性铁矿为主。

从赋存深度看,本区磁性铁矿主要分布在 500m 以浅,为 86 754.4×10⁴t,占 56.1%;其次为 500~1 000m,为 67 765.9×10⁴t,占 43.8%;1 000~2 000m 尚无磁性铁矿资源潜力。可见铁矿资源潜力分布在 1 000m 以浅部位。

该成矿带沉积变质型磁性铁矿主要集中在赞皇一带的变质岩分布区,矽卡岩型磁性铁矿集中在南部邯郸邢台地区闪长岩类与奥陶统碳酸盐岩分布区。资源潜力主要分布在矽卡岩型磁性铁矿分布区。

第三节 铁矿预测工作区的磁性铁矿资源潜力

一、冀东预测工作区磁性铁矿资源潜力

冀东预测工作区主要潜力情况见表 3-12。

表 3-12 冀东预测工作区资源潜力统计表

磁性铁矿床成因类型	500m 以浅(×10⁴t)	1 000m 以浅(×10⁴t)	2 000m 以浅(×10⁴t)	500~1 000m(×10⁴t)	1 000~2 000m(×10⁴t)	磁性矿床数(个)
沉积变质型	642 922.8	945 909.4	1 226 290	302 986.6	280 380.6	154
岩浆岩型	118 440.4	118 440.4	118 440.4	0	0	20
矽卡岩型	31 944.2	31 944.2	31 944.2	0	0	5
合计	793 307.4	1 096 294	1 376 675	302 986.6	280 380.6	179

该成矿带共有磁性铁矿 179 处,其中沉积变质型铁矿 154 处、岩浆岩型铁矿 20 处、矽卡岩型铁矿 5 处,预测资源潜力总量为 1 376 675×10⁴t,占河北省资源潜力总量的 73.8%。按潜在资源量规模分大型(≥1×10⁸t)18 处、中型(0.1~1×10⁸t)131 处、小型(<0.1×10⁸t)30 处。

从不同类型的资源潜力看,2 000m 以浅沉积变质型为 1 226 290×10⁴t,占 89.1%;岩浆岩型铁矿为 118 440.4×10⁴t,占 8.6%;矽卡岩型铁矿为 31 944.2×10⁴t,占 2.3%。可见本区以沉积变质型磁性铁矿为主。

从赋存深度看,本区磁性铁矿主要分布在 500m 以浅,为 793 307.4×10⁴t,占 57.6%;其次为 500~1 000m,为 302 986.6×10⁴t,占 22.0%;1 000~2 000m 为 280 380.6×10⁴t,占 20.3%。可见铁矿资源潜力分布在 500m 以浅部位。

本区磁性铁矿可分为南部、中部、北部 3 个区域,南区即是Ⅲ-57-3 成矿带区域,磁性铁矿分布在变质岩区,以沉积变质型为主,是该工作区铁矿资源潜力最大的地区。中部区域磁性铁矿呈北东向展布,主要为矽卡岩型和岩浆岩型,该带磁性铁矿分布较少,共计 10 处,中型 8 处,小型 2 处,资源潜力为 46 901.6×10⁴t。北部是指承德预测工作区东西两侧的变质岩分布区,磁性铁矿类型主要为沉积变质型,共计 21 处,大型 2 处,中型 18 处,小型 1 处,资源潜力为 125 524.2×10⁴t,潜力较大。

二、承德预测工作区磁性铁矿资源潜力

承德预测工作区主要潜力情况见表 3-13。

表 3-13　承德预测工作区资源潜力统计表

磁性铁矿床成因类型	500m 以浅 (×10⁴t)	1 000m 以浅 (×10⁴t)	2 000m 以浅 (×10⁴t)	500～1 000m (×10⁴t)	1 000～2 000m (×10⁴t)	磁性矿床数 (个)
沉积变质型	58 075.4	58 075.4	58 075.4	0	0	9
岩浆岩型	91 579.2	91 579.2	91 579.2	0	0	14
矽卡岩型	26 946.9	26 946.9	26 946.9	0	0	3
合计	176 601.5	176 601.5	176 601.5	0	0	26

该成矿带共有磁性铁矿 26 处,其中沉积变质型铁矿 9 处、岩浆岩型铁矿 14 处、矽卡岩型铁矿 3 处,预测资源潜力总量为 176 601.5×10⁴t,占河北省资源潜力总量的 9.5%。按潜在资源量规模分大型(≥1×10⁸t)7 处、中型(0.1～1×10⁸t)16 处、小型(<0.1×10⁸t)1 处。

从不同类型的资源潜力看,2 000m 以浅沉积变质型为 58 075.4×10⁴t,占 32.9%;岩浆岩型铁矿为 91 579.2×10⁴t,占 51.9%;矽卡岩型铁矿为 26 946.9×10⁴t,占 15.3%。可见本区以岩浆岩型磁性铁矿为主。

从赋存深度看,本区磁性铁矿均分布在 500m 以浅部位。

本区位于大庙-娘娘庙东西向基性—超基性构造岩浆岩带上,磁性铁矿以岩浆岩型为主,资源潜力较大。本区变质岩区也分布着较多的沉积变质型磁性铁矿,也应引起重视。

三、涞易预测工作区磁性铁矿资源潜力

涞易预测工作区主要潜力情况见表 3-14。

表 3-14　涞易预测工作区资源潜力统计表

磁性铁矿床成因类型	500m 以浅 (×10⁴t)	1 000m 以浅 (×10⁴t)	2 000m 以浅 (×10⁴t)	500～1 000m (×10⁴t)	1 000～2 000m (×10⁴t)	磁性矿床数 (个)
沉积变质型	7 107.8	7 107.8	7 107.8	0	0	3
岩浆岩型	0	0	0	0	0	0
矽卡岩型	63 817.2	66 855.8	66 855.8	3 038.6	0	24
合计	70 925	73 963.6	73 963.6	3 038.6	0	27

该成矿带共有磁性铁矿 27 处,其中沉积变质型铁矿 3 处、矽卡岩型铁矿 24 处,预测资源潜力总量为 73 963.6×10⁴t,占河北省资源潜力总量的 4.0%。按潜在资源量规模分中型(0.1～1×10⁸t)23 处、小型(<0.1×10⁸t)4 处。

从不同类型的资源潜力看,2 000m 以浅沉积变质型为 7 107.8×10⁴t,占 9.6%;矽卡岩型铁矿为 66 855.8×10⁴t,占 90.4%。可见本区以矽卡岩型型磁性铁矿为主。

从赋存深度看,本区磁性铁矿主要分布在 500m 以浅,为 70 925×10⁴t,占 95.9%;500～1 000m 为 3 038.6×10⁴t,占 4.1%。可见铁矿资源潜力分布在 500m 以浅部位。

该区矽卡岩型铁矿均分布于王安镇及大河南岩体与碳酸盐岩地层的接触带上,多位于 500m 以浅,找矿难度较小经济价值大,找矿意义较大。

四、阜平预测工作区磁性铁矿资源潜力

阜平预测工作区主要潜力情况见表 3-15。

表 3-15 阜平预测工作区资源潜力统计表

磁性铁矿床成因类型	500m以浅 ($\times 10^4$t)	1 000m以浅 ($\times 10^4$t)	2 000m以浅 ($\times 10^4$t)	500~1 000m ($\times 10^4$t)	1 000~2 000m ($\times 10^4$t)	磁性矿床数（个）
沉积变质型	51 975.8	69 042.7	69 042.7	17 066.9	0	15
岩浆岩型	0	0	0	0	0	0
矽卡岩型	0	0	0	0	0	0
合计	51 975.8	69 042.7	69 042.7	17 066.9	0	15

该成矿带共有磁性铁矿15处，均为沉积变质型，预测资源潜力总量为69 042.7×10^4t，占河北省资源潜力总量的3.7%。按潜在资源量规模分大型（≥1×10^8t）2处、中型（0.1~1×10^8t）11处、小型（<0.1×10^8t）2处。

从赋存深度看，本区磁性铁矿潜在资源量500m以浅为51 975.8×10^4t，占74.3%，500~1 000m为17 066.9×10^4t，占25.6%。可见铁矿资源潜力分布在500m以浅部位。

本区磁性铁矿磁性铁矿分布在变质岩地区，大型2处，中型11处，潜在资源量主要位于500m以浅，找矿潜力较大。

五、邯邢预测工作区磁性铁矿资源潜力

邯邢预测工作区主要潜力情况见表3-16。

表 3-16 邯邢预测工作区资源潜力统计表

磁性铁矿床成因类型	500m以浅 ($\times 10^4$t)	1 000m以浅 ($\times 10^4$t)	2 000m以浅 ($\times 10^4$t)	500~1 000m ($\times 10^4$t)	1 000~2 000m ($\times 10^4$t)	磁性矿床数（个）
沉积变质型	0	0	0	0	0	0
岩浆岩型	0	0	0	0	0	0
矽卡岩型	71 720.2	137 858.6	137 858.6	66 138.4	0	53
合计	71 720.2	137 858.6	137 858.6	66 138.4	0	53

该成矿带共有磁性铁矿53处，均为矽卡岩型，预测资源潜力总量为137 858.6×10^4t，占河北省资源潜力总量的7.4%。按潜在资源量规模分大型（≥1×10^8t）2处、中型[(0.1~1)×10^8t]31处、小型（<0.1×10^8t）20处。

从赋存深度看，本区磁性铁矿在500m以浅为71 720.2×10^4t，占52.0%；500~1 000m为66 138.4×10^4t，占48.0%。可见铁矿资源潜力分布在1 000m以浅部位。

本区磁性铁矿受燕山期闪长岩及奥陶纪碳酸盐岩地层控制，主要分布在500m以浅和500~1 000m地段，预测大中型矿床33处，找矿潜力较大。

第四章 矿产资源潜力评价中磁测资料的应用

本章系统总结了矿产资源评价中磁测资料的应用情况。为进行铁矿资源量估算必须首先圈定磁异常并对磁异常进行筛选，本次共筛选出已知及推断磁性铁矿异常403处。根据磁异常所处地质环境及空间分布特征划分出5个铁矿预测工作区，对其中的磁异常估算了资源量。河北省三大磁性铁矿物探估算总的资源量约为 $2\,700\,000\times10^4\,t$，其中，已累计探明的资源储量约为 $800\,000\times10^4\,t$；预测有潜力的总资源量约为 $1\,900\,000\times10^4\,t$。在第二节中列明了河北省所有17个矿种57个预测工作区地质构造推断及应用情况，本次推断地层、构造、岩浆岩等各类地质要素数千处，在资源潜力评价中多数得到了应用，为河北省矿产资源潜力评价做出了重要贡献。在第三节中总结了磁测资料在省级范围的应用情况，从全省及构造单元2个方面阐述了磁场特征，推断了断裂、侵入岩、火山岩及变质岩地层，对其分布进行了研究。本章最后从航磁角度并结合重力场提出了河北省北部存在1组北西向断裂构造，对今后基础地质研究起到了抛砖引玉的作用。

第一节 磁测资料在磁性铁矿资源潜力评价中的应用

一、确定磁性铁矿异常

在已覆盖全省山区各测区的航空磁测资料中，河北省共有已编号的航磁异常2 400多处，本项目利用现有资料编号的航磁异常共有1 569处，其中，筛选出已知矿引起的航磁异常（甲类）220处、推断为矿引起的航磁异常（乙类）183处、找矿前景不明的航磁异常（丙类）316处、不具找矿意义的航磁异常（丁类）850处。

地磁 ΔZ 异常推断岩浆岩型甲类23处，乙类17处，超贫铁矿9处。

确定其中的甲类、乙类异常为磁性铁矿异常，共计403处。磁性铁矿异常的确定是铁矿资源潜力评价的基础。

二、圈定铁矿预测工作区

河北省铁矿类型主要有沉积变质型、矽卡岩型、岩浆岩型和沉积型（宣龙式），前3种类型的铁矿均为磁性铁矿，表现为明显的磁异常，根据圈定的磁异常及所处的地质环境圈定了张宣铁矿预测工作区、冀东铁矿预测工作区、涞易铁矿预测工作区、阜平铁矿预测工作区和邯邢铁矿预测工作区。

（一）冀东预测工作区（包括承德区）

1. 磁异常范围圈定结果

根据现有资料本区共有编号航磁异常411处，其中，依据异常区所处地质构造环境、以往检查验证结果、铁矿矿产地分布与航磁异常对应关系等综合分析，筛选出的由已探明磁性铁矿引起的甲类异常135处（已知沉积变质型铁矿引起的异常119处、矽卡岩型铁矿引起的异常3处、岩浆岩型铁矿引起的异常13处），推断为磁性铁矿引起的乙类异常120处（属于沉积变质型的87处、矽卡岩型的8处、岩浆岩型的25处），性质不明的丙类异常39处，磁性地层或磁性岩体引起的丁类异常117处。

2. 磁异常范围分布特征

由图4-1可见,本区以甲类、乙类异常分布数量多、范围大为一主要特征,甲类磁异常范围分布较为集中的主要有2个区域,一个是遵化、迁西、迁安、滦县、滦南、兴隆、青龙、滦平、宽城等县(市)境内,这一区域是河北省沉积变质型铁矿的主要产地,已探明的大中小型矿床及矿点、矿化点星罗棋布;另一处是承德市黑山—大庙一带,是河北省岩浆岩型钒钛磁铁矿和铁磷矿的重要产区,已探明的该类型矿产主要分布在本区。圈出的乙类异常大多与甲类异常相邻或相近,反映的是矿点、矿化点的分布或含铁建造地层分布区;航磁甲类、乙类异常范围分布区同时也是显示构成本区铁矿重点成矿区带的标志。本区圈出的丙类异常最少,分布零散。丁类异常主要是侵入岩体的反映,大多数均是沿北东向、东西向、北西向断裂呈明显带状分布特征;少数为磁性变质岩地层引起的异常,与变质岩地层走向一致。

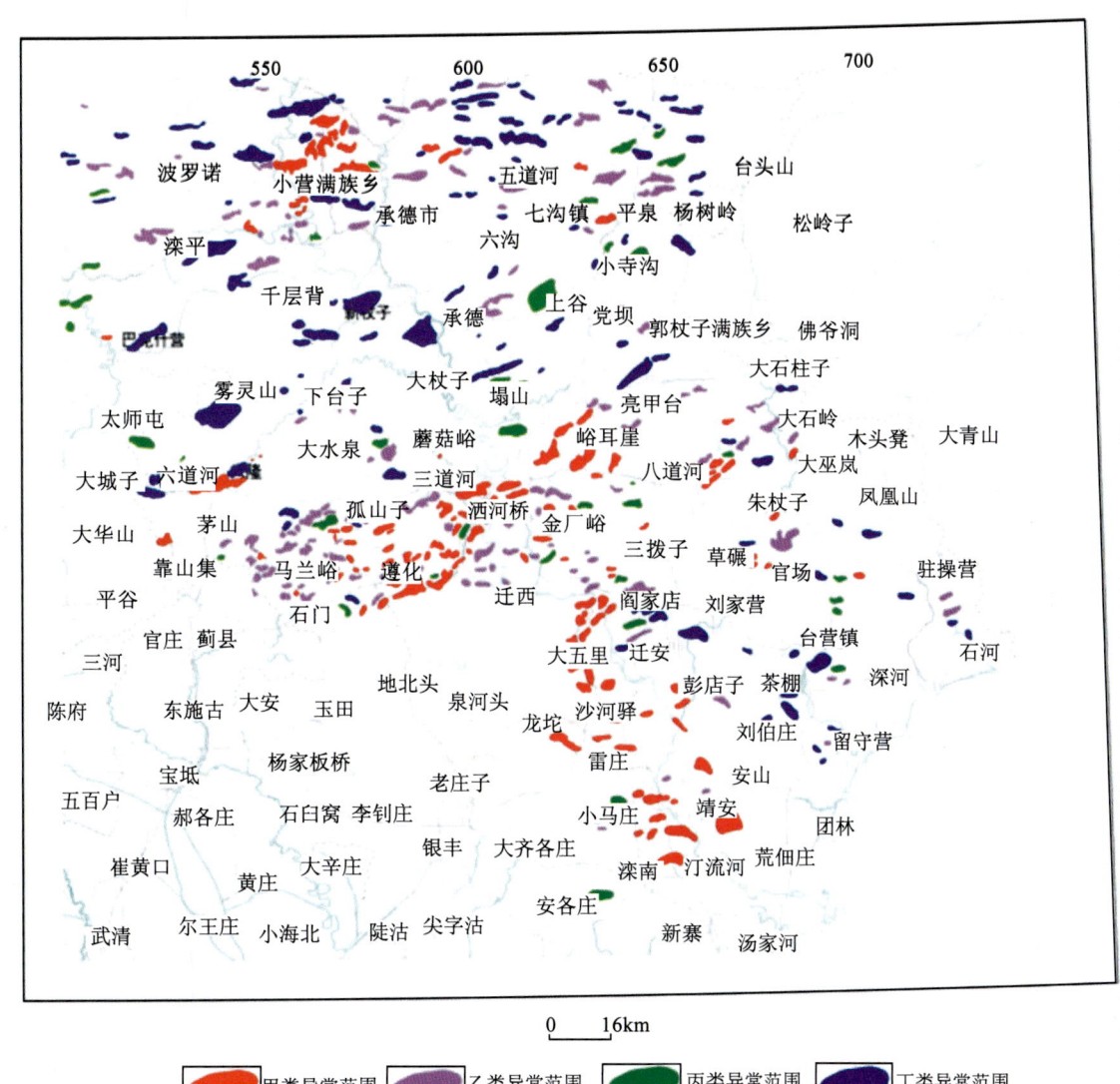

图4-1 河北省铁矿冀东预测工作区航磁异常范围分布图

(二)张宣预测工作区

1. 磁异常范围圈定结果

本区共有编号航磁异常79处,其中,筛选出的由已知矿引起的甲类异常11处,推断为铁矿引起的乙类异常7处,性质不明的丙类异常19处,磁性地层或磁性岩体引起的丁类异常42处。

2. 磁异常范围分布特征

由图 4-2 可见,本区磁异常范围分布以丁类异常为主,数量多、分布广,其次为丙类异常,由铁矿或推断为铁矿引起的航磁甲类、乙类异常较少,反映区内磁性铁矿不多。丁类异常中不仅有岩体引起的,而且还有磁性变质岩地层和磁性火山岩地层引起的,反映区内地质构造复杂、出露地层广泛、岩性多变。

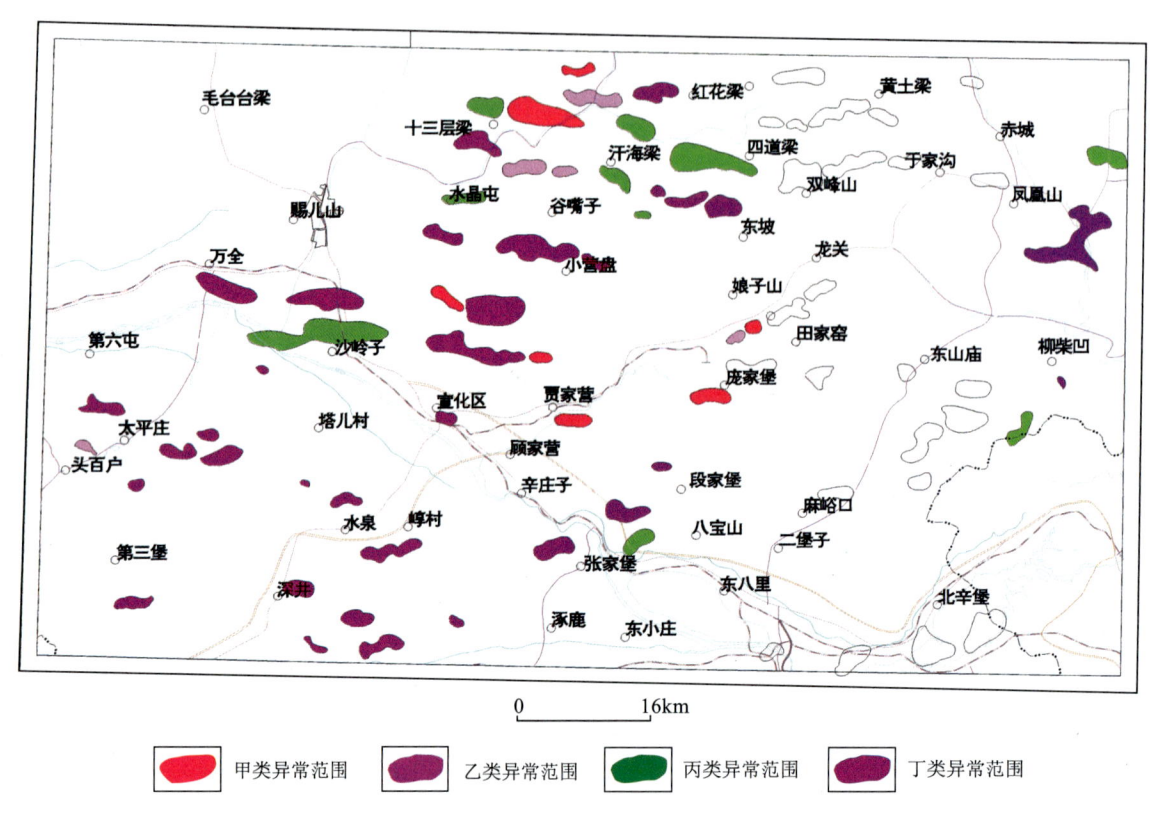

图 4-2 河北省铁矿张宣预测工作区航磁异常范围分布图

(三)涞易预测工作区

1. 磁异常范围圈定结果

本区共有编号航磁异常 202 处,其中,筛选出的由已知铁矿引起的甲类异常 12 处(矽卡岩型铁矿引起的异常 10 处、沉积变质型铁矿引起的异常 1 处、浆岩型铁矿引起的异常 1 处),推断为铁矿引起的乙类异常 60 处(推断为矽卡岩型铁矿引起的异常 22 处、推断为沉积变质铁矿引起的异常 10 处,推断为与金及多金属矿有关的异常 28 处),性质不明的丙类异常 10 处,磁性地层或磁性岩体引起的丁类异常 120 处。

2. 磁异常范围分布特征

由图 4-3 可见,区内铁矿引起的甲类异常较少,推断为铁矿引起的航磁异常相对较多,主要是沿北东向的乌龙沟-上黄旗深断裂带展布,这条断裂岩浆岩带是形成矽卡岩型铁矿及铅锌银钼多金属矿的有利地段。丙类异常零星分布,丁类异常数量最多,主要是不同类型侵入岩体、磁性火山岩以及少量磁性变质岩的反映。

(四)阜平预测工作区

1. 磁异常范围圈定结果

本区共有编号航磁异常 81 处,其中,筛选出的由已知铁矿引起的甲类异常 6 处,推断为铁矿引起的乙

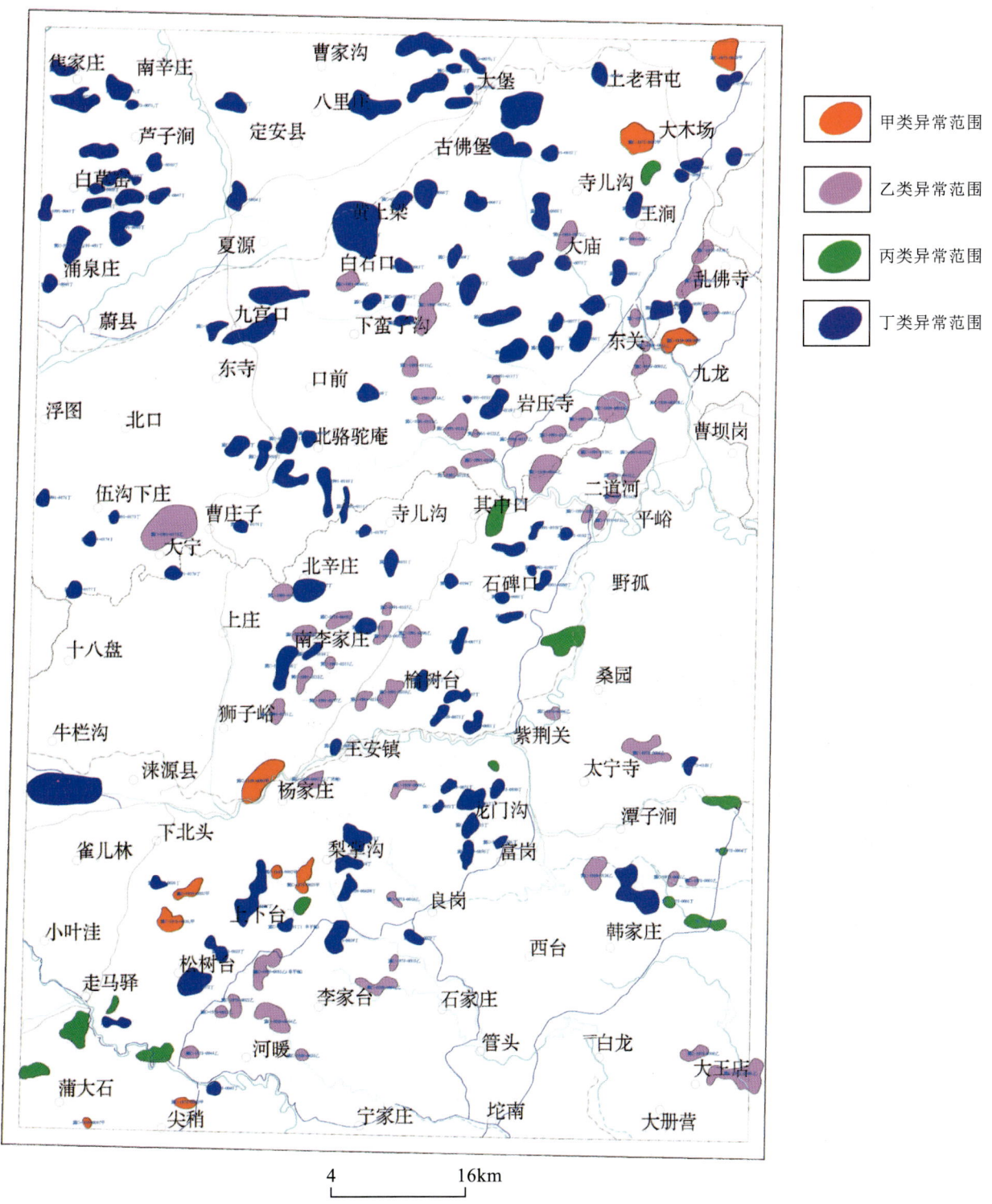

图 4-3 河北省铁矿涞易预测工作区航磁异常范围分布图

类异常18处,性质不明的丙类异常20处,磁性地层或磁性岩体引起的丁类异常37处。本区甲乙类航磁异常均位于变质岩地层中,推断甲乙类异常均由沉积变质型铁矿引起。

2. 磁异常范围分布特征

由图4-4可见,区内甲类、乙类异常共计24处,轴向北东、北东东向为主,均分布在变质岩地区,甲类分布在北侧,乙类主要分布在南侧。丙类、丁类异常数量较多,主要由不同类型侵入岩体及磁性变质岩引起。

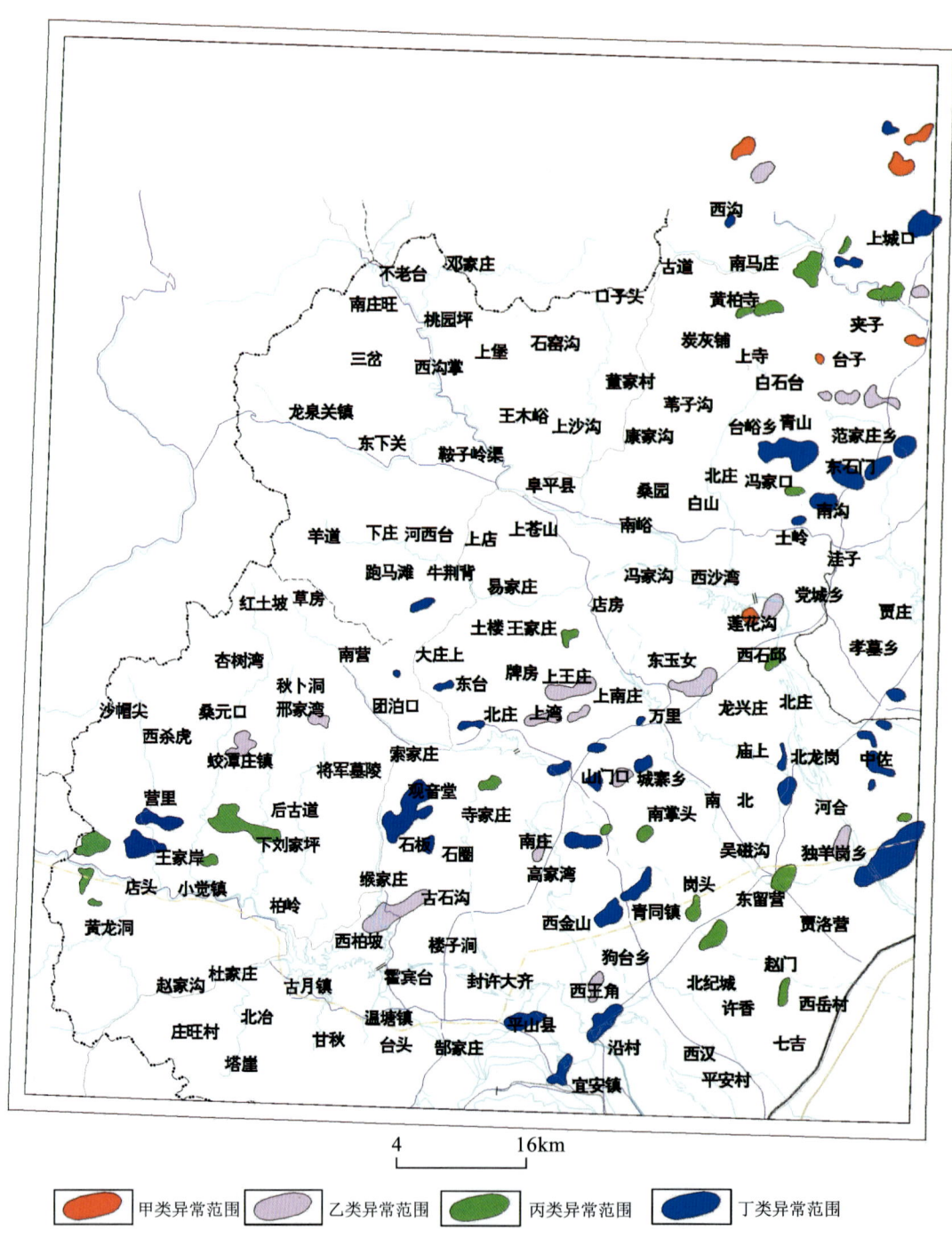

图 4-4 河北省铁矿阜平预测工作区航磁异常范围分布图

(五)邯邢预测工作区

1. 磁异常范围圈定结果

本区共有编号航磁异常 145 处,其中,筛选出的由已知铁矿引起的甲类异常 60 处,推断为铁矿引起的乙类异常 16 处,性质不明的丙类异常 18 处,磁性地层或磁性岩体引起的丁类异常 51 处。区内甲类异常均为矽卡岩型铁矿引起,推断乙类异常也由矽卡岩型铁矿引起。丁类异常由闪长岩类岩浆岩侵入体及变质基底引起。

2. 磁异常范围分布特征

由图 4-5 可见,区内甲类、乙类异常呈北东向展布,集中分布在预测工作区的中部地区,与本区闪长岩类岩体分布范围大致相吻合。闪长岩类岩体与古生界碳酸盐岩地层接触带形成矽卡岩型铁矿。

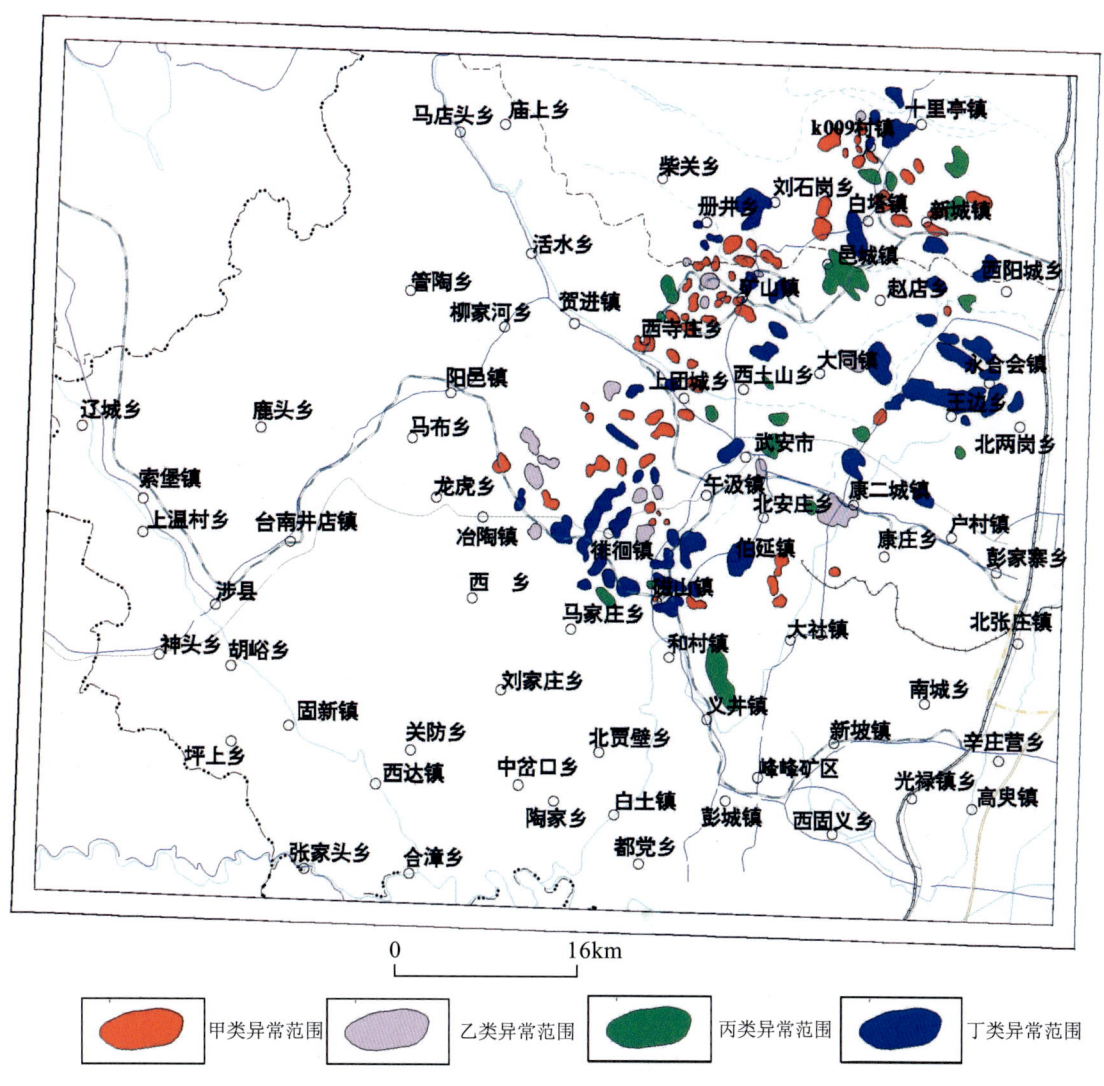

图 4-5 河北省铁矿邯邢预测工作区航磁异常范围分布图

三、估算磁性铁矿资源量

河北省是一个铁矿大省,据统计全省共有铁矿产地 500 余处,探明的储量位居全国第三位。依据本次确定的甲类、乙类磁异常进行铁矿资源量估算,按照全国矿产资源潜力评价项目办公室下发的磁测资料应用技术要求的相关规定,磁性矿产预测资源量估算我们主要采用以磁法体积法为主、定量类比法为辅两者相结合来完成的。

我们对预测资源量估算方法选择的原则是:典型矿床及已知矿床的主要用磁法体积法估算资源量,只有少数小型矿床引起的航磁异常,依据具有相同特征的磁异常,应具有相同资源量的简单原则,采用了定量类比法估算其资源量,定量类比只占甲类异常总数的 15.28%;推断为铁矿所引起的异常(乙类)大部分采用磁法体积法估算,对一部分乙类异常采用定量类比法进行了资源量估算,所占比例为乙类异常总数的 1/3。

本项目总体上磁法体积法估算资源量的异常数(356 处)占到了所有甲类、乙类航磁异常、地磁异常总数(451)的 78.94%。

(一)省级估算情况

我们对全省铁矿预测区进行了以磁异常剖面正反演拟合计算为主、类比估算为辅的铁矿资源量估算,其中,航磁甲类异常正反演拟合计算177处、类比计算43处;航磁乙类异常正反演拟合计算123处、类比计算60处;地磁40处异常均采用正反演拟合计算。估算结果进行了资源量可靠性分级。

河北省三大磁性铁矿物探估算总的资源量约为$2\,700\,000\times10^4$ t,其中,已累计探明的资源储量约为$800\,000\times10^4$ t,预测有潜力的总资源量约为$1\,900\,000\times10^4$ t。

1. 岩浆岩型铁矿

全省共圈出航磁甲类异常16处,分布在承德区13处、阜平区2处、涞易区1处,推断为岩浆岩型铁矿引起的异常25处,均分布在承德区。截至2008年年底全省共累计探明的岩浆岩型铁矿资源储量为$50\,000\times10^4$ t,其中,承德区$40\,000\times10^4$ t、涞易区$7\,000\times10^4$ t、阜平区$3\,000\times10^4$ t;预测资源量约为$231\,994\times10^4$ t。全省估算总资源量约为$281\,994.0\times10^4$ t。

2. 沉积变质型铁矿

全省共圈出航磁甲类异常129处,分布在冀东区119处、阜平区9处、涞易区1处,推断为沉积变质铁矿引起的异常113处,分布在冀东区87处、阜平区16处、涞易区10处。截至2008年年底全省共累计探明的沉积变质型铁矿资源储量为$650\,000\times10^4$ t,其中,冀东区$630\,000\times10^4$ t、阜平区$19\,000\times10^4$ t、涞易区$1\,000\times10^4$ t;预测资源量约为$1\,404\,095.5\times10^4$ t。全省估算总资源量约为$2\,054\,095.5\times10^4$ t。

3. 矽卡岩型铁矿

全省共圈出航磁甲类异常75处,分布在邯邢区62处、涞易区10处、冀东区3处,推断为矽卡岩型铁矿引起的异常45处,分布在阜平区22处、邯邢区15处、冀东区8处。截至2008年年底全省共累计探明的矽卡岩型铁矿资源储量为$100\,000\times10^4$ t,其中,冀东区$5\,000\times10^4$ t、涞易区$15\,000\times10^4$ t、邯邢区$80\,000\times10^4$ t;预测资源量约为$276\,443.1\times10^4$ t。全省估算总资源量约为$376\,443.1\times10^4$ t。

(二)预测区估算情况

各预测区估算结果见表4-1。

表4-1 河北省预测工作区预测资源量统计表

预测工作区编号	预测工作区名称	预测资源量($\times10^4$ t)			矿床预测类型
		磁法体积法	定量类比法	合计	
冀Fe-000001	冀东预测工作区	1 070 637.7	213 727.7	1 284 365.4	沉积变质型
		58 891.1		58 891.1	矽卡岩型
冀Fe-000002	承德预测工作区	187 735.1	22 284.5	210 019.6	岩浆岩型
冀Fe-000004	涞易预测工作区	17 363.7	4 391.2	21 754.9	沉积变质型
		70 454.4	4 800.3	75 254.7	矽卡岩型
冀Fe-000005	阜平预测工作区	78 339.7		78 339.7	沉积变质型
冀Fe-000006	邯邢预测工作区	130 528.5	7 330.1	137 858.6	矽卡岩型
合计		1 613 950.2	252 533.8	1 866 484.0	

利用磁测资料各预测工作区估算方法情况如下。

1. 冀东预测工作区

该区铁矿主要是以沉积变质型为主,有少量矽卡岩型铁矿。由已知沉积变质型铁矿引起的异常119处,磁法体积法估算96处,定量类比估算23处;推断为沉积变质型铁矿引起的异常87处,磁法体积法估算46处,定量类比估算41处;推断为矽卡岩型铁矿引起的异常8处,全部为磁法体积法估算。

2. 承德预测工作区

该区主要为岩浆岩型钒钛磁铁矿,由已知铁矿引起的航磁异常13处,全部为磁法体积法估算;推断为岩浆岩型铁矿引起的航磁异常(乙类)25处,磁法体积法估算19处,定量类比估算6处。共计算1∶1万地磁异常40处,其中,钒钛磁铁矿引起的异常14处、铁磷矿引起的异常26处,全部为磁法体积法估算。

3. 阜平预测工作区

该区铁矿主要是以沉积变质型为主,见有少量岩浆岩型铁矿。共有铁矿引起的航磁异常(甲类)11处,其中,沉积变质铁矿引起的异常9处、岩浆岩型铁矿引起的异常2处,推断为铁矿引起的异常(乙类)16处,均为沉积变质型铁矿引起,全部为磁法体积法估算。

4. 涞易预测工作区

该区主要以矽卡岩型铁矿为主,并有少量沉积变质型和岩浆岩型铁矿。其中,矽卡岩型铁矿引起的异常10处、沉积变质铁矿引起的异常1处、岩浆岩型铁矿引起的异常1处,全部为磁法体积法估算。航磁乙类异常32处,其中,推断为矽卡岩型铁矿引起的异常22处,磁法体积法估算18处、定量类比估算4处;推断为沉积变质型铁矿引起的异常10处,磁法体积法估算6处、定量类比估算4处。

5. 邯邢预测工作区

该区的铁矿类型全部为矽卡岩型,共有铁矿引起的航磁异常(甲类)62处,磁法体积法估算42处、定量类比估算20处;推断为铁矿引起的异常(乙类)15处,磁法体积法估算10处、定量类比估算5处。

第二节 磁测资料在预测工作区中的应用

一、推断地质构造

利用磁测资料对每个工作区推断了地质构造,结合已有地质资料,对每个工作区的地质特征、控矿规律有了更深刻的认识,使矿产预测工作建立在更加符合实际的地质认识的基础之上,也使资源量预测结果更加符合实际。利用磁测资料对各矿种预测工作区推断地质构造情况如下。

冀东铁矿预测工作区(包括承德区):推断断裂构造43条,其中,一级断裂5条,二级4条,三级34条,隐伏16条,半隐伏27条。圈出侵入岩体54处,其中,中酸性岩体22处,酸性岩体24处,超基性岩体4处,基性岩体2处,中基性岩体2处。属于新圈定的隐伏岩体6处,半隐伏岩体17处,出露岩体31处。圈出磁性变质岩地层区16处,其中,出露14处,隐伏2处;圈定火山岩地层8个区,其中,出露7个区,隐伏1个区;圈出火山机构6处,均为隐伏。

张宣铁矿预测工作区:推断断裂构造15条,其中,一级断裂2条,二级断裂1条,三级断裂12条,隐伏2条,半隐伏13条。圈出侵入岩体12个,其中,中酸性岩体6处,酸性岩体3处,超基性岩体2处,中基性岩体1处。属于半隐伏岩体6处,出露岩体6处。圈出磁性变质岩地层区5处,均为出露;圈定火山岩地层3个区,其中,出露1个区,隐伏1个区,半隐伏1个区;圈出火山机构1处,为隐伏。

涞易铁矿预测工作区:推断断裂构造16条,一级断裂2条,二级1条,三级13条,隐伏8条,半隐伏8条。圈定侵入岩体28处,其中,中酸性岩体12处,酸性岩体6处,中基性岩体10处。属于新圈定的隐伏岩体14处,半隐伏岩体11处,出露岩体3处。圈出磁性变质岩地层5处,均为出露;圈定火山岩地层9个区,其中,出露1个区,隐伏3个区,半隐伏5个区;圈出火山机构1处,为隐伏。

阜平铁矿预测工作区:推断断裂构造21条,一级断裂3条,二级1条,三级17条,隐伏17条,半隐伏4条。圈定侵入岩体14处,其中,中酸性岩体8处,酸性岩体5处,基性岩体1处。属于新圈定的隐伏岩体1处,半隐伏岩体4处,出露岩体9处。圈出磁性变质岩地层区4处,其中,出露1处,隐伏3处;圈定火山岩地层1个区,为隐伏。

邯邢铁矿预测工作区:推断断裂构造29条,一级断裂1条,二级1条,三级27条,隐伏29条。圈定侵入岩体60处,其中,中性岩体8处,中基性岩体52处。属于隐伏岩体27处,半隐伏岩体20处,出露岩体13处。

武安峰峰铝矿预测工作区:推断断裂构造29条,一级断裂1条,二级1条,三级27条,隐伏29条。圈定侵入岩体56处,其中,中酸性岩体4处,中基性岩体56处。属于隐伏岩体25处,半隐伏岩体18处,出露岩体13处。

井陉铝矿预测工作区:推断断裂构造4条,一级断裂2条,三级断裂2条,隐伏2条,半隐伏2条。圈定侵入岩体3处,其中,酸性岩体1处,基性岩体2处。属于隐伏岩体2处,出露岩体1处。

唐山开平铝矿预测工作区:推断断裂构造4条,二级断裂1条,三级断裂3条,隐伏3条,半隐伏1条。圈出磁性变质岩地层区2处,均为出露。

张北铅锌银矿预测工作区:推断断裂构造10条,其中,深断裂3条,大断裂1条,一般断裂6条,隐伏1条,半隐伏9条。圈定侵入岩体29个,其中,中酸性岩体22处,酸性岩体4处,中基性岩体2处,基性岩体1处,属于隐伏3处,半隐伏15处,出露11处。圈出磁性变质岩地层区1处,均为出露,火山岩地层区30处,其中,出露29处,半隐伏1处,推断火山构造3处,为隐伏。

张家口金矿预测工作区:推断断裂构造8条,其中,深断裂2条,一般断裂6条,半隐伏8条。圈定侵入岩体11处,其中,中酸性岩体6处(出露3处、半出露3处),酸性岩体2处(均为出露),中基性岩体1处(半隐伏),超基性岩体2处(均为半隐伏)。圈出磁性变质岩地层区5处,均为出露,火山岩地层区4处,其中,出露2处,半隐伏1处,隐伏1处。

围场铅锌银钼矿预测工作区:推断断裂构造11条,其中,深断裂5条、一般断裂6条,半隐伏4条,隐伏7条。圈定侵入岩体35处,其中,中酸性岩体18处,酸性岩体7处,中基性岩体6处,基性岩体2处,超基性岩体1处,基性—超基性岩体1处,属于隐伏岩体7处,半隐伏9处,出露19处。圈出磁性变质岩地层区8处,火山岩地层区26处,均为出露,推断火山构造5处,均为隐伏。

遵化宽城金铜铅锌矿预测工作区:推断断裂构造27条,其中,深断裂2条,大断裂3条,一般断裂22条,半隐伏20条,隐伏7条。圈定侵入岩体30处,其中,中酸性岩体16处(隐伏4处、半隐伏4处、出露8处),酸性岩体12处(半隐伏3处、出露9处),中基性岩体1处(半隐伏),超基性岩体1处(出露)。圈出火山岩地层区3处,均为出露,推断火山构造1处,为隐伏。

丰宁-平泉磷矿预测工作区:推断断裂构造12条,其中,深断裂3条,大断裂1条,一般断裂8条,半隐伏7条,隐伏5条。圈定侵入岩体26个,其中,中酸性岩体10处,酸性岩体9处,中基性岩体1处,基性岩体2处,基性—超基性岩体1处,超基性岩体3处,属于隐伏2处,半隐伏7处,出露19处。圈出磁性变质岩地层区4处,火山岩地层区6处,均为出露,推断火山构造1处,为隐伏。

崇礼-赤城磷矿预测工作区:推断断裂构造3条,其中,深断裂2条,一般断裂1条,隐伏3条。圈定侵入岩体9处,其中,中酸性岩体5处,酸性岩体1处,中基性岩体1处,超基性岩体2处,属于半隐伏5处,出露4处。圈出磁性变质岩地层区2处,火山岩地层区4处,均为出露。

阳原-涿鹿磷矿预测工作区:推断断裂构造7条,其中,深断裂1条,大断裂1条,一般断裂5条,半隐伏3条,隐伏4条。圈定侵入岩体16处,其中,中酸性岩体15处,超基性岩体1处,属于隐伏9处,半隐伏6处,出露1处。圈出磁性变质岩地层区3处,均为出露,火山岩地层区3处,隐伏2处,出露1处。

宽城-迁西磷矿预测工作区:推断断裂构造7条,其中,深断裂1条,一般断裂6条,半隐伏5条,隐伏2条。圈定侵入岩体6处,其中,中酸性岩体1处,酸性岩体3处,中基性岩体1处,超基性岩体1处,属于半隐伏 1 处,出露 6 处。圈出磁性变质岩地层区 2 处,均为出露。

灵寿-阜平钼矿预测工作区:推断断裂构造 5 条,一级断裂 1 条,二级 1 条,三级 3 条。圈定侵入岩体 8 个,其中,中酸性岩体 7 个,酸性岩体 1 个,属于新圈定的隐伏岩体 1 个,出露岩体 7 个。圈出磁性变质岩地层区 1 处,为出露。

大湾-大河南钼矿预测工作区:推断断裂构造 15 条,一级断裂 2 条,三级 13 条,其中,隐伏断裂 7 条,半隐伏 6 条。圈定侵入岩体 12 个,其中:中酸性岩体 7 个,酸性岩体 5 个,属于新圈定的隐伏岩体 1 个,半隐伏岩体 7 个,出露岩体 4 个。圈出磁性变质岩地层区 6 处,均为出露。圈出火山岩地层区 1 处,为半隐伏。

宣化钼矿预测工作区:推断断裂构造 5 条,均为三级断裂,呈半隐伏。圈定侵入岩体 3 个,中酸性、中基性和超基性岩体各 1 个,均为半隐伏状。圈出磁性变质岩地层区 2 处,均为出露。

丰宁撒岱沟门-承德姑子庙钼矿预测工作区:推断断裂构造 12 条,一级级断裂 5 条,三级断裂 7 条。其中,隐伏 7 条,半隐伏 5 条。圈定侵入岩体 28 个,超基性岩体 2 处,基性岩体 2 处,基性—超基性岩体 2 处,中基性岩体 2 处,中酸性岩体 12 处,酸性岩体 8 处。其中隐伏 3 处,半隐伏 11 处,出露 14 处。圈出磁性变质岩地层区 9 处,均为出露。圈出火山机构 1 处,为隐伏。

兴隆-宽城钼矿预测工作区:圈定侵入岩体 28 个,超基性岩体 2 处,中基性岩体 1 处,中酸性岩体 14 处,酸性岩体 11 处。其中,隐伏 5 处,半隐伏 8 处,出露 15 处。圈出磁性变质岩地层区 11 处,2 处隐伏,9 处出露。圈出磁性火山岩地层区 1 处,1 处出露。圈出火山机构 1 处,为隐伏。

平山-阜平银矿预测工作区:推断断裂构造 6 条,一级级断裂 1 条,二级断裂 1 条,三级断裂 3 条。其中,隐伏 4 条,半隐伏 2 条。圈定侵入岩体 6 处,中酸性岩体 5 处,酸性岩体 1 处。其中隐伏 5 处,出露 6 处。圈出磁性变质岩地层区 1 处,1 处出露。

大湾-镰巴岭银矿预测工作区:推断断裂构造 13 条,一级断裂 2 条,三级断裂 13 条。其中,隐伏 7 条,半隐伏 6 条。圈定侵入岩体 14 处,中基性岩体 4 处,中酸性岩体 3 处,酸性岩体 7 处。其中,隐伏 3 处,半隐伏 8 处,出露 3 处。圈出磁性变质岩地层区 6 处,6 处出露。圈出火山岩地层区 1 处,半隐伏状。

涿鹿口前银矿预测工作区:推断断裂构造 5 条,一级断裂 1 条,二级 1 条,三级 3 条,其中,隐伏断裂 2 条,半隐伏 3 条。圈定侵入岩体 9 处,其中,超基性岩体 1 处,中基性岩体 1 处,中酸性岩体 7 处;属于隐伏岩体 2 处,半隐伏岩体 3 处,出露岩体 4 处。圈出变质岩地层区 3 处,均为半隐伏。圈出火山岩地层区 1 处,为半隐伏。

蔡家营-青羊沟银矿预测工作区:推断断裂构造 2 条,一级断裂 1 条,三级 1 条,均为隐伏断裂。圈定侵入岩体 13 处,其中,中基性岩体 2 处,中酸性岩体 8 处,酸性岩体 3 处;属于隐伏岩体 1 处,半隐伏岩体 3 处,出露岩体 9 处。圈出变质岩地层区 1 处,为出露。圈出火山岩地层区 5 处,均为出露。

丰宁营房银矿预测工作区:推断断裂构造 3 条,一级断裂 2 条,三级 1 条,其中,隐伏断裂 2 条,半隐伏 1 条。圈定侵入岩体 3 处,均为中酸性岩体;均属于出露岩体。圈出变质岩地层区 2 处,均为出露。圈出火山岩地层区 6 处,均为出露。

围场小扣花营银矿预测工作区:推断断裂构造 3 条,均为一级断裂,均为隐伏。圈定侵入岩体 4 处,均为中酸性岩体,其中隐伏岩体 1 处,半隐伏岩体 3 处。圈出火山岩地层区 9 处,均为出露。圈出火山机构 1 处,为隐伏。

承德县银矿预测工作区:推断断裂构造 10 条,一级断裂 5 条,三级 5 条,其中,隐伏断裂 5 条,半隐伏 5 条。圈定侵入岩体 22 处,其中,超基性岩体 2 处,基性岩体 2 处,基性—超基性岩体 2 处,中酸性岩体 10 处,酸性岩体 6 处;属于新圈定的隐伏岩体 2 处,半隐伏岩体 11 处,出露岩体 9 处。圈出变质岩地层区 5 处,均为出露。圈出火山岩地层区 6 处,均为出露。圈出火山机构 1 处,为隐伏。

兴隆银矿预测工作区:推断断裂构造 16 条,二级断裂 2 条,三级 14 条,其中,隐伏断裂 4 条,半隐伏 12 条。圈定侵入岩体 8 处,其中,基性岩体 1 处,中酸性岩体 4 处,酸性岩体 3 处;属于隐伏岩体 2 处,半隐伏岩体 2 处,出露岩体 4 处。圈出变质岩地层区 5 处,均为出露。圈出火山岩地层区 1 处,为出露。圈出火山机构 2 处,为隐伏。

小寺沟银矿预测工作区:推断断裂构造9条,二级2条,三级7条,其中,隐伏2条,半隐伏7条。圈定侵入岩体6处,其中,中酸性岩体5处,酸性岩体1处;属于隐伏岩体1处,半隐伏岩体5处。圈出变质岩地层区3处,其中,隐伏1处,出露2处。

青龙银矿预测工作区:推断断裂构造1条,为三级、半隐伏断裂。圈定侵入岩体1处,为中酸性岩体,属于新圈定的出露岩体。圈出变质岩地层区1处,为出露。

阳原-涿鹿锰矿预测工作区:推断断裂构造8条,二级断裂1条,三级7条,其中,隐伏断裂4条,半隐伏4条。圈定侵入岩体16处,其中,超基性岩体1处,中酸性岩体15处;属于隐伏岩体8处,半隐伏岩体8处。圈出变质岩地层区4处,均为出露。圈出火山岩地层区3处,其中,隐伏1处,半隐伏2处。

赤城锰矿预测工作区:推断断裂构造8条,一级断裂3条,三级5条,均为半隐伏。圈定侵入岩体7处,其中,超基性岩体1处,中基性岩体1处,中酸性岩体5处;属于半隐伏岩体5处,出露岩体2处。圈出变质岩地层区5处,其中,半隐伏1处,出露4处。圈出火山岩地层区1处,为出露。圈出火山机构1处,为隐伏。

围场锰矿预测工作区:推断断裂构造4条,一级断裂3条,三级1条,其中,隐伏断裂3条,半隐伏1条。圈定侵入岩体3处,均为中酸性岩体;其中,隐伏岩体1处,半隐伏岩体2处。圈出火山岩地层区17处,均为出露。圈出火山机构1处,为隐伏。

兴隆-宽城锰矿预测工作区:推断断裂构造34条,二级断裂4条,三级30条,其中,隐伏断裂10条,半隐伏24条。圈定侵入岩体26处,其中,超基性岩体1处,基性岩体1处,中基性岩体1处,中酸性岩体12处,酸性岩体11处;属于隐伏岩体2处,半隐伏岩体6处,出露岩体18处。圈出变质岩地层区11处,其中,隐伏1处,出露10处。圈出火山岩地层区2处,其中,隐伏1处,出露1处。圈出火山机构3处,为隐伏。

承德县铬铁矿预测工作区:推断断裂构造5条,一级断裂2条,三级3条,其中,隐伏断裂2条,半隐伏3条。圈定侵入岩体10处,其中,超基性岩体2处,基性岩体1处,基性—超基性岩体1处,中酸性岩体4处,酸性岩体2处;属于隐伏岩体1处,半隐伏岩体5处,出露岩体4处。圈出变质岩地层区2处,均为出露。圈出火山岩地层区4处,均为出露。圈出火山机构1处,为隐伏。

遵化县铬铁矿预测工作区:推断断裂构造6条,二级断裂1条,三级5条,其中,隐伏断裂2条,半隐伏4条。圈定侵入岩体4处,其中,中酸性岩体1处,酸性岩体3处;属于半隐伏岩体2处,出露岩体2处。圈出变质岩地层区2处,其中隐伏1处,出露1处。

康保钨矿预测工作区:磁推断断裂构造1条,为一级断裂,属于隐伏断裂。圈出火山岩地层区4处,均为出露。

兴隆钨矿预测工作区:推断断裂构造12条,二级断裂2条,三级10条,其中,隐伏断裂4条,半隐伏8条。圈定侵入岩体7处,其中,中酸性岩体3处,酸性岩体4处;属于隐伏岩体1处,半隐伏岩体3处,出露岩体3处。圈出变质岩地层区4处,均为出露。圈出火山岩地层区1处,为出露。

青龙钨矿预测工作区:推断断裂构造5条,二级断裂2条,三级3条,其中,隐伏断裂1条,半隐伏4条。圈定侵入岩体5处,其中,中酸性岩体3处,酸性岩体2处;均属于出露岩体。圈出变质岩地层区2处,均为出露。

赞皇镍矿预测工作区:圈定侵入岩体1处,为酸性岩体;属于半隐伏岩体。圈出变质岩地层区2处,均为隐伏。

邢台菱镁矿预测工作区:推断断裂构造1条,为三级断裂,隐伏。

邢台重晶石预测工作区:推断断裂构造1条,为三级断裂,出露。

抚宁重晶石预测工作区:推断断裂构造3条,均为三级断裂,均为半隐伏。圈定侵入岩体3处,其中,中酸性岩体1处,酸性岩体2处;属于半隐伏岩体1处,出露岩体2处。圈出变质岩地层区1处,为出露。

沙河-涉县硫铁矿预测工作区:推断断裂构造36条,一级断裂1条,二级1条,三级34条,均为隐伏断裂。圈定侵入岩体60处,其中,中基性岩体56处,中酸性岩体4处;属于隐伏岩体27处,半隐伏岩体20处,出露岩体13处。

内丘-临城硫铁矿预测工作区：圈定侵入岩体1处，为酸性岩体；属于半隐伏岩体。圈出变质岩地层区2处，均为隐伏。

井陉硫铁矿预测工作区：推断断裂构造4条，一级断裂2条，三级2条，其中，隐伏断裂2条，半隐伏2条。圈定侵入岩体1处，为酸性岩体，属于半隐伏岩体。

蔚县柏树-涿鹿谢家堡硫铁矿预测工作区：推断断裂构造13条，一级断裂2条，二级1条，三级10条，其中，隐伏断裂6条，半隐伏7条。圈定侵入岩体8处，其中，中基性岩体1处，中酸性岩体6处，酸性岩体1处；属于隐伏岩体2处，半隐伏岩体2处，出露岩体4处。圈出变质岩地层区3处，均为出露。圈出火山岩地层区3处，均为半隐伏。

兴隆-宽城硫铁矿预测工作区：推断断裂构造33条，一级断裂2条，二级5条，三级26条，其中，隐伏断裂6条，半隐伏27条。圈定侵入岩体25处，其中，超基性岩体2处，中基性岩体1处，中酸性岩体12处，酸性岩体10处；属于隐伏岩体5处，半隐伏岩体8处，出露岩体12处。圈出变质岩地层区9处，其中，隐伏1处，出露8处。圈出火山岩地层区2处，均为出露。圈出火山机构2处，为隐伏。

张北-赤城硫铁矿预测工作区：推断断裂构造7条，一级断裂4条，二级1条，三级2条，其中，隐伏断裂3条，半隐伏4条。圈定侵入岩体12处，其中，中基性岩体2处，中酸性岩体7处，酸性岩体3处；属于隐伏岩体1处，半隐伏岩体3处，出露岩体8处。圈出火山岩地层区7处，均为出露。

阜平硫铁矿预测工作区：推断断裂构造7条，一级断裂1条，三级6条，其中，隐伏断裂6条，半隐伏1条。圈定侵入岩体3处，均为中酸性岩体，均属于半隐伏岩体。圈出变质岩地层区1处，为出露。

康保萤石预测工作区：推断断裂构造2条，一级断裂1条，三级1条，均为隐伏断裂。圈定侵入岩体1处，为中酸性岩体；属于半隐伏岩体。圈出变质岩地层区4处，其中，隐伏1处，半隐伏3处。圈出火山岩地层区5处，其中，隐伏1处，出露4处。

张北-赤城萤石预测工作区：推断断裂构造6条，一级断裂1条，二级2条，三级3条，均为隐伏断裂。圈定侵入岩体18处，其中，中基性岩体2处，中酸性岩体14处，酸性岩体2处；属于隐伏岩体1处，半隐伏岩体9处，出露岩体8处。圈出火山岩地层区10处，均为出露。

丰宁四岔口-万胜永萤石预测工作区：推断断裂构造5条，一级断裂4条，三级1条，其中，隐伏断裂4条，半隐伏1条。圈定侵入岩体3处，其中，基性岩体1处，中酸性岩体2处，均属于出露岩体。圈出变质岩地层区3处，均为出露。圈出火山岩地层区2处，均为出露。

隆化-围场萤石预测工作区：推断断裂构造16条，一级断裂9条，三级7条，其中，隐伏断裂12条，半隐伏4条。圈定侵入岩体28处，其中，基性岩体3处，中基性岩体5处，中酸性岩体15处，酸性岩体5处；属于隐伏岩体5处，半隐伏岩体11处，出露岩体12处。圈出变质岩地层区6处，均为出露。圈出火山岩地层区19处，均为出露。圈出火山机构5处，为隐伏。

兴隆-平泉萤石预测工作区：推断断裂构造29条，一级断裂4条，二级6条，三级19条，其中，隐伏断裂5条，半隐伏24条。圈定侵入岩体18处，其中，超基性岩体2处，中基性岩体1处，中酸性岩体10处，酸性岩体5处；属于隐伏岩体5处，半隐伏岩体7处，出露岩体6处。圈出变质岩地层区6处，其中，隐伏1处，出露5处。圈出火山岩地层区3处，均为出露。圈出火山机构3处，为隐伏。

抚宁萤石预测工作区：推断断裂构造4条，二级断裂1条，三级3条，其中，隐伏断裂1条，半隐伏3条。圈定侵入岩体6处，其中，中酸性岩体2处，酸性岩体4处；属于半隐伏岩体1处，出露岩体5处。圈出变质岩地层区2处，均为出露。

二、推断地质构造的使用情况

推断地质构造在矿产资源预测中发挥了重要作用，各矿种各预测工作区推断地质构造使用情况如下。

冀东铁矿预测工作区（包括承德区）：推断断裂构造43条，已使用16条，参考使用27条。圈出侵入岩体54个，已使用岩体6个，参考使用岩体17个，未使用岩体31个。圈出磁性变质岩地层区16处，其中：未使用14处、已使用2处；圈定火山岩地层区8个，其中，未使用区7个，已使用区1个；圈出火山机构6处，均为已使用。

张宣铁矿预测工作区：推断断裂构造15条，其中，一级断裂2条，二级断裂1条，三级断裂12条，已使用2条，参考使用13条。圈出侵入岩体12个。属于参考使用岩体6个，未使用岩体6个。圈出磁性变质岩地层区5处，均为未使用；圈定火山岩地层区3个，其中，未使用区1个，已使用区1个，参考使用区1个；圈出火山机构1处，为已使用。

涞易铁矿预测工作区：推断断裂构造16条，已使用8条，参考使用8条。圈定侵入岩体28个，属于新圈定的已使用岩体14个，参考使用岩体11个，未使用岩体3个。圈出磁性变质岩地层区5处，均为未使用；圈定火山岩地层9个区，其中，未使用1个区，已使用区3个，参考使用区5个；圈出火山机构1处，为已使用。

阜平铁矿预测工作区：推断断裂构造21条，已使用17条，参考使用4条。圈定侵入岩体14个，属于新圈定的已使用岩体1个，参考使用岩体4个，未使用岩体9个。圈出磁性变质岩地层区4处，其中，未使用1处，已使用3处；圈定火山岩地层区1个，为已使用。

邯邢铁矿预测工作区：推断断裂构造29条，已使用29条。圈定侵入岩体60个，属于已使用岩体27个，参考使用岩体20个，未使用岩体13个。

武安峰峰铝矿预测工作区：推断断裂构造29条，已使用29条。圈定侵入岩体56个，属于已使用岩体25个，参考使用岩体18个，未使用岩体13个。

井陉铝矿预测工作区：推断断裂构造4条，已使用2条，参考使用2条。圈定侵入岩体3个，属于已使用岩体2个，未使用岩体1个。

唐山开平铝矿预测工作区：推断断裂构造4条，已使用3条，参考使用1条。圈出磁性变质岩地层区2处，均为未使用。

张北铅锌银预测工作区：推断断裂构造10条，已使用1条，参考使用9条。圈定侵入岩体29个，属于已使用3个，参考使用15个，未使用11个。圈出磁性变质岩地层区1处，均为未使用，火山岩地层区30处，其中，未使用29处，参考使用1处，推断火山构造3处，为已使用。

张家口金矿预测工作区：推断断裂构造8条，参考使用8条。圈定侵入岩体11个，其中，中酸性岩体6个（未使用3个，半未使用3个），酸性岩体2个（均为未使用），中基性岩体1个（参考使用）、超基性岩体2个（均为参考使用）。圈出磁性变质岩地层区5处，均为未使用，火山岩地层区4处，其中，未使用2处，参考使用1处，已使用1处。

围场铅锌银钼矿预测工作区：推断断裂构造11条，参考使用4条，已使用7条。圈定侵入岩体35个，属于已使用岩体7个，参考使用9个，未使用19个。圈出磁性变质岩地层区8处，火山岩地层区26处，均为未使用，推断火山构造5处，均为已使用。

遵化宽城金铜铅锌矿预测工作区：推断断裂构造27条，参考使用20条，已使用7条。圈定侵入岩体30个，其中，中酸性岩体16个（已使用4处，参考使用4处，未使用8处），酸性岩体12个（参考使用3处，未使用9处），中基性岩体1个（参考使用），超基性岩体1个（未使用）。圈出火山岩地层区3处，均为未使用，推断火山构造1处，为已使用。

丰宁-平泉磷矿预测工作区：推断断裂构造12条，参考使用7条，已使用5条。圈定侵入岩体26个，属于已使用2个，参考使用7处，未使用19处。圈出磁性变质岩地层区4处，火山岩地层区6处，均为未使用，推断火山构造1处，为已使用。

崇礼-赤城磷矿预测工作区：推断断裂构造3条，已使用3条。圈定侵入岩体9处，属于参考使用5处，未使用4处。圈出磁性变质岩地层区2处、火山岩地层区4处，均为未使用。

阳原-涿鹿磷矿预测工作区：推断断裂构造7条，已使用3条，参考使用4条。圈定侵入岩体16处，属于已使用9处，参考使用6处，未使用1处。圈出磁性变质岩地层区3处，均为未使用，火山岩地层区3处，已使用2处，未使用1处。

宽城-迁西磷矿预测工作区：推断断裂构造7条，参考使用5条，已使用2条。圈定侵入岩体6处，其中，中酸性1处，酸性3处，中基性1处，超基性1处，属于参考使用1处，未使用6处。圈出磁性变质岩地层区2处，均为未使用。

灵寿-阜平钼矿预测工作区：推断断裂构造5条，参考使用2条，已使用3条。圈定侵入岩体8个，属于新圈定的已使用岩体1个，未使用岩体7个。圈出磁性变质岩地层区1处，为未使用。

大湾-大河南钼矿预测工作区：推断断裂构造15条，其中，已使用断裂7条，参考使用6条。圈定侵入岩体12个，属于新圈定的已使用岩体1个，参考使用岩体7个，未使用岩体4个。圈出磁性变质岩地层区6处，均为未使用。圈出火山岩地层区1处，为参考使用。

宣化钼矿预测工作区：推断断裂构造5条，均为参考使用。圈定侵入岩体3个，均为参考使用。圈出磁性变质岩地层区2处，均为未使用。

丰宁撒岱沟门-承德姑子庙钼矿预测工作区：推断断裂构造12条，其中，已使用7条，参考使用5条。圈定侵入岩体28个，其中，已使用3处，参考使用11处，未使用14处。圈出磁性变质岩地层区9处，均为未使用。圈出火山机构1处，为已使用。

兴隆-宽城钼矿预测工作区：圈定侵入岩体28个，其中，已使用5处，参考使用8处，未使用15处。圈出磁性变质岩地层区11处，2处已使用，9处未使用。圈出磁性火山岩地层区1处，1处未使用。圈出火山机构1处，为已使用。

平山-阜平银矿预测工作区：推断断裂构造6条，其中，已使用4条，参考使用2条。圈定侵入岩体6处，中酸性5处、酸性1处。其中，已使用5处，未使用6处。圈出磁性变质岩地层区1处，1处未使用。

大湾-镰巴岭银矿预测工作区：推断断裂构造13条，其中，已使用7条，参考使用6条。圈定侵入岩体14处，其中，已使用3处，参考使用8处，未使用3处。圈出磁性变质岩地层区6处，6处未使用。圈出火山岩地层区1处，参考使用状。

涿鹿口前银矿预测工作区：推断断裂构造5条，其中，已使用断裂2条，参考使用3条。圈定侵入岩体9处，属于已使用岩体2处，参考使用岩体3处，未使用岩体4处。圈出变质岩地层区3处，均为参考使用。圈出火山岩地层区1处，为参考使用。

蔡家营-青羊沟银矿预测工作区：推断断裂构造2条，均为已使用断裂。圈定侵入岩体13处，属于已使用岩体1处，参考使用岩体3处，未使用岩体9处。圈出变质岩地层区1处，为未使用。圈出火山岩地层区5处，均为未使用。

丰宁营房银矿预测工作区：推断断裂构造3条，其中，已使用断裂2条，参考使用1条。圈定侵入岩体3处，均为属于未使用岩体。圈出变质岩地层区2处，均为未使用。圈出火山岩地层区6处，均为未使用。

围场小扣花营银矿预测工作区：推断断裂构造3条，均为已使用。圈定侵入岩体4处，已使用1处，参考使用3处。圈出火山岩地层区9处，均为未使用。圈出火山机构1处，为已使用。

承德县银矿预测工作区：推断断裂构造10条，其中，已使用断裂5条，参考使用5条。圈定侵入岩体22处，属于新圈定的已使用岩体2处，参考使用岩体11处，未使用岩体9处。圈出变质岩地层区5处，均为未使用。圈出火山岩地层区6处，均为未使用。圈出火山机构1处，为已使用。

兴隆银矿预测工作区：推断断裂构造16条，其中，已使用断裂4条，参考使用12条。圈定侵入岩体8处，属于已使用岩体2处，参考使用岩体2处，未使用岩体4处。圈出变质岩地层区5处，均为未使用。圈出火山岩地层区1处，为未使用。圈出火山机构2处，为已使用。

小寺沟银矿预测工作区：推断断裂构造9条，其中，已使用2条，参考使用7条。圈定侵入岩体6处，属于已使用岩体1处，参考使用岩体5处。圈出变质岩地层区3处，其中，已使用1处，未使用2处。

青龙银矿预测工作区：推断断裂构造1条，为参考使用断裂。圈定侵入岩体1处，属于新圈定的未使用岩体。圈出变质岩地层区1处，为未使用。

阳原-涿鹿锰矿预测工作区：推断断裂构造8条，其中，已使用断裂4条，参考使用4条。圈定侵入岩体16处，属于已使用岩体8处，参考使用岩体8处。圈出变质岩地层区4处，均为未使用。圈出火山岩地层区3处，其中，已使用1处，参考使用2处。

赤城锰矿预测工作区：推断断裂构造8条，均为参考使用。圈定侵入岩体7处，属于参考使用岩体5处，未使用岩体2处。圈出变质岩地层区5处，其中，参考使用1处，未使用4处。圈出火山岩地层区1处，为未使用。圈出火山机构1处，为已使用。

围场锰矿预测工作区：推断断裂构造4条，其中，已使用断裂3条，参考使用1条。圈定侵入岩体3处，其中，已使用岩体1处，参考使用岩体2处。圈出火山岩地层区17处，均为未使用。圈出火山机构1处，为已使用。

兴隆-宽城锰矿预测工作区：推断断裂构造34条，其中，已使用断裂10条，参考使用24条。圈定侵入岩体26处，属于已使用岩体2处，参考使用岩体6处，未使用岩体18处。圈出变质岩地层区11处，其中，已使用1处，未使用10处。圈出火山岩地层区2处，其中，已使用1处，未使用1处。圈出火山机构3处，为已使用。

承德县铬铁矿预测工作区：推断断裂构造5条，其中，已使用断裂2条，参考使用3条。圈定侵入岩体10处，属于已使用岩体1处，参考使用岩体5处，未使用岩体4处。圈出变质岩地层区2处，均为未使用。圈出火山岩地层区4处，均为未使用。圈出火山机构1处，为已使用。

遵化县铬铁矿预测工作区：推断断裂构造6条，其中，已使用断裂2条，参考使用4条。圈定侵入岩体4处，属于参考使用岩体2处，未使用岩体2处。圈出变质岩地层区2处，其中，已使用1处，未使用1处。

康保钨矿预测工作区：磁推断断裂构造1条，属于已使用断裂。圈出火山岩地层区4处，均为未使用。

兴隆钨矿预测工作区：推断断裂构造12条，其中，已使用断裂4条，参考使用8条。圈定侵入岩体7处，属于已使用岩体1处，参考使用岩体3处，未使用岩体3处。圈出变质岩地层区4处，均为未使用。圈出火山岩地层区1处，为未使用。

青龙钨矿预测工作区：推断断裂构造5条，其中，已使用断裂1条，参考使用4条。圈定侵入岩体5处，均属于未使用岩体。圈出变质岩地层区2处，均为未使用。

赞皇镍矿预测工作区：圈定侵入岩体1处，属于参考使用岩体。圈出变质岩地层区2处，均为已使用。

邢台菱镁矿预测工作区：推断断裂构造1条，已使用。

邢台重晶石预测工作区：推断断裂构造1条，未使用。

抚宁重晶石预测工作区：推断断裂构造3条，均为参考使用。圈定侵入岩体3处，属于参考使用岩体1处，未使用岩体2处。圈出变质岩地层区1处，为未使用。

沙河-涉县硫铁矿预测工作区：推断断裂构造36条，均为已使用断裂。圈定侵入岩体60处，属于已使用岩体27处，参考使用岩体20处，未使用岩体13处。

内丘-临城硫铁矿预测工作区：圈定侵入岩体1处，属于参考使用岩体。圈出变质岩地层区2处，均为已使用。

井陉硫铁矿预测工作区：推断断裂构造4条，其中，已使用断裂2条，参考使用2条。圈定侵入岩体1处，为酸性岩体，属于参考使用岩体。

蔚县柏树-涿鹿谢家堡硫铁矿预测工作区：推断断裂构造13条，其中，已使用断裂6条，参考使用7条。圈定侵入岩体8处，属于已使用岩体2处，参考使用岩体2处，未使用岩体4处。圈出变质岩地层区3处，均为未使用。圈出火山岩地层区3处，均为参考使用。

兴隆-宽城硫铁矿预测工作区：推断断裂构造33条，其中，已使用断裂6条，参考使用27条。圈定侵入岩体25处，属于已使用岩体5处，参考使用岩体8处，未使用岩体12处。圈出变质岩地层区9处，其中，已使用1处，未使用8处。圈出火山岩地层区2处，均为未使用。圈出火山机构2处，为已使用。

张北-赤城硫铁矿预测工作区：推断断裂构造7条，其中，已使用断裂3条，参考使用4条。圈定侵入岩体12处，属于已使用岩体1处，参考使用岩体3处，未使用岩体8处。圈出火山岩地层区7处，均为未使用。

阜平硫铁矿预测工作区：推断断裂构造7条，其中，已使用断裂6条，参考使用1条。圈定侵入岩体3处，均属于参考使用岩体。圈出变质岩地层区1处，为未使用。

康保萤石预测工作区：推断断裂构造2条，均为已使用断裂。圈定侵入岩体1处，为中酸性岩体；属于参考使用岩体。圈出变质岩地层区4处，其中，已使用1处，参考使用3处。圈出火山岩地层区5处，其中，已使用1处，未使用4处。

张北-赤城萤石预测工作区：推断断裂构造6条，均为已使用断裂。圈定侵入岩体18处，属于已使用岩体1处,参考使用岩体9处,未使用岩体8处。圈出火山岩地层区10处,均为未使用。

丰宁四岔口-万胜永萤石预测工作区:推断断裂构造5条,其中,已使用断裂4条,参考使用1条。圈定侵入岩体3处,均属于未使用岩体。圈出变质岩地层区3处,均为未使用。圈出火山岩地层区2处,均为未使用。

隆化-围场萤石预测工作区:推断断裂构造16条,其中,已使用断裂12条,参考使用4条。圈定侵入岩体28处,属于已使用岩体5处,参考使用岩体11处,未使用岩体12处。圈出变质岩地层区6处,均为未使用。圈出火山岩地层区19处,均为未使用。圈出火山机构5处,为已使用。

兴隆-平泉萤石预测工作区:推断断裂构造29条,其中,已使用断裂5条,参考使用24条。圈定侵入岩体18处,属于已使用岩体5处,参考使用岩体7处,未使用岩体6处。圈出变质岩地层区6处,其中,已使用1处,未使用5处。圈出火山岩地层区3处,均为未使用。圈出火山机构3处,为已使用。

抚宁萤石预测工作区:推断断裂构造4条,其中,已使用断裂1条,参考使用3条。圈定侵入岩体6处,属于参考使用岩体1处,未使用岩体5处。圈出变质岩地层区2处,均为未使用。

第三节 磁测资料在省级范围中的应用

利用磁测资料查清了全省及各构造单元的航磁异常特征,查清了区内断裂、岩浆岩及磁性地层的分布特征。

一、全省区域磁场特征

河北省磁场总的变化趋势是东南部平原及渤海区域为宽缓磁场区,磁场强度较低,场值在$-100\sim 200nT$之间变化,极个别异常区可达$500\sim 600nT$,梯度较缓,正负磁场区范围较大,异常区之间排列松散,异常走向多为北东向展布。西部和北部山区为复杂的强磁场区,磁场强度较高,场强一般在$-200\sim 500nT$之间变化,有的异常区强度可达$700\sim 1000nT$,梯度较大,正负异常间排列紧密。异常走向在西部太行山区主要为北东向,在北部燕山地区主要为东西向,但在北部和西部也有个别北西、南北和北东东向的异常掺杂其间。两大区磁场特征的不同主要反映磁性基底及磁性侵入体的磁性强弱和埋藏深度的差别(图4-6)。

省内基岩出露区磁场强度相对较高,规模较大的航磁正异常主要是出露或隐伏侵入岩基的反映,个别的为基性火山岩或基底隆起所致。太行山北段以北展布的东西向、北东向强磁异常带与地表出露的海西期、燕山期岩浆岩带基本吻合。大面积分布的低缓正磁异常区则主要反映了太古宙变质岩系和中生界中酸性火山岩出露,这是河北省具有明显磁性的两套地层。负磁场区主要出现在中新元古界、古生界碳酸盐岩和中生界酸性火山-沉积岩系分布区,在侵入岩体中也有个别岩体表现为负磁场特征,如都山花岗岩体、丰宁南关变质二长花岗岩体等。

平原区磁场总体以低缓的正负相间分布为特征,低缓的正值区为基底隆起区,低缓的负值区为基底坳陷区,正负磁场的强弱变化反映了基底隆起与坳陷深度的不同。

根据全省航磁异常的展布形态、分布范围、轴向变化、梯度大小、场值强度等不同特征可以划分为5个大的磁场区。

(一)内蒙南缘正磁场区(Ⅰ)

内蒙南缘正磁场区是一个低缓的正值异常区,磁场强度一般为$100\sim 200nT$,最高达$250nT$,梯度较缓,区域异常呈带状展布,异常走向以北东向为主,其次是北西向。该区出露的主要是火山岩地层,局部有海西期花岗岩侵入,高值部分与汉诺坝玄武岩相对应,这一区域与内蒙海西期褶皱带基本吻合,可进一步划分为2个亚区。

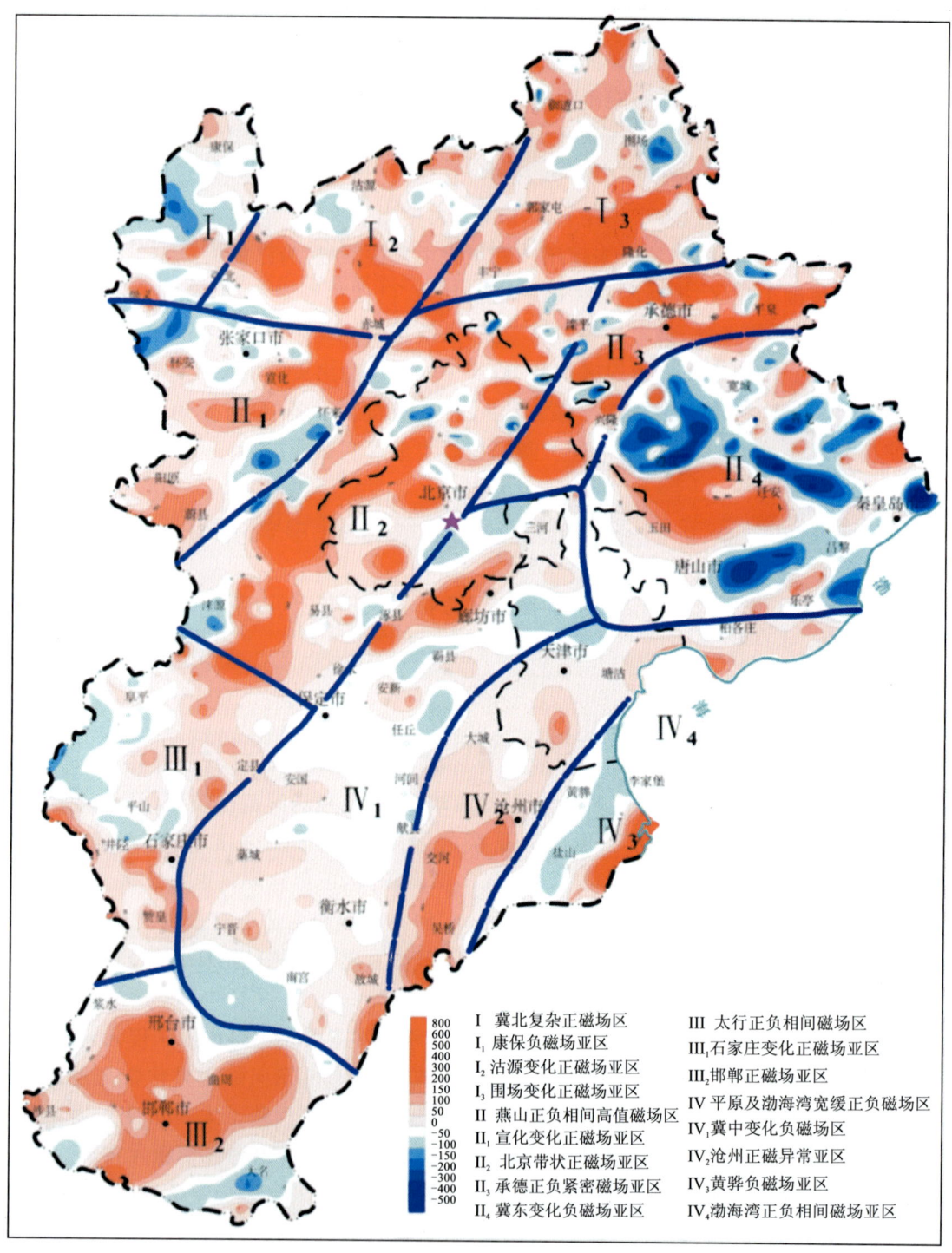

图 4-6　河北省航磁 ΔT 等值线及磁场分区图

(二)冀北复杂正磁场区(II_1)

冀北复杂正磁场区是一个以正磁场为主的高值异常区,磁场强度较高,一般为 100～300nT,最高为 500～700nT,梯度较陡,区域异常呈带状展布,走向以东西向为主,其次是北东向,个别为北西向。总的来说,高值的区域正磁场反映的是稳定的基底隆起区,其上叠加的高值部分是磁性岩浆岩体及火山岩盆地的反映,这一区域与冀北岩浆固结陆块基本吻合,可进一步划分为 3 个亚区。

(三)燕山正负相间高值磁场区(II_2)

航磁异常总的来看是一个正、负异常相间排列的高值异常区,异常强度一般为 ±100～±300nT,与二级构造单元的燕山台褶带范围基本一致。在此磁场区内部磁场特征还有差异,在西部及北部磁场正负相间以正磁场为主,排列紧密,呈近东西向分布;东南部以负磁场为主,强度一般−200nT左右,局部−300～−500nT,间有一些小范围的等轴状及长条状的升高异常;强度200～500nT不等,西南部则呈现北东向的带状正异常。复杂的磁场面貌反映了本区是个活动剧烈的构造单元,进一步分为4个亚区。

(四)太行山正负相间磁场区(II_3)

航磁异常是以正磁场为主的正负相间磁场,异常强度北低南高,梯度较缓。区域异常外形开阔,规模较大,一般强度50～200nT,高值异常带走向北东,极大值500～600nT,低值磁场有东西向展布的显示,反映为两级叠加异常。此区与山西断隆二级构造单元的东缘大体一致。又可分为2个亚区。

(五)平原及渤海湾宽缓正负磁场区(II_4)

这一磁场区与二级构造单元的华北断坳大体相当。航磁是一个宽缓的低值磁场区,磁场强度较低,一般在±100nT之间,梯度甚缓,正负磁场范围都较大,区域异常方向在南部为南北向,中段为北东向、北北东向,北段转为东西向。分为4个亚区。本区是第四系覆盖区,航磁异常主要反映了磁性基底断块升降及隐伏岩浆岩带的存在。

二、地质构造单元磁场特征

分析研究河北省航磁ΔT等值线平面图,可见全省磁异常形态、异常轴线方向变化较大,具有明显的多样性,我们将其划分为2个一级构造区、5个二级构造区和15个三级构造区(图4-7)。各地质构造单元特征简述如下。

(一)内蒙板块(I_1)南缘及其内部构造分区

河北省西北康保北部和东北围场北部的小部分地区跨入了内蒙板块,其分界线在康保-围场深断裂(F_2)一线。区内磁场的主要特点是异常轴线方向有规律的变化,即西部轴线为北西向,中部为近南北向转近东西向,东部为北东向。异常强度不高,但正、负磁异常相间分布,水平梯度较小。中新生代喷出岩广泛分布,海西期、燕山期花岗岩零星分布。磁异常是由磁性喷出岩和花岗岩所引起。整体上为一个次级构造区——海西晚期褶皱带(II_1^1)。前面根据磁场特征进一步划分出康保、棋盘山2个磁场区,它们分别圈定2个次级构造区($III_1^1-III_1^2$)。

1. 康保褶皱束(III_1^1)

以康保-围场深断裂西段为南界的省内部分,磁场范围较大,区内出现北西向展布的正、负相间磁异常带,强度不高,ΔT值在−50～100nT之间。海西期花岗岩广泛分布,见少量中生代喷出岩。正异常由磁性火山岩和花岗岩引起,负异常则为火山盆地的反映。

2. 棋盘山凹陷(III_1^2)

以康保-围场深断裂中东段为南界的省内部分,为低缓的正值异常区,磁场强度一般在100～200nT之间,最高达250nT,异常轴线方向多变,由西部的北北西向转为近东西向至东部的北东向。该区出露主要是火山岩地层,局部有海西期花岗岩侵入,磁异常是由磁性喷出岩和花岗岩所引起。

(二)华北板块(I_2)及其内部构造分区

从航磁ΔT等值线图(图4-7)上看,康保-围场深断裂以南华北板块区磁场总的趋势是东南部平原及海区磁场强度较低,梯度较缓,呈宽缓的大面积分布的正负相间的低缓异常,异常排列松散,走向为北东向;西部和北部山区磁场强度较高,梯度较陡,是正负异常紧密排列的复杂磁场区,异常走向在西部主要为北东向,在北部主要为东西向,但也有局部北西向、南北向及北北东向者掺杂其间。区内各次级构造区磁

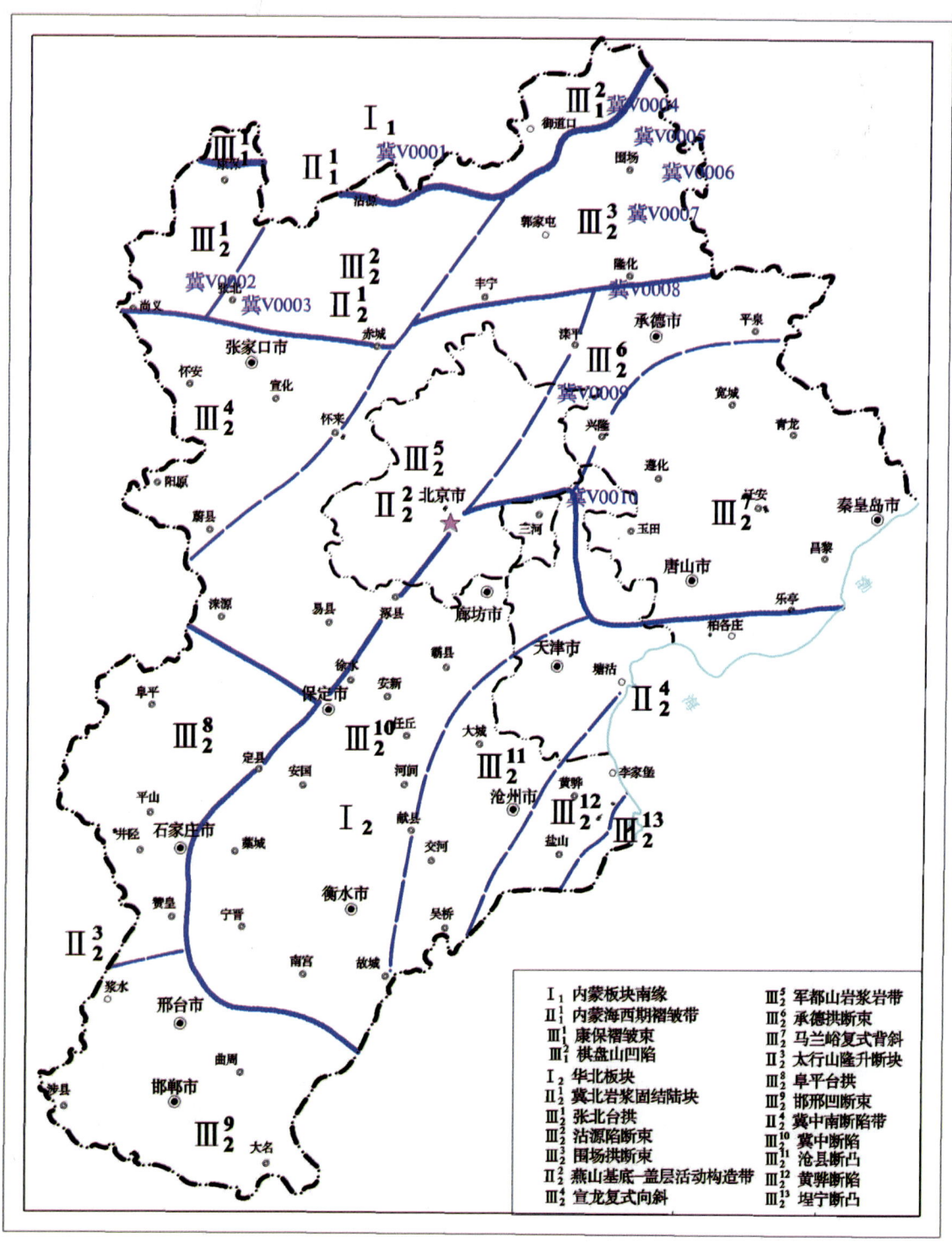

图 4-7 河北省航磁推断地质构造单元分区图

场特征存在明显差异,磁场空间分布特点也具有规律性,它反映华北板块内部的发展、演化是不均匀的,有长期隆起和沉降区,也反映盖层发育过程中各构造区火成岩活动的差别。按磁场特征的差异性,可将华北板块进一步划分为 4 个二级构造区、13 个三级构造区。

1. 冀北岩浆固结陆块(II_2^1)

由冀北复杂正磁场区圈定,以尚义-赤城(F_{20})-丰宁-隆化深断裂(F_{15})为南边界,北边界在康保-围场深断裂一线。是一个以正磁场为主的高值异常区,磁场强度较高,一般在 100~300nT 之间,最高达 500~700nT,梯度较陡,区域异常呈带状展布,异常走向以东西向为主,其次是北东向,个别为北西向。总的来说,高值的区域正磁场反映的是稳定的基底隆起区,其上叠加的高值部分是磁性岩浆岩体及火山岩盆地的反映。本区可进一步划分为3个三级构造区。

1)张北台拱(III_2^1)

位于河北省西北部大同-太仆寺旗断裂(F_9)以西,这一磁场区大部位于内蒙境内,在河北省只是其东部边缘,异常区主要是平缓的负磁场,在兰城子以西是大片开阔的负磁场,走向东西,宽度在50~60km以上,负磁场的南部为一个东西向的正负交互异常带,此带向西延伸至内蒙大青山地带。本区变质岩系组成的磁性基底为新太古界及古元古界地层,局部侏罗系凹陷内有中、上侏罗统火山岩系及含煤建造,区内绝大部分地区为第四系覆盖,南部有第三系汉诺坝玄武岩分布,负磁场的形成主要是由于本区变质岩和岩浆岩磁性均较弱,加之被第四系所覆盖,而且越向西覆盖越厚,致使磁场越向西场值越低。南部的磁场升高带与磁性基底的隆起和东西向的岩浆岩侵入有关,如在尚义东北和土城子西南是2处较高值的正异常,附近分别有老地层及岩浆岩出露地表。本区与康保负磁场亚区相吻合。

2)沽源陷断束(III_2^2)

由沽源变化正磁场亚区圈定,西边界为大同-太仆寺旗断裂,东边界为上黄旗-乌龙沟深断裂(F_6、F_5)的北段。本区磁场以正值为主,只零星分布小范围的负磁场,宏观看正负异常以东西向分布为主,局部异常轴方向为北西向。太古宇磁性基底之上覆盖大面积的厚度较大的上侏罗统及下白垩统的酸性至基性的火山岩系。北部由于磁性基底深陷,故呈降低磁场,而磁性火山岩的叠加形成了杂乱的低值磁场。南部升高磁场带是由新太古界变质岩引起。

3)围场拱断束(III_2^3)

由围场变化正磁场亚区圈定,西边界为上黄旗-乌龙沟深断裂的北段,东至河北省境内。本区磁场特征也是以高值正磁场为主,在围场城以南,是近东西向展布的高值正异常带,北部及南部边缘有少量负值场。该区南部出露大范围新太古界变质岩,北部为大片的侏罗系覆盖层,中酸性岩浆岩分布较广。由于磁性岩浆岩沿北东向断裂侵入,致使高值叠加异常呈现北东向展布。南部高值正异常由磁性基底和燕山期花岗岩引起,北部由于大片的上侏罗统及下白垩统喷出岩区逐渐下陷,磁性基底埋深增加,致使该区磁场强度锐减,后期的磁性喷发岩引起了小范围的局部磁异常,形成了不规则的正负相间磁场。

2. 燕山基底—盖层活动构造带(II_2^2)

由燕山正负相间高值磁场区圈定,北边界为尚义-赤城-丰宁-隆化深断裂,南边界在王安镇岩体南缘一带-山前断裂的保定-北京段(F_{52})-燕河营-建昌营-喜峰口断裂(F_{40})的西段-张北-渤海深断裂(F_{57})的东南段-昌黎-固安断裂(F_{54})一线。航磁异常总的来看是一个正、负异常相间排列的高值异常区,异常范围较大,强度一般±100~±300nT,与二级构造单元的燕山台褶带范围基本一致。西部及北部磁场正负相间以正磁场为主,排列紧密,呈近东西向分布;东南部以负磁场为主,强度一般-200nT左右,局部-300~-500nT,呈北东向和北西向展布,局部有正磁场出现,走向东西;西南部则呈现北东向的带状正异常。复杂的磁场面貌反映了本区是个活动剧烈的构造单元,局部正磁异常主要由燕山期花岗岩引起,个别可能与磁性基底或火山岩有关;一些负的磁异常则是老的酸性侵入体的反映。进一步划分为4个三级构造区。

1)宣龙复式向斜(III_2^4)

由宣化变化正磁场亚区圈定,位于怀安、赤城、蔚县包围的倒三角形地带,整体上正磁场沿蔚县、宣化、赤城一线呈北东向分布,局部异常的轴线方向则明显为近东西向。在正异常带的西北及东南分别有张家口和涿鹿2个负异常带分布。区内北部崇礼、怀安一带分布着大范围的迁西群变质岩系,东南部主要出露的是中、新元古代和侏罗纪地层,老地层零星分布,第四系较为发育。正异常带主要由深部的磁性基底引起,两侧的负异常带系断裂构造使基底下陷成为山间盆地,充填了较厚的第四系沉积物所致。

2)军都山岩浆岩带(III_2^5)

由北京带状正磁场亚区圈定,位于宣龙复式向斜以东,京广、京通线以西,王安镇岩体南缘以北的广大地区。本区磁场特征以高值正异常为主,范围较大,呈十分醒目的北东向正异常带,负磁异常范围小、分布零散。断裂构造发育、燕山期岩浆活动频繁,中、新元古界及侏罗系盖层分布较广,在南部和北部有局部老地层出露,东南部为巨厚的第四系沉积区。北东向的高值正异常带,主要是由受山前(F_{52})、上黄旗-乌龙沟和井陉-丰宁-御道口(F_{51}、F_{15})3条深断裂控制形成的一个规模宏大的中酸性岩浆岩带引起,负磁异常则是山间沉积、火山沉积盆地的反映。

3)承德拱断束(III_3^6)

由承德正负紧密磁场亚区圈定,位于军都山岩浆岩带以东,围场拱断束以南,东南边界在蓟县、兴隆、平泉一线。本区磁场的主要特征是异常强度较高,梯度较陡,正负异常相间且排列紧密,异常轴向基本上为东西向,局部略有呈北东向的趋势。出露地层以太古宙片麻岩为主,其次是各期的从超基性到酸性的侵入岩,局部有中、新元古代和侏罗纪地层分布。区内磁异常主要是由磁性基底和不同磁性岩体引起。

4)马兰峪复式背斜(III_3^7)

由冀东变化负磁场亚区圈定,西北界与承德拱断束接壤,东南界在蓟县、宁河、乐亭一线。本区以广阔的负磁场为主,其间有一些规模较大的长条状正异常及规模不大的等轴状正异常叠加其间。异常轴向以东西向为主,向东逐渐转向北东向。本区北部兴隆—宽城一带是燕山沉陷带的中心地带,地表以中、新元古代和侏罗纪地层为主,少有老地层出露,说明这一带无磁性的盖层厚度较大,磁性基底埋藏较深,形成了区域性的负磁场,地表的侏罗纪地层虽有不均匀的磁性,但不足以引起区域性异常。等轴状的叠加异常,系由寿王坟、马家沟、棒槌崖等侵入体引起。喜峰口-郭杖子的北东向狭长正异常系由断裂抬升的基底变质岩引起,是豆子沟-北大岭变质铁矿带的主要成矿地段。中部属于马兰峪背斜和山海关隆起地区,老地层广泛出露,磁场特征是正磁场和负磁场均大范围展布,正异常轴向多为东西向,是富含变质铁矿老地层的反映;负异常由断裂带(燕河营-建昌营-喜峰口断裂)基底下陷及岩石破碎等因素造成。

3. 太行山隆升断块(II_2^3)

由太行山正负相间磁场区圈定,航磁异常是以正磁场为主的正负相间磁场,异常强度北低南高,梯度较缓。区域异常外形开阔,规模较大,一般强度50～200nT,高值异常轴向以北东向为主,见有北西向,极大值500～600nT,低值磁场有东西向展布的显示,反映为两级叠加异常。区内局部磁异常主要由具较强磁性的中酸性岩体引起或磁性基底隆起所致。进一步划分为2个三级构造区。

1)阜平台拱(III_2^8)

由石家庄变化正磁场亚区圈定,位于王安镇岩体南缘一带以南,临城一线以北,京广路以西地区。本区石家庄以北为正负相间磁场,其东部以低缓的正磁场为主,西部负磁场大面积分布,石家庄以南则为正磁场分布区,异常轴向以北东向为主。出露地层以太古宇片麻岩为主,其次是少量寒武系、奥陶系、石炭系、二叠系及第三系,北部有少量中新元古代盖层分布。区内岩浆活动频繁、断裂构造发育。正磁异常可能是磁性基底或岩浆岩带的反映,大片的负磁场由磁性微弱、老的紫苏花岗岩所致。

2)邯邢凹断束(III_2^9)

由邯邢正磁场亚区圈定,位于阜平台拱以南,向东越过京广线到达平原区的肥乡、威县一带。呈一北东向的高值磁场区,强度由北东向南西递减。这个高值磁场区由大致平行的两条正异常带组成:西北侧一条是邢台-涉县正异常带;东南侧一条是磁县-威县正异常带。本区北部为赞皇隆起,老地层出露地表,南部为武安凹陷,上古生界地层广泛分布,京广线以东是平原区,磁场区跨越了3个地质环境不同的区域,可见异常主要反映的是深部的情况。该区西北部出露的八大闪长岩体整体上形成一条邢台-涉县高磁异常带,表明深部应有一个规模巨大的磁性岩体存在。东南部的磁县-威县正磁异常带,推断为深部岩体或磁性基底隆起所致,有形成邯邢式铁矿及变质铁矿的条件,故应加强本区深部找矿及研究工作力度。

4. 冀中南断陷带(II_2^4)

由平原及渤海湾宽缓正负磁场区圈定,范围为河北省中东部平原区。区内磁场范围较大,梯度甚缓,强度一般在±100nT之间,局部出现200nT、最高300nT,异常轴向南部为近南北向,中北部为北东向、北北东向和东西向。本区是第四系覆盖区,低缓的磁场特征反映出了岩层断陷的地质构造环境,区内局部磁异常主要由磁性基底隆起或侵入体引起。划分了4个三级构造区。

1)冀中断陷(III_2^{10})

由冀中变化负磁场亚区圈定,分布在京广线以东、沧州隆起以西的广大地区。区内负磁场区总体走向为北北东向,为基底凹陷区,由于基底断陷深浅的差异以及火成岩的侵入等因素造成了磁场不规则的变化。区内廊坊北西侧最醒目的高碑店-固安-大厂北东向正异常带,以高碑店和固安两处强度最高,高碑店异常已钻探验证在292m以下见变质闪长岩,异常带的东北端是蓟县盘山岩体引起的等轴状异常。故推断该异常带是由磁性岩浆岩带引起。

2)沧县断凸(III_2^{11})

由沧县正磁异常亚区圈定,西边界为故城—献县—天津一线,东边界为沧州-大名府深断裂。本区是一个北北东向狭长的升高磁场带,为隐伏在覆盖层之下断层抬升的磁性基底的反映。

3)黄骅断陷(III_2^{12})

由黄骅负磁场亚区圈定,位于沧县断凸以东,海兴-宁津大断裂以西。是个北东向平稳负磁场区,为基底深陷的凹陷区。

4)埕宁断凸(III_2^{13})

由海兴正磁场区圈定,位于海兴-宁津大断裂以东省域内。为一大范围的高值磁场区(即海兴航磁异常),400nT等值线封闭呈不规则的近东西向带状异常,长85km,最宽45km,峰值位于异常带西端,极大值1 000nT,是河北省平原地区规模最大、强度最高的航磁异常。异常主体在山东境内,化极以后异常中心进入河北省境内。依据钻孔推断异常带由磁性基底变质岩引起,是深部寻找变质铁矿的有利地段。

三、断裂构造

根据断裂划分原则,全省共划分各类断裂74条,其中,深断裂(一级)10条,大断裂(二级)9条,一般断裂(三级)55条。航磁推断明显反映出规模较大的断裂主要以东西向和北东向为主,其次为北西向(图4-8),这些深大断裂构成了河北省断裂构造的主要格架。区内磁异常轴线方向基本上也是东西向和北东向的,可见,东西向和北东向断裂对河北省域内的岩浆活动、地层分布等地质构造的发展、演化起到明显的控制作用。东西向断裂主要分布在河北省的冀东和冀北地区,是河北省发育时代最早的断裂,横贯全省东西的有:康保-围场(F_2)、尚义-平泉(F_{20})2条深断裂;另外还有丰宁-隆化(F_{15})、大庙-娘娘庙(F_{16})、密云-喜峰口(F_{40})3条深断裂和固安-昌黎(F_{54})1条大断裂。

北东向断裂遍布全省,主要有4组(条)深断裂和4条大断裂,深断裂规模全省最大,大断裂规模一般较小。4组深断裂为:上黄旗-乌龙沟断裂(F_6、F_5、F_4)、紫荆关-灵山深断裂(F_{51})、山前断裂[包括怀柔-涞水-定兴-石家庄(F_{52})、邢台-安阳(F_{66})2条深断裂]、沧州-大名府断裂(F_{56});4条大断裂为:张北-沽源断裂(F_9)、平坊-桑园断裂(F_{29})、青龙-滦县断裂(F_{49})和海兴-宁津断裂(F_{63})。

北西向断裂主要分布在河北省的中部及北部,为河北省发育时代最晚的断裂,主要有:张家口-渤海1条深断裂(F_{57}),马市口-松枝口(F_{22})、无极-衡水(F_{60})、临漳-魏县(F_{69})4条大断裂。

四、岩浆岩侵入岩分布特征

河北省侵入岩十分发育。依据磁场特征并结合重力、地质、物性以及钻孔等资料,全省共圈出各类侵入岩体98个,其中,酸性岩体48个,中—中酸性岩体42个,基性—超基性岩体8个,属于出露的59个,隐伏、半隐伏39个(图4-9)。

由图4-9可见,航磁圈出的侵入岩体在空间分布上主要是沿北东向、近东西向和北西向深大断裂带产出,规模最大的是受上黄旗-乌龙沟深断裂控制的北东向岩浆岩带,圈出的岩体多达近40个,其次为冀东地区由多条东西向深大断裂控制的岩浆岩带,圈出的岩体较为集中、数量也较多;北西向岩浆岩带主要是沿张家口-渤海深大断裂分布。从岩性上看,河北省圈出的岩体主要以酸性—中酸性岩为主。

将河北省矿产分布图与航磁推断地质构造图套合在一起,不难看出:在北东向、近东西向及北西向展布的断裂岩浆岩带及其周围也是河北省已探明的主要矿产地和矿点的分布区(沉积变质铁矿、铝土矿除外)。这是由于中生代中晚期岩浆活动频繁而强烈,岩性主要为花岗岩—闪长岩类(中酸性岩体),分布几

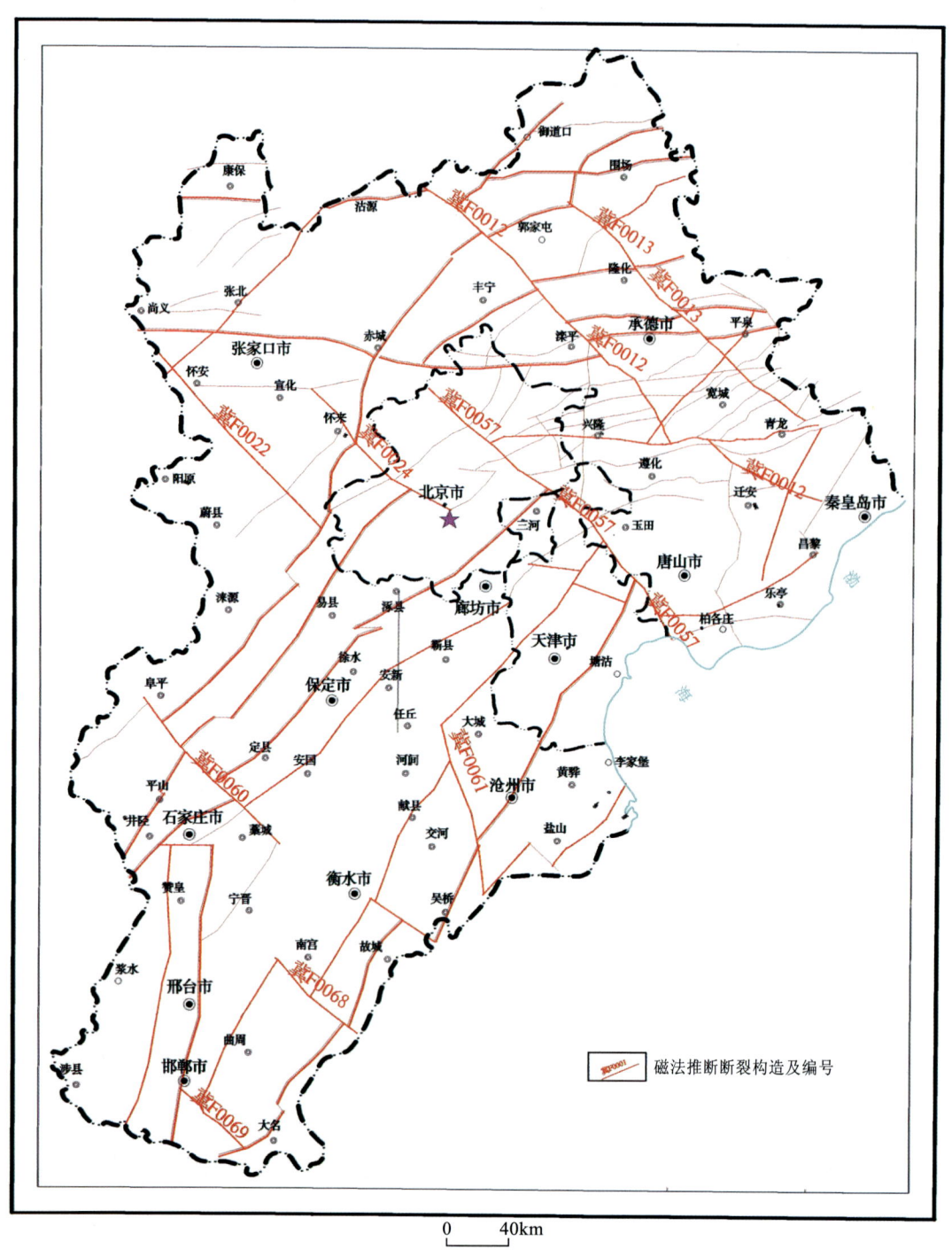

图 4-8 河北省航磁推断主要断裂构造格架略图

乎遍及全省山区,主要集中在太行山北段和燕山地区。除中酸性侵入岩外,还有大量的浅成、超浅成侵入岩体。与本期岩浆活动有关的矿产极其丰富,主要有与中酸性岩体有关的接触交代型铁矿(如邯邢、涞源)、铜矿(寿王坟、浮图峪)、斑岩型铜、钼矿(小寺沟、木吉村)、钼锌矿(大湾);与中酸性岩体有关的为石英脉型金矿,而有些岩体本身就是含金岩体(峪耳崖、茅山);还有的岩体有稀有金属矿化(麻地、汉儿庄)。

不同类型侵入岩的分布特征简述如下。

1. 超基性岩类

出露较少,主要沿冀东及冀北几条东西向深断裂分布,超基性岩体大都具有较强的磁性,如果具有一定的规模,在其上常可见到上千纳特的磁异常。由于超基性岩磁性不均匀,也有一些岩石磁性较弱,因而

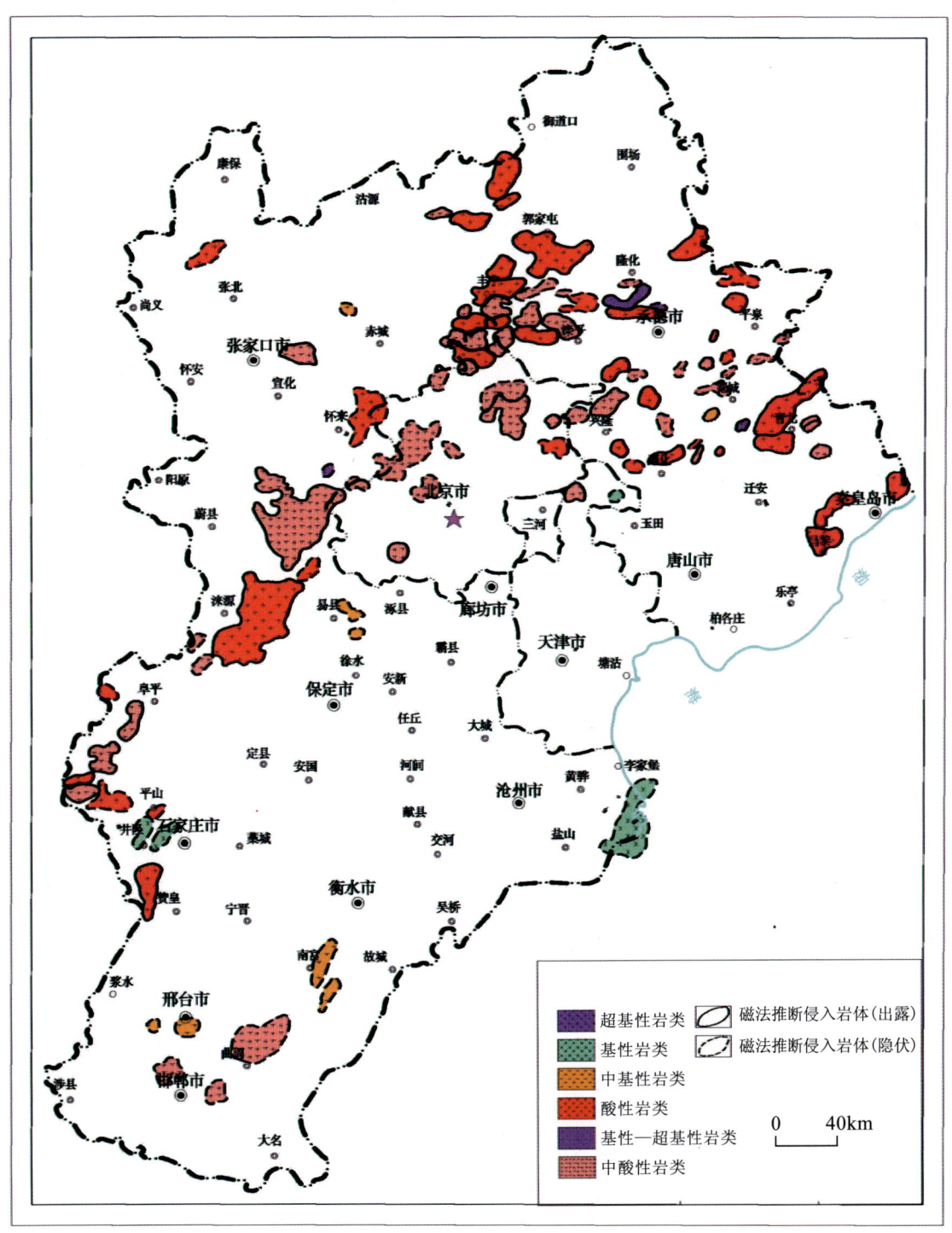

图 4-9 河北省航磁推断侵入岩体分布图

岩体上的磁异常多表现为起伏变化的异常。不同岩相、不同蚀变情况的超基性岩,其磁性特点因地区不同,规律各异。一般来说,岩性为辉石岩、角闪石岩一类岩石组成的岩体,它们磁性较强,能够形成强度很高、梯度较大,具一定规模的航磁异常;橄榄岩类岩石组成的岩体,常成群出现,单个岩体规模都较小,磁性也较弱,航磁上甚至没有异常反映,若橄榄岩类岩石蚀变为蛇纹岩后本来较弱的磁性更加微弱了。

2. 基性岩类

主要受北东向、东西向深断裂控制,分布在冀东、太行山等地,基性岩类除斜长岩由于不含暗色矿物,磁性很弱外,其他无论是深成相的辉长岩、苏长岩还是浅成相的辉绿岩一般都具有较强的磁性,均能引起强度较高的航磁异常。

3. 基性—超基性岩类

基性与超基性岩有时在磁场上无法区分，有时二者为一杂岩体产出，这种情况归为基性—超基性岩类。

4. 中性岩类

分为两类：一类是偏基性的闪长岩，另一类是偏酸性的正长岩。

(1) 闪长岩类岩石

闪长岩类岩石主要受北东向与东西向深断裂控制，分布在太行山、冀东以及冀东南平原区，在岩浆岩中具中等磁性，介于基性岩和酸性岩之间，早期的闪长岩体，如太古宙的柳各庄、安子岭、东卯等闪长岩体都具有一定规模，但没有完整的航磁异常反映，燕山期的闪长岩体规模虽都不大，多呈岩株或岩脉状产出，但都有单独的航磁异常形成。

(2) 正长岩类岩石

正长岩类岩石零星分布在全省山区，规模大小不一，规模较大的岩体，航磁都有异常反映，由于岩体磁性不均匀，异常强度变化较大，一个岩体上往往形成多个叠加异常。

5. 酸性岩类

酸性的花岗岩类岩体在河北省分布最广，大到岩基小到岩株、岩脉十分发育，它们往往因相变复杂、磁性不均一而形成复杂的航磁异常，并有众多的局部叠加异常。酸性岩体在岩浆岩中是磁性最弱的一类，但它们的磁性也不尽相同，产生的异常也有差别，从岩体磁性及异常特征分析，可概括为2类。

1) 微弱磁性岩体

这类岩体大部分为成岩时代较早的侵入体，如太古宙的都山、红花梁、平阳、许亭等岩体，古生代的康保、满德堂、王土房等岩体。也有一些是燕山期的岩体，如王坪石、茅山、罗文峪、麻地等岩体。这些岩体一般规模较大呈岩基产出，很少以岩株出现，岩体中岩性比较均一，岩石类型单调，相变不明显，从中心到边缘几乎全部为花岗岩、麻岩地层。在花岗岩成岩系列中属于S型。这类岩体含矿性一般不好，在河北省尚未发现成型的矿床与之有关。

2) 较强磁性岩体

这类岩体岩浆分异良好，相变明显，不同的岩相带多呈环状展布，同一岩体中由边缘到中心酸性程度增加，边缘相可为花岗闪长岩或石英闪长岩，中心相可为花岗岩或花岗闪长岩，往往是由岩浆多次活动构成的杂岩体。岩体多呈近等轴状中、小型岩株产出，部分为大型岩基，与围岩为侵入接触关系，界线清楚，接触面一般较陡。这类岩体绝大多数是燕山期的产物。含矿性好，普遍含不同种类的矿化，常形成不同规模的铁、铜、钼及多金属矿床。在花岗岩成岩系列中属于I型花岗岩。

五、火山岩分布特征

河北省火山岩相当发育。可以划分为太古宙、古元古代、中元古代、晚古生代、中生代和新生代6个火山旋回，在空间分布上几乎遍及基岩出露全区。除太古宙和古元古代已全部成为变质岩外，航磁推断圈定的火山岩地层主要分布在冀西北地区（图4-10）。

1. 基性火山岩

河北省的基性火山岩有分布在张北、尚义一带的新生界汉诺坝玄武岩和围场北部的中生代棋盘山玄武岩，它们形成大面积的岩被，不整合在下伏较老地层之上。玄武岩分布区磁场面貌十分复杂，基本上是正负紧密相间的、频繁起伏的锯齿状异常，在剖面上显示频繁的正负跳跃，剖面之间无明显的连续对应关系，异常强度多在±1500nT之间变化，正负异常大多没有伴生关系，时有单独负异常出现，局部负异常可以很强，极小值可到-2000nT以下，异常形状不规则，方向的规律性也不强。

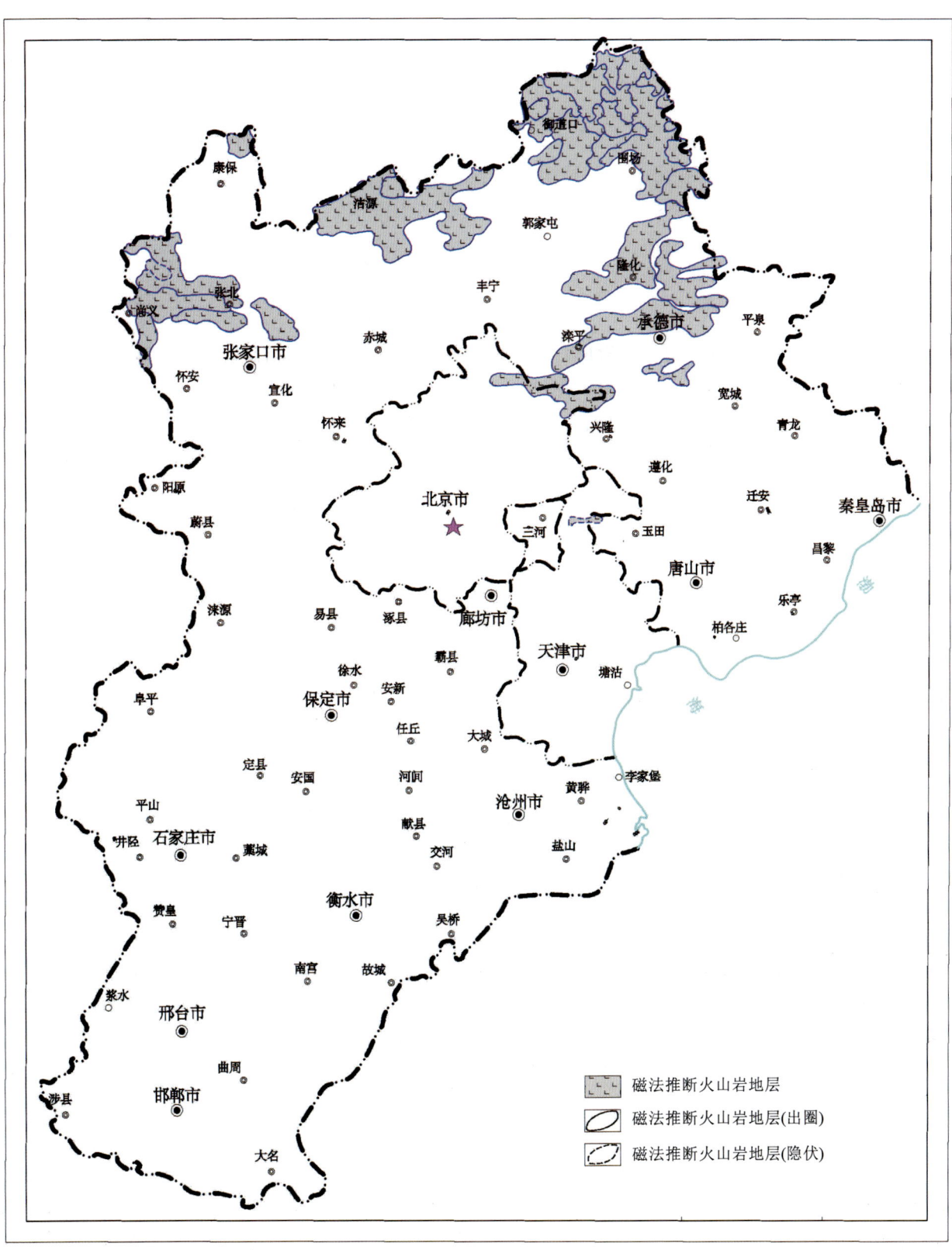

图 4-10 河北省航磁推断火山岩地层分布图

2. 中性火山岩

中性喷发的安山岩及其火山碎屑岩主要分布在冀北北纬 40°以南,西起蔚县经涿鹿、怀来到滦平、承德、兴隆、平泉一线,呈北东向带状断续成片展布,常与凝灰岩、砂砾岩等互层产出。安山岩类的磁场面貌也较复杂,强度变化较大,在波动起伏的基础上常出现强弱不等的跳跃状高峰,多以正磁场为主呈杂乱多峰的异常带，或正负相间彼此无相伴关系的异常群。与玄武岩类磁场特征不同的是安山岩类岩石引起的异常中负异常出现的频率较低，正负异常的紧密程度也较差，即相互间较为松散，异常的强度和幅度也较小。

3. 酸性火山岩

酸性喷发的流纹岩及流纹质火山碎屑岩主要分布在冀北北纬41°以北的崇礼、沽源、丰宁、围场一带，呈大片分布，其中赋存有沸石、油页岩、煤等矿产。酸性喷出岩区的航磁异常强度一般较低，极大值数百纳特，以正磁场为主，间有局部负磁场，一般范围较大，异常极不规则，也有部分强度较高的航磁异常。

六、变质岩分布特征

依据磁场特征并结合重力、地质、物性以及钻孔等资料，河北省圈出的变质岩地层主要分布在石家庄赞皇—阜平地区、张家口一带和冀东地区。其中以冀东分布最广、发育最好、时代最老（图4-11）。河北省著名的水厂铁矿、司家营铁矿就产于冀东的变质地层中，也是我国除辽宁省以外最大的钢铁基地。冀东地区分布有中高级变质的古、中、新太古代（早期）3套变质表壳岩，即曹庄岩群、迁西岩群、遵化岩群。

张家口一带圈出了较为集中的变质岩地层区，也是地质上统称的怀安-遵化中高级变质构造区的西段，出露为桑干片麻杂岩、崇礼岩群、红旗营子岩群、化德岩群。

河北省西南部的太行山区圈出的变质岩主要为阜平-赞皇中高级变质构造区，出露为中—新太古代的阜平岩群和新太古代晚期的五台超群以及古元古代早期的官都岩群和晚期的甘陶河群。

在变质岩地区最为醒目的航磁异常就是变质铁矿引起的异常，这类异常强度高、梯度陡、方向稳定、形态规整、正负伴生，较易识别。另外磁性较强的基性、超基性岩体也能引起明显的航磁异常。这些矿异常或岩体异常的背景场就是变质岩系所反映的磁场，这类磁场总的来说由于其磁性的极不均匀性，均反映为波状起伏的磁场，其特征是较变质铁矿或强磁性岩体异常强度明显降低，一般为数百纳特，波动磁场较有规律，剖面之间有对应关系，异常的连续性较好，一般呈长带状或短轴状展布，异常长轴方向反映变质岩地层的走向方向。

第四节　从航磁看河北省北西向断裂构造

一、传统断裂构造格架

河北省内断裂构造极为发育，构造活动频繁，遍及全省。早期断裂以近东西向为主，分布于北纬40°—42°之间，具长期多次复活变动的性质。燕山运动以来，受太平洋板块的俯冲挤压影响，断裂以北北东、北东向为主，北西向次之（图4-12），主要断裂构造按方向可分为以下2组。

1. 北北东、北东向断裂构造

(1) 上黄旗-乌龙沟深断裂。

(2) 紫荆关-灵山深断裂。

(3) 怀柔-涞水深断裂。

(4) 定兴-石家庄深断裂。

(5) 邢台-安阳深断裂。

(6) 沧州-大名深断裂。

(7) 沽源-张北大断裂。

(8) 平坊-桑园大断裂。

(9) 青龙-滦县大断裂。

(10) 海兴-宁津大断裂。

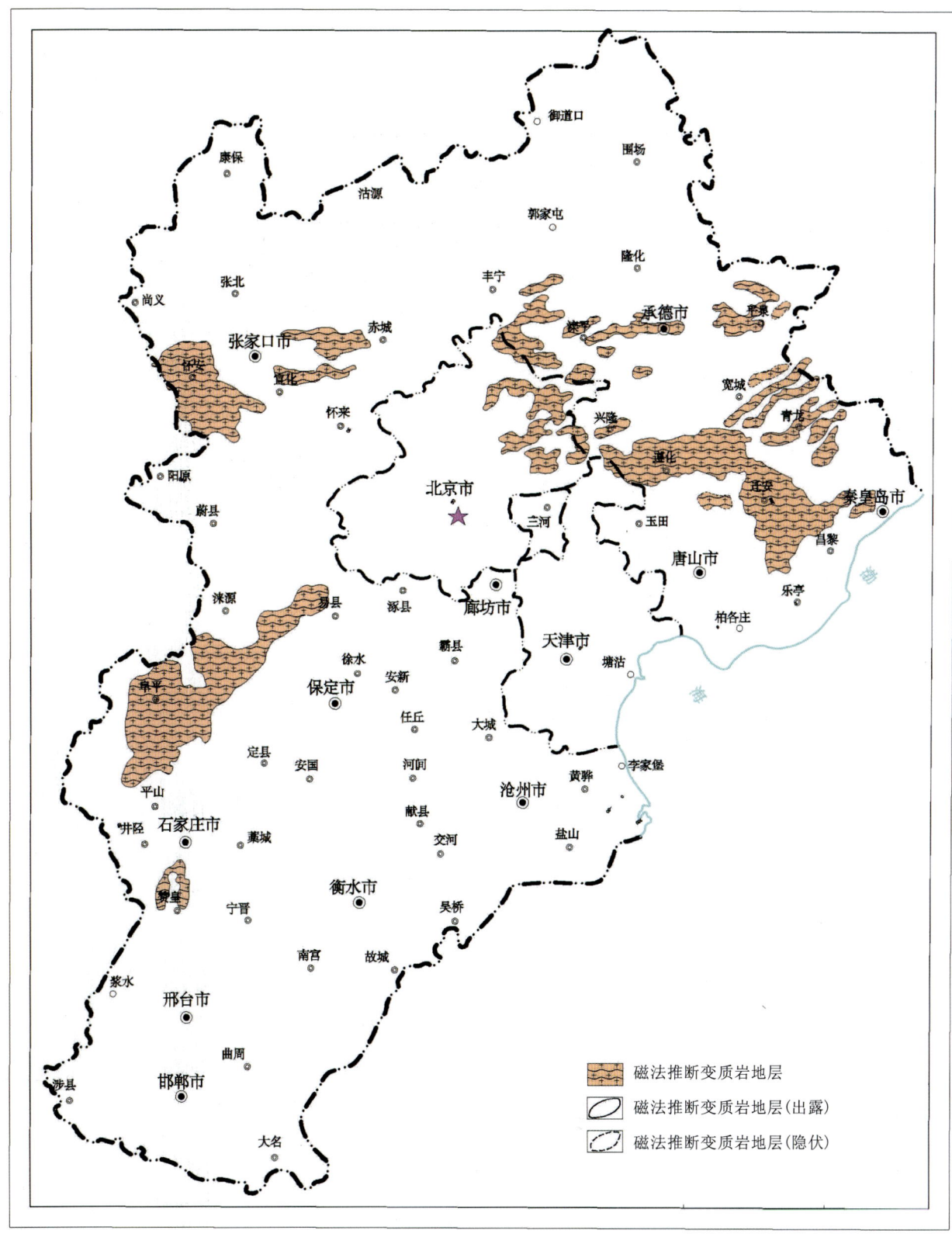

图 4-11 河北省航磁推断变质岩地层分布图

2. 近东西向断裂构造

(1) 康保-围场深断裂。
(2) 丰宁-隆化深断裂。
(3) 大庙-娘娘庙深断裂。

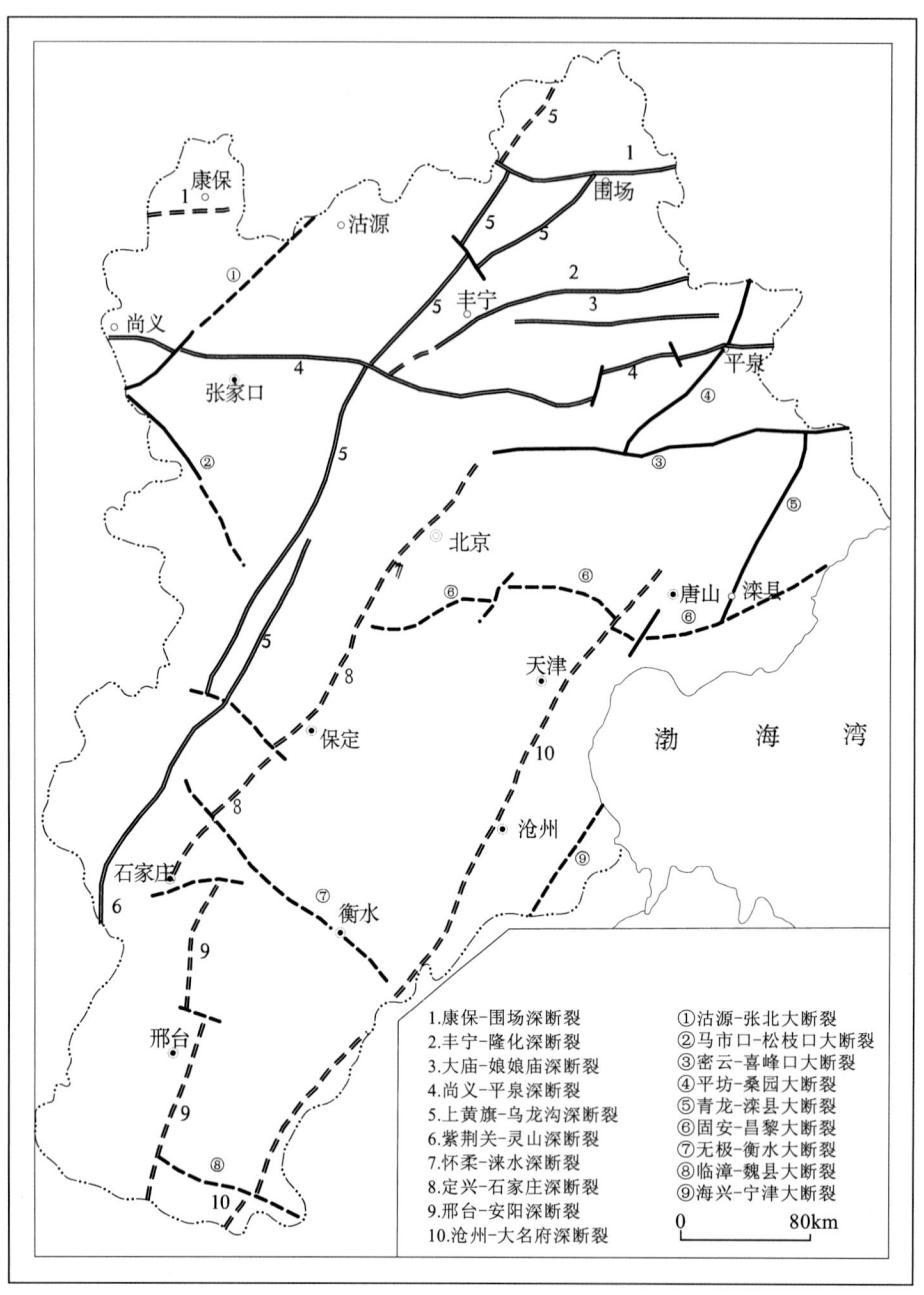

图 4-12 河北省深大断裂分布图

(4) 尚义-平泉深断裂。
(5) 密云-喜峰口大断裂。
(6) 固安-昌黎大断裂。

3. 北西向断裂构造

(1) 马市口-松枝口大断裂。
(2) 无极-衡水大断裂。
(3) 临漳-魏县大断裂。

从以上断裂分布情况可以看出，北西向断裂主要分布在河北省东经116°以西，北纬41°以南地区。北西向断裂构造在北纬41°以北地区不发育。

二、航磁推断北西向断裂构造

图 4-13 是航磁推断断裂构造,编号为冀 F0024、冀 F0057、冀 F0012、冀 F0013 的断裂为本次新推断北西向断裂,和冀 F0024 已有断裂一起组成河北北部一组北西向断裂。该组断裂大体呈平行等距状排列,构成河北省断裂构造的新格局,必将在今后基础地质研究和找矿预测中发挥重要作用。

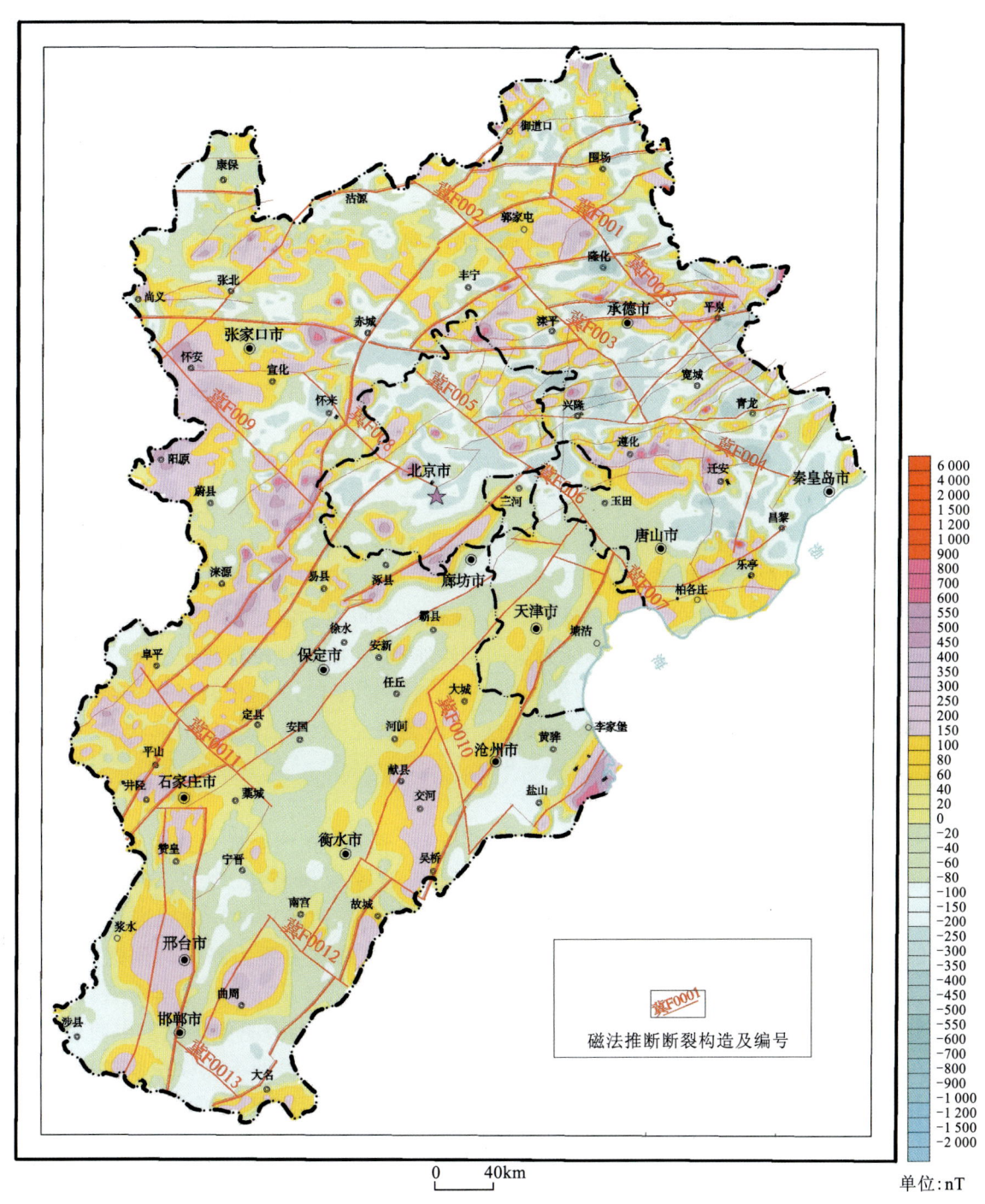

图 4-13 河北省航磁推断断裂

1. 宣化-北京断裂(冀 F0024)

该断裂自北京北西向经由怀来至宣化赵川,断裂两侧磁场有明显差异,东北侧航磁正异常有较多的分布,西南侧则以负磁异常为主。从布格重力异常看,断裂西北端位于一北西向梯级带上,东南端位于北东向梯级带的扭曲部位。从地质上看,断裂两侧差异也较大,断裂东北侧燕山期岩浆岩侵入体发育,西南侧几乎无大型岩浆岩侵入体。在断裂的东南端,北东向带状分布的侏罗系地层被错断。

2. 赤城-汉沽断裂(冀 F0057)

该断裂由赤城经三河、唐山南至汉沽入渤海,航磁 ΔT 等值线平面图上,北京四海以北西磁场特征反映不明显,但有圈出的北西向分布的隐伏半隐伏岩体;四海以南、三河以北为一正磁异常,异常轴与断裂一致;三河以南至渤海为宽缓负磁场带和磁场变异带,两侧磁场明显不同,北东侧以正异常为主,强度高,异常轴向为北西和东西向;南西侧以负异常为主,强度低缓,异常轴向为北东向和东西向。从布格重力异常看,断层两侧重力场轴向发生扭转,断裂西南重力异常轴向为北北东向,断裂东侧重力异常轴向为近东西向。地震研究资料显示,该断裂构造带由 20 多条断续分布的断裂所组成,如张家口断裂、施庄断裂、南口-孙河断裂、蓟运河断裂、海河断裂、沙南断裂等,单条断裂长 20~40km,倾向不一,倾角较陡,断裂具有正断兼左旋走滑的运动方式,被认为是一条新生的活动断裂带。穿过张家口-渤海断裂带的多条地震反射剖面(张先康等,1998)揭示了该断裂为一个切割岩石圈的深大断裂。在速度结构上,张家口-渤海活动构造带为一个宽达 10~20km 的异常带(张先康等,1998)。

3. 鱼儿山-北戴河断裂(冀 F0012)

该断裂自丰宁鱼儿山,经由丰宁王营、滦平大屯、兴隆蓝旗营、金厂峪、建昌营至北戴河燕河营,断裂穿过乌龙沟-上黄旗深断裂、丰宁-隆化深断裂,大庙-娘娘庙深断裂、尚义-平泉深断裂、密云-喜峰口大断裂。该断裂两侧航磁异常表现为不同的磁场特征,自断裂北端至丰宁-隆化断裂交汇处,该断裂东北侧航磁以正异常为主,西南侧以负磁异常为主;丰宁-隆化断裂交会处至断裂东南端,其东北侧以负磁异常为主,西南侧以正磁异常为主。从布格重力异常看,断裂的西北端重力梯级带方向发生扭转或梯度值发生明显变化;中段为断裂两侧,场值东高西低,有一不明显的梯级带;东南端为一明显的梯级带,场值西高东低。从地质上看,该断裂西南侧和乌龙沟-上黄旗断裂及丰宁-隆化断裂间太古宙变质岩非常发育,构造特征为呈隆起性质;东北侧侏罗纪火山岩发育,构造特征为呈凹陷性质;断裂在该地段与滦河基本重合。凤山附近,断裂东北侧白垩系沉积岩发育,西南侧主要为各类变质岩;自断裂与丰宁-隆化断裂交会处至与尚义-平泉断裂交会处,该断裂大体与牤牛河重合。在该断裂的东南段为青龙-冷口断裂,呈出露状态。

4. 围场-青龙断裂(冀 F0012)

断裂自围场石桌子经隆化步古沟、汤头沟、承德县高寺台、平泉县党坝至青龙县大石岭,断裂穿过乌龙沟-上黄旗深断裂、丰宁-隆化深断裂,大庙-娘娘庙深断裂、尚义-平泉深断裂、密云-喜峰口大断裂。该断裂西北端航磁上主要表现为磁场宽度的突然变化、错位等,如围场三湾子正磁异常宽度西南宽东北窄、汤头沟至张三营负磁异常错动、岗子满族乡正磁异常宽度变化等;东南端主要为断裂两侧磁场特征差异,一般是东北侧以正磁异常为主,西南侧以负磁异常为主或磁场强度变低。从布格重力异常看,断裂西北端是北东向梯级带扭转向北东东向;中段位于明显的北西向梯级带;东南端断裂东侧场值发生明显降低。从地质上该断裂在青龙县岗子满族乡至平泉县小寺沟一带表现较为明显,断裂西南侧以侏罗纪沉积岩为主,东北侧以太古宙变质岩为主。此外,该断裂与部分地表断裂重合,如平泉县党坝至郭杖子一带的北西向断裂等。

第五章 磁测工作部署建议

众所周知磁测对找铁矿效果最为明显,这里的磁测工作部署主要是指铁矿。根据磁性铁矿资源评价成果,针对5个铁矿预测工作区共提出9个整装勘查区。此次工作部署明确了目的任务,给出了工作方法、工作比例尺、工作顺序,初步估算了工作量及资金投入。在最后一节提出了基础地质及找矿方面的一些建议。

第一节 目标任务

根据省级资源潜力分析,河北省磁性铁矿预测资源量(不含查明,矿石量)为 $1\ 900\ 000\times10^4$ t,占资源总量的70.3%,潜在资源量巨大,因此为实现找矿突破,有必要开展大规模的磁性铁矿找矿工作。

目的任务是:在全省重要成矿区带,通过部署快捷有效的地质勘查工作,迅速查明磁性铁矿的找矿前景,择优选取一批找矿有利地段,开展更进一步的地质勘查工作,实现河北省磁性铁矿找矿重大突破。

第二节 以往勘查工作程度

一、地质勘查工作程度

河北省铁矿勘查始于1958年,20世纪70年代进行了邯邢铁矿会战、冀东铁矿会战,达到了高潮,之后对铁矿成矿规律进行了研究总结,勘查工作处于停止状态。1980年至2005年,铁矿勘查仅限于私企开采活动而进行的勘查,国家未安排勘查工作。2004年,世界矿业市场的复苏及我国基本建设的大规模展开,对铁矿资源的强烈需求,导致铁矿石价格暴涨,从2006年起,国家才开始重视铁矿资源的重要战略地位,在国内又掀起了新一轮的铁矿勘查高潮。

全省铁矿产地总数262处,其中,大型17处、中型106处、小型139处。勘探矿区76处、详查99处、普查87处。勘查程度详查以上占71%、普查29%。累计探明资源量 80×10^8 t,详见表5-1。

表5-1 河北省铁矿勘查程度统计表

矿床规模	产地数(处)	勘探(处)	详查(处)	普查(处)	探明资源量($\times10^4$ t)
大型	12	10	3	4	450 000
中型	106	43	43	20	300 000
小型	139	23	53	63	50 000
合计	262	76	99	87	800 000

自2007年起,在全国开展矿产资源潜力评价,对全省铁矿资源潜力进行了评价。该项工作全面系统地研究了以往的物化探资料,圈定了矿致磁性铁矿异常,进行了资源潜力的估算,指出河北省磁性铁矿找矿潜力巨大。

二、航磁工作程度

河北省的航空物探工作最早始于1954年,当时地质部物探局101航测队在河北省北部隆化、滦平、承德、平泉一带6 000km²范围内作了1∶10万航空磁测试验性生产,这也是我国最早的航空物探工作项目之一。此后于1959年正式在河北省北部(张家口、承德、唐山)地区和西部太行山地区同时开展了1∶10万~1∶20万航空磁测和航空放射性测量。这两项工作之后,再加上内蒙古、辽宁的测区跨入省境边缘的部分,在河北省除张家口地区京包线以南和围场县棋盘山一带尚留有空白区外,全省山区1∶10万~1∶20万航空磁测和航空放射性测量工作已基本覆盖。

这些工作是属于金属矿航磁的范畴,飞行高度低,沿地形起伏飞行,以发现局部异常而寻找金属矿产为主要目的的航空磁测,就河北北部和太行两大区共编号航磁异常450处,航空放射性异常123处,为河北省山区寻找磁性、放射性矿产提供了重要资料。

1959年还在渤海及周边地区进行了1∶100万(成图1∶50万)航空磁测,1960—1962年又在平原地区进行了1∶20万航空磁测,1963年还在山西高原地区(包括了河北省西部山区)进行了1∶100万航空磁测。这些工作是属于构造航磁的范畴,飞行高度较高,沿地平线平飞,以解决构造问题,并圈定含油、气、煤构造为主要目的的航空磁测工作。

以上工作可称为河北省第一轮的航空物探工作,属于大区域的普查性质。这一时期工作比例尺较小,金属矿航磁为1∶10万~1∶20万;构造航磁为1∶20万~1∶100万。测量精度较低,山区金属矿航磁用25型仪器,实达精度在25~54nT之间;构造航磁用49型仪器,实达精度在10~20nT之间。因为当时不具备整个测区内统一精度的地形图件,故领航用图质量较差,空地联系误差较大。

1976年唐山大地震以后,国家为解决地震地质问题,又于1977年在河北省心脏地带的京、津、唐、承、张一带(编号6)约76 000km²范围内作了高精度1∶20万航空磁测和航空遥感测量,航磁测量精度达±4.2nT。工作结果对区内各类型断裂的划分和相互关系及深部地质构造、地震多发区等问题进行了研究。

20世纪70年代期间,地质部航空物探大队在河北省先后进行了多个测区1∶5万比例尺的航空物探工作,计有1971—1972年京西地区的航空磁测,1973年石家庄地区的航空磁测,1975年保定地区的航空磁测和航空放射性测量,1979年承德地区的航空磁测和航空放射性测量。高精度航空磁测计有1987年河北蔡家营—内蒙古宝昌地区,1989年的丰宁地区,1991年的大河南地区、团泊口地区、1993年代县—灵丘地区等。工作程度见图5-1。

冶金部的航测队也先后完成了以下测区的航空磁测工作:1972年1∶2.5万的邯邢地区,1973—1974年1∶2.5万冀东地区,1974年1∶5万的邯邢外围地区,1976年1∶5万的张北—沽源地区和承德西部地区。1982年省地勘局还请内蒙古物探队航磁分队完成了围场一带的1∶5万航空磁测。加上地矿、冶金两系统分别完成的一些跨省(区、市)1∶5万或1∶2.5万的航空磁测测区:如1967年的多伦—太仆寺旗地区,1968年的呼和浩特—大同地区,1974年的北京北部地区,1975年的晋北—五台地区,1971年的晋中地区,1970年的晋东南、豫西北、冀西南地区,1974年的安阳地区,1981年的赤峰西部地区,1978年的凌原—绥中地区等。此外,核工业部历年来在河北省北部地区也作了大量的航空磁测和航空放射性测量,主要目的是寻找放射性矿产(这些资料本次工作均未收集到)。

三、地磁工作程度

地面磁测河北省在20世纪60—80年代主要是针对铁矿带、矿区(点)外围进行普、详查工作,先后集中开展了冀东和邯邢两次大的铁矿会战,以及超基性岩体的普查,隐伏岩体调查、航磁异常查证等工作,工作比例尺1∶1 000~1∶5万不等,该项工作遍及全省各重要成矿区带,面积达数千平方千米,发现了冀东司家营、安各庄、邯邢西石门、中关、涞源于城、支家庄、承德大庙、黑山等铁矿区的大、中、小型矿床200余处,矿点、矿化点300余处。

20世纪90年代以来积极推广使用高精度磁法测量仪,其应用范围由以前的找铁为主,扩大到作为综合物化探找矿的一种手段,在矿区外围找矿、危机矿山深部找矿、平原区找矿以及划分与推断隐伏地质体、采空区、工程、环境勘查等方面发挥了重要作用,工作比例尺一般为1∶1万~1∶5万不等,工作范围遍及河北省各重要成矿区带及外围,面积达数千平方千米。特别是河北省实行以找铁、煤为主的战略性矿产资源勘查

第五章　磁测工作部署建议

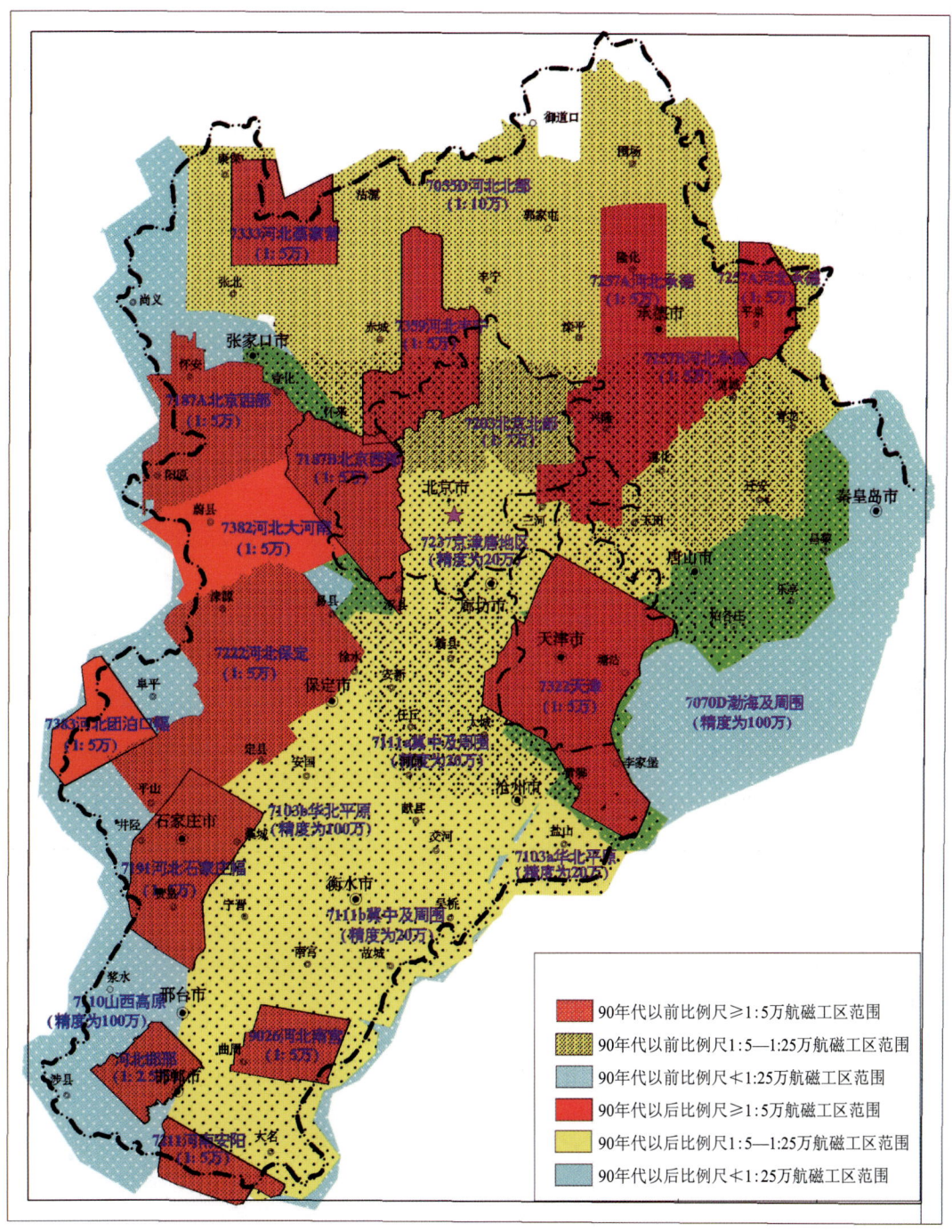

图 5-1　河北省航磁工作程度图

以来,已完成冀东地区、冀北地区、邯邢地区等铁矿资源调查项目的 1∶2 万、1∶2.5 万地面高精度磁法测量 1 500 余平方千米,并取得了很好的找矿效果。河北省 1∶5 万比例尺以小的地磁工作见图 5-2。

四、航磁异常查证工作

根据已有资料统计,河北省共有编号的航磁异常约 2 463 处,其中,甲类异常 298 处、乙类异常 521 处、丙类异常 617 处、丁类异常 1 027 处。自 60 年代开始至今,河北省做了大量的航磁异常查证工作,据初步统计:航磁异常经钻探验证的 383 处、进行了二级查证的 428 处、开展三级查证的 437 处。

通过以往的查证工作,找到了不同规模的磁铁矿床,如:59-141(司家营)、59-1412(大贾庄)、59-143(多余屯)、74-12Ⅰ(马城)、74-12Ⅱ、Ⅲ、Ⅳ(坎上)、74-56(杏山)等大型沉积变质型铁矿和 59-180(玉石洼、云驾岭)、59-181(北洺河)、59-195(中关)、59-194(杨二庄)、59-223(胡峪)、59-1951(白

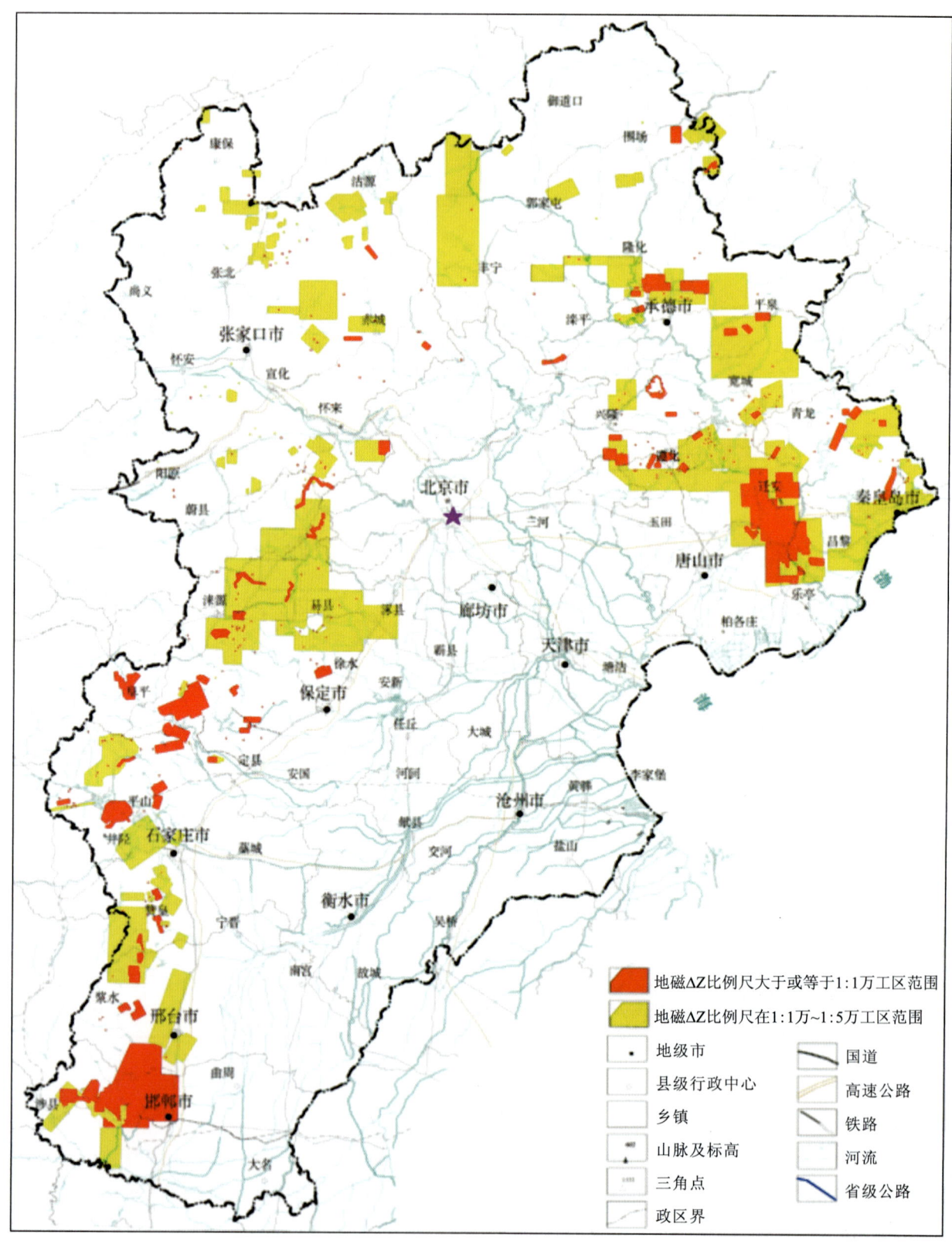

图 5-2 河北省地面磁测工作程度图

涧)、59-199a(崇义东)等大、中型邯邢式接触交代型铁矿、以及 59-101(铁山岭)、59-128(西双城)、59-174(大安乐庄)、59-148(彭店子)、59-135(栗园)、59-136(孟家屯)、59-137(安各庄)、74-18(黄庄子)、74-21(沈官屯)、74-22(兰家庄)、74-23(菱角山庄)、74-24(高官营)、74-25(杜峪)、74-11(李下庄)、59-142(南套)、74-16(大夫庄)、74-31(指挥)、59-156(榆关)、59-114(近北庄)等中型沉积变质型铁矿,都是在航磁异常地面查证工作中发现或扩大规模的。实践证明航磁异常查证工作,找矿效果极佳。

五、以往综合研究成果

1. 河北省 1∶50 万物化探编图及物化探异常找矿远景研究

是由河北省地质矿产勘查开发局批准并列为局管项目，河北省地球物理勘查院 1982—1984 年完成。为适应区域地质构造和成矿规律研究的需要，项目通过全面收集系统整理全省有关物化探方面资料，编制了全省第一份 1∶50 万重力、航磁、化探异常图以及物化探工作程度图。结合以往地质成果，系统研究了全省区域地质构造，提出了深部、中部和浅层的立体断裂体系，以深大断裂为格架划分了本省的构造单元体系。推断断裂 83 条，其中，深部断裂 10 条，中部断裂 22 条（大断裂），浅部断裂 51 条（一般断裂）；圈出了若干隐伏侵入体，研究了金属矿的成矿规律，圈出了 17 个找矿远景异常段并从中选出 100 余个重点异常作为普查找矿的靶区和突破口，获得了可喜的找矿效果。

2. 华北地台北缘冀北地区物化遥编图与综合解释

是由地矿部直属单位管理局、地矿部勘查技术司下达的任务，河北省地球物理勘查院 1991—1993 年完成。项目通过物化遥综合信息研究，划分出 EW、NE 和 NW 向 3 组断裂构造，建立了研究区的构造格架，进行了构造单元划分。推断断裂 33 条，其中深断裂 8 条、大断裂 9 条、一般断裂 16 条。推断圈出盆地 8 处。对区内岩浆岩进行了研究，圈出岩体 18 个，划分出 3 条岩浆岩带。建立了冀东石英脉型金矿、蔡家营铅锌矿的综合信息找矿模型，提出了 13 个找矿远景区和 17 个普查靶区。

3. 河北省 1∶50 万区域物化探成果综合研究

2003 年 10 月 15 日，河北省国土资源厅以冀国土资勘任字[2004]55 号文下达了"河北省 1∶50 万区域物化探成果综合研究"项目任务书。2004 年 4 月 13 日河北省国土资源厅地勘处组织有关专家对项目设计进行了评审，2004 年 9 月 20 日下达了《河北省 1∶50 万区域物化探成果综合研究设计书》批复文件（冀国土资源便字[2004]053 号），至此该项目工作全面展开，2007 年 12 月提交报告，项目结束。通过对全省收集到的区域物化探资料进行综合研究，从地球物理、地球化学场的特征分析出发，对河北省区域地质构造及成矿规律进行探讨；结合对物化探局部异常的研究圈定找矿远景区，提出今后找矿工作建议。推断和重新厘定了 60 余条断裂构造，首次推断出 4 条北西向断裂，对研究河北省基础地质问题意义重大。圈定了岩体、盆地，为成矿预测提供了依据。分析归纳了主要成矿元素典型矿床的地质、地球物理和地球化学特征，并总结了这些矿床的找矿标志，对异常进行了登记、分类和排序，筛选了十余处重点异常，划分了 16 处金银铅锌钼等元素的找矿远景区，指明了这些元素的找矿方向和找矿靶区。

4. 河北省山区航磁异常新一轮研究

2006 年河北省矿产资源补偿费地质勘查专项项目，经省人大批准，省财政厅批复下达，由省国土资源厅直接下达任务书，项目编码为冀国土资勘便字[2006]006 号，合同编号为 061214-1，设计书批复编码为：冀国土资勘便字[2006]083 号。本项目通过全面收集本省 40 余年取得的不同比例尺的航磁资料，编制了河北省 1∶100 万航磁 ΔT 等值线平面图及其转换图件一套，以典型矿床为实例，以翔实资料为依据，全面总结了航磁异常从选点—地面物化探检查—成果解释推断—深部工程验证—勘探全过程的经验和找矿效果，对今后利用航磁异常找矿具有很好的启示和借鉴作用。着重总结了本省与航磁异常有关的沉积变质型铁矿、接触交代型铁矿、岩浆型铁矿、热液型多金属矿等类型矿床的航磁异常特征及分布规律，进而分别建立了相应的航磁异常、地质、地球化学综合找矿模型，对研究筛选矿致异常具有重要指导作用。以诸多典型异常为实例，总结了省内超基性、基性、中性、酸性和碱性侵入岩以及各类火山喷出岩反映的航磁异常的基本特征及分布规律，对人们认识此类岩性异常是有益的。根据主要类型矿床的航磁异常、地质、地球化学综合找矿模型，对省内航磁异常进行了筛选，提出了找矿有望异常区带 13 片、找矿有望局部异常 52 处，为今后普查找矿（特别是隐伏矿）提供了具体靶区。在重视低缓大异常、未编号异常、孤立负异常和环形异常的找矿意义方面具有新意。

第三节 磁测工作部署建议

一、磁测工作部署原则

在以往工作尤其是资源潜力评价工作的基础上,充分运用所圈定的磁性铁矿异常位置、范围等定位信息和资源潜力信息,根据磁异常分布特征及预测资源潜力大小,本着快找矿、找大矿的思路,科学规划,统筹安排,集中优势勘查力量,按点面结合的原则进行工作布置。

(一)部署几个整装勘查区

是指面上的工作,主要是针对铁矿预测工作区。按着科学规划,统筹安排,集中优势勘查力量的原则,选择成矿地质条件有利、磁性异常密集分布的区带,划定一个较大的范围,开展整装勘查工作。首先在面上展开地磁测量,优选找矿靶区。在找矿靶区上运用综合物探、地质剖面工作进行解剖,对剖面成果进行定量计算,初步查明磁性体的赋存状态,在此基础上运用槽探、钻探等山地工程进行验证,对资源潜力进行评价,最后提出下一步工作建议。地磁测量建议为1∶1万高精度磁测。综合剖面工作建议1∶5 000或更大比例尺,投入方法有高精度磁测;考虑到斜磁化影响,必要时剖面上也可辅以高精度重力测量、可控源音频大地电磁测深、激电测深等工作,以更详细地了解磁性体的赋存状态,为钻探工作确定孔位。

以上工作应集中优势勘查力量,可由物探专业队伍完成,既能保证工作质量,又能确保工作速度。通过工作可发现一批铁矿产基地,交由地质勘查队伍循序渐进地展开地质勘查工作。这样专业物探力量与地质勘查力量有机结合,可发挥各自的专业优势,实现快速找矿突破。

(二)择优部署点上工作

是指点上工作,在整装勘查区以外,对产因明确,资源潜力较大的磁异常,开展点上的磁测工作,直接在点上实现找矿突破。其工作方法同整装勘查区,只是工作区更有针对性,面积较小,由本次所圈定的磁异常范围确定。

以上点面结合,可有效地完成河北省铁矿资源的勘查工作。

二、磁测工作部署

根据上述原则在铁矿预测工作区内部署铁矿勘查工作,考虑到河北省张宣铁矿预测工作区为宣龙式铁矿,磁测找矿效果不明显,本次仅对其他4个铁矿预测工作区提出磁测工作部署建议。全省共圈定9个整装勘查区,见图5-3。

(一)冀东铁矿预测工作区工作部署(含承德工作区)

该区铁矿类型主要有沉积变质型和岩浆岩型,其次为矽卡岩型。冀东预测区预测资源量为1 376 675×10^4t,其中,沉积变质型1 226 290×10^4t、岩浆岩型118 440.4×10^4t、矽卡岩型31 944.2×10^4t。承德预测区预测资源量为13 112 565.1×10^4t,其中沉积变质型1 284 365.4×10^4t、岩浆岩型210 019.6×10^4t、矽卡岩型58 891.1×10^4t。本区资源潜力较大,共划分4个整装勘查区,整装勘查区以外的磁性铁矿异常可依据异常范围及预测资源量布置点上的工作。

勘查工作投入方法如下。

(1)1∶1万地面高精度磁测,网度100m×20m。

(2)1∶5 000物探地质综合剖面,点距10m;投入方法有高精度磁测,考虑到斜磁化影响,必要时剖面上也可辅以高精度重力测量、可控源音频大地电磁测深、激电测深等工作。

(3)槽探、钻探。

第五章 磁测工作部署建议

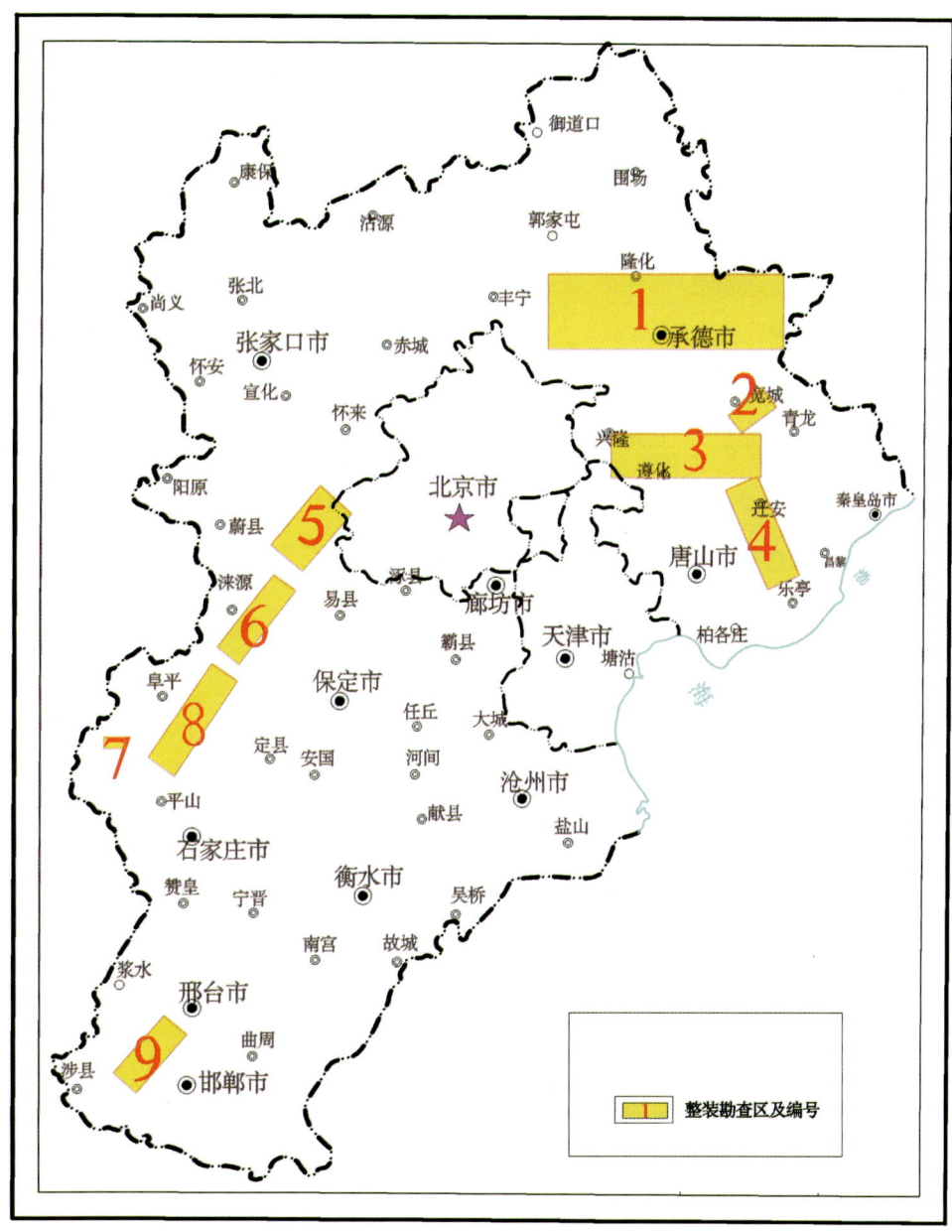

图 5-3 河北省整装勘查区分布图

工作顺序：由先到后依次为 4、3、1、2，见图 5-4。

1. 司家营-滦南整装勘查区（编号 4）

该区位于冀东预测工作区南部，面积 1 572km²，角点坐标见表 5-2。

表 5-2 司家营-滦南整装勘查区角点坐标

角点	X	Y
1	118°23′51″	40°04′24″
2	118°38′43″	40°09′08″
3	118°57′12″	39°34′24″
4	118°42′26″	39°29′42″

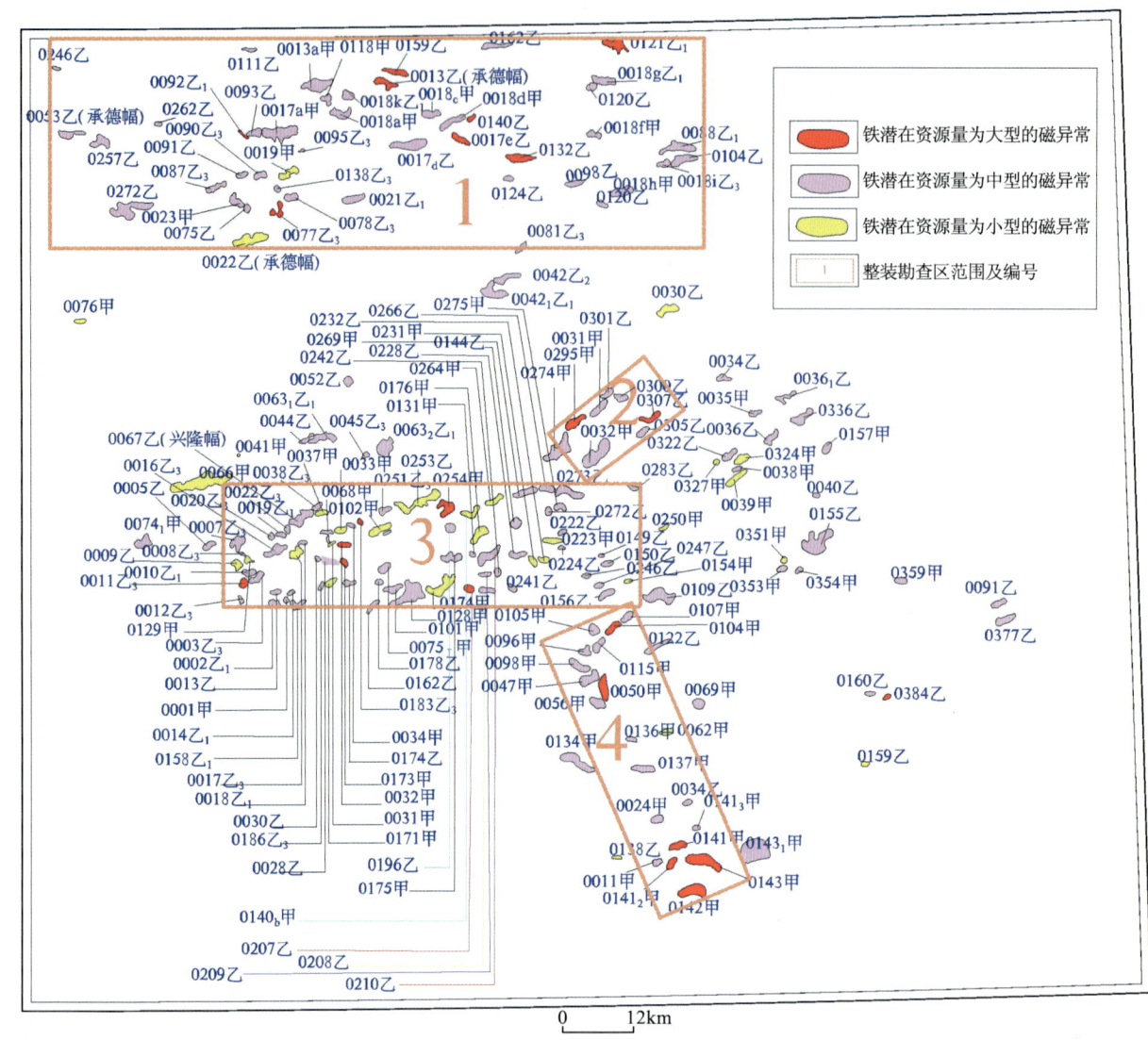

图 5-4 冀东铁矿预测区工作部署图(含承德预测区)

本区位于迁西陆核区,太古宙变质岩有迁西群、滦县群、遵化群等,富含沉积变质型铁矿含铁岩系,分布有多处大、中、小沉积变质型铁矿,如司家营铁矿、滦南铁矿、马城铁矿等,成矿地质条件有利。区内由磁性铁矿或推断由磁性铁矿引起的磁异常21处,预测磁性铁矿大型6处、中型14处、小型1处。预测资源量 $602\,809.2 \times 10^4 t$,资源潜力巨大。综上本区划为磁性铁矿整装勘查区。

区内多处异常由已知铁矿引起,经预测其深部及外围找矿前景也较好,应注意已知矿深部或外围的找矿工作。

从航磁异常图上看,本区中部为负磁异常区,出露地层主要为中新元古代沉积岩,少见铁矿。但从地质上分析,中新元古代沉积岩之下为太古宙变质岩,推断其岩性与南北两侧的司家营、滦南地区一致,因此下伏变质岩也为含铁岩系,同样有较大的找矿前景,有望成为本区深部找矿的突破点,应引起今后工作高度重视。

近年该区在鲁家坨、前所营等第四系厚层覆盖区,通过1:1万地磁测量及钻探验证相继发现较好铁矿层,显示了本区较好的找矿前景。

2. 遵化-迁西整装勘查区(编号3)

该区位于冀东预测工作区中西部,面积 $2\,769 km^2$,角点坐标见表5-3。

第五章 磁测工作部署建议

表 5-3 遵化-迁西整装勘查区角点坐标

角点	X	Y
1	117°31′31″	40°24′38″
2	118°40′43″	40°23′58″
3	118°40′20″	40°08′22″
4	117°31′24″	40°09′02″

本区位于迁西陆核区,太古宙变质岩有迁西群、滦县群、遵化群等,富含沉积变质型铁矿含铁岩系,分布有多处中、小沉积变质型铁矿,成矿地质条件有利。区内由磁性铁矿或推断由磁性铁矿引起的磁异常78处,预测磁性铁矿大型6处、中型55处、小型17处。预测资源量370 160.2×10⁴t,资源潜力巨大。综上本区划为磁性铁矿整装勘查区。

区内多处异常由已知铁矿引起,经预测其深部及外围找矿前景也较好,应注意已知矿深部或外围的找矿工作。

3. 大庙-娘娘庙整装勘查区(编号1)

该区主要位于承德预测区,东西两侧含有部分冀东预测区,面积7 374km²,角点坐标见表5-4。

表 5-4 大庙-娘娘庙整装勘查区角点坐标

角点	X	Y
1	117°03′00″	41°20′16″
2	118°52′40″	41°19′13″
3	118°52′00″	40°53′04″
4	117°03′00″	40°53′42″

本区位于大庙-娘娘庙东西向基性—超基性构造岩浆岩带上,出露地层有太古宙变质岩,中生代侏罗系、白垩系沉积岩也有分布。本区铁矿类型以岩浆岩型为主,其次为沉积变质型。分布有多处大中型铁矿,如大庙铁矿、黑山铁矿、高寺台铁矿等,成矿地质条件有利。区内由磁性铁矿或推断由磁性铁矿引起的磁异常45处,预测磁性铁矿大型8处、中型35处、小型2处。预测资源量306 826.4×10⁴t,资源潜力巨大。综上本区划为磁性铁矿整装勘查区。

区内多处异常由已知铁矿引起,经预测其深部及外围找矿前景也较好,应注意已知矿深部或外围的找矿工作。

4. 梓罗台整装勘查区(编号2)

该区位于冀东预测区中东部,面积416km²,角点坐标见表5-5。

表 5-5 梓罗台整装勘查区角点坐标

角点	X	Y
1	118°41′34″	40°39′43″
2	118°48′01″	40°32′53″
3	118°31′47″	40°24′06″
4	118°25′37″	40°30′16″

本区位于迁西陆核之北东向变质岩带上,铁矿类型为沉积变质型。分布有5处已知铁矿,成矿地质条件有利。区内由磁性铁矿或推断由磁性铁矿引起的磁异常8处,预测磁性铁矿大型2处、中型6处。预测资源量64 087.6×10⁴t,资源潜力较大。综上本区划为磁性铁矿整装勘查区。

区内多处异常由已知铁矿引起,经预测其深部及外围找矿前景也较好,应注意已知矿深部或外围的找矿工作。

(二)涞易铁矿预测工作区工作部署

该区铁矿类型主要有矽卡岩型,其次为沉积变质型。该区预测资源量为73 963.6×10⁴t,其中沉积变质型7 107.8×10⁴t、矽卡岩型66 855.8×10⁴t。本区共划分2个整装勘查区,整装勘查区以外的磁性铁矿异常可依据异常范围及预测资源量布置点上的工作。

勘查工作投入方法为:

(1)1∶1万地面高精度磁测,网度100m×20m。

(2)1∶5 000物探地质综合剖面,点距10m;投入方法有高精度磁测,考虑到斜磁化影响,必要时剖面上也可以辅以高精度重力测量、可控源音频大地电磁测深、激电测深等工作。

(3)槽探、钻探。

工作顺序:由先到后依次为5、6,见图5-5。

1. 大河南整装勘查区(编号5)

该区位于涞易预测工作区北部,面积1 315km²,角点坐标见表5-6。

表5-6 大河南整装勘查区角点坐标

角点	X	Y
1	115°19′18″	40°05′43″
2	115°33′31″	39°56′01″
3	115°12′10″	39°36′12″
4	114°57′41″	39°44′59″

本区位于乌龙沟-上黄旗构造岩浆岩带上,燕山期酸性岩发育,主要为大河南酸性杂岩体,岩性包括花岗岩、二长花岗岩、花岗闪长岩、花岗斑岩等,出露地层有侏罗系、长城系、蓟县系,另有少量太古宙地层。大河南岩体与长城系、蓟县系碳酸盐岩地层接触带控制着区内矽卡岩型铁矿的分布,区内与矽卡岩型铁矿有关的异常主要分布在大河南岩体的东接触带,成矿条件有利。区内由磁性铁矿或推断由磁性铁矿引起的磁异常14处,预测磁性铁矿中型13处、小型1处。预测资源量40 162.1×10⁴t,资源潜力较大。综上本区划为磁性铁矿整装勘查区。

区内多处异常由已知铁矿引起,经预测其深部及外围找矿前景也较好,应注意已知矿深部或外围的找矿工作。

2. 王安镇整装勘查区(编号6)

该区位于涞易预测工作区北部,面积1 047km²,角点坐标见表5-7。

本区位于乌龙沟-上黄旗构造岩浆岩带上,燕山期酸性岩发育,主要为王安镇酸性杂岩体,岩性包括花岗岩、二长花岗岩、花岗闪长岩、石英闪长岩、正长岩、正长花岗岩等,出露地层有阜平群、长城系、蓟县系,另有少量侏罗系。王安镇岩体与长城系、蓟县系碳酸盐岩地层接触带控制着区内矽卡岩型铁矿铁的分布,区内与矽卡岩型铁矿有关的异常主要分布在王安镇岩体的西东接触带,已知矿床有涞源县支家庄铁矿、涞源县于城铁矿等,成矿地质条件有利。区内由磁性铁矿或推断由磁性铁矿引起的磁异常10处,预测磁性

第五章 磁测工作部署建议

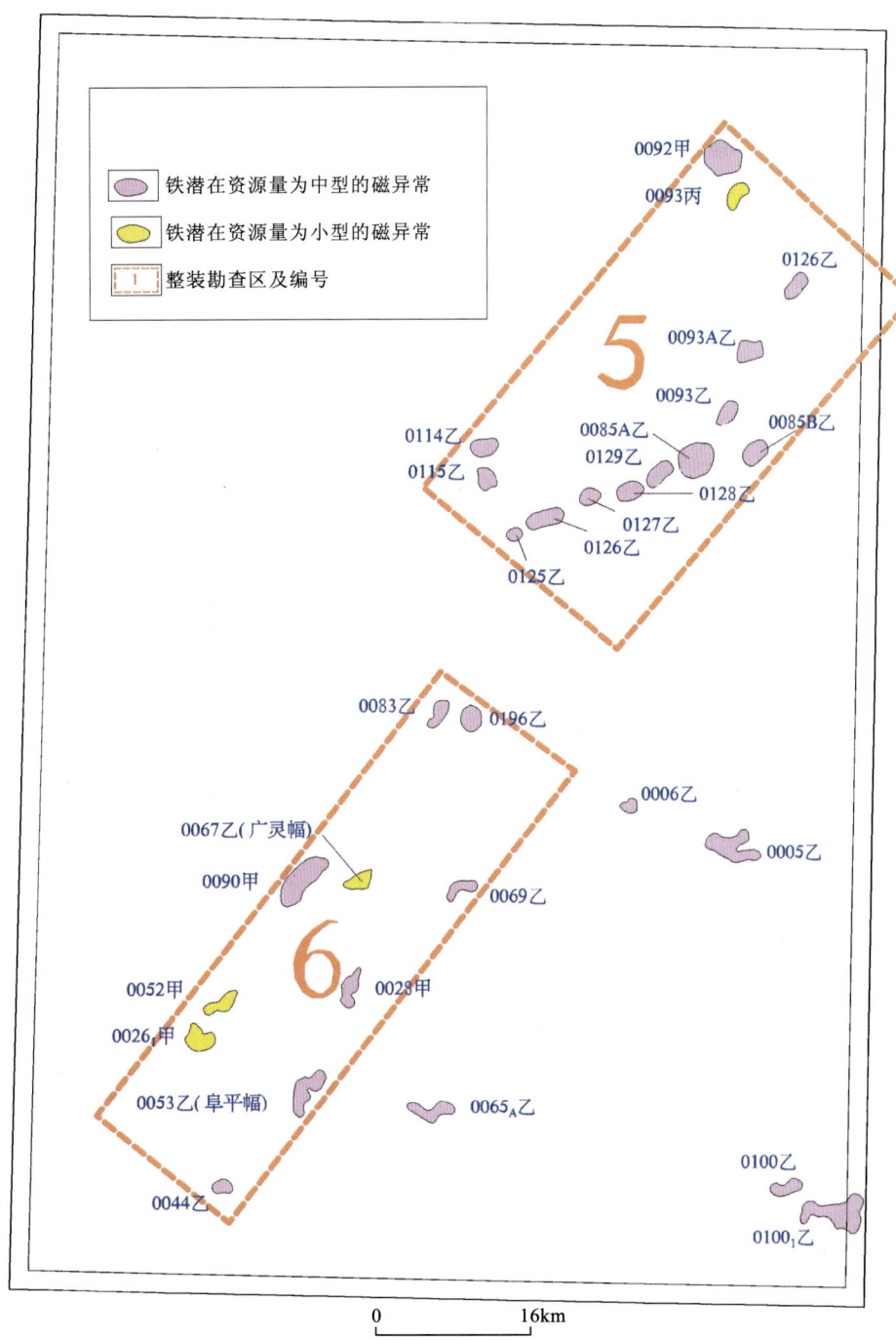

图 5-5 涞易铁矿预测区工作部署图

铁矿中型 7 处、小型 3 处。预测资源量 $22\,029.2×10^4$ t，资源潜力较大。综上本区划为磁性铁矿整装勘查区。

表 5-7 王安镇整装勘查区角点坐标

角点	X	Y
1	114°59′00″	39°34′25″
2	115°08′53″	39°28′57″
3	114°44′26″	39°03′06″
4	114°34′40″	39°08′53″

(三)阜平铁矿预测工作区工作部署

该区铁矿类型为沉积变质型,预测资源量为 69 042.7×10⁴t,共划分 2 个整装勘查区,整装勘查区以外的磁性铁矿异常可依据异常范围及预测资源量布置点上的工作。

勘查工作投入方法如下。

(1)1:1 万地面高精度磁测,网度 100m×20m。

(2)1:5 000 物探地质综合剖面,点距 10m;投入方法有高精度磁测,考虑到斜磁化影响,必要时剖面上也可以辅以高精度重力测量、可控源音频大地电磁测深、激电测深等工作。

(3)槽探、钻探。

工作顺序:由先到后依次为 7、8,见图 5-6。

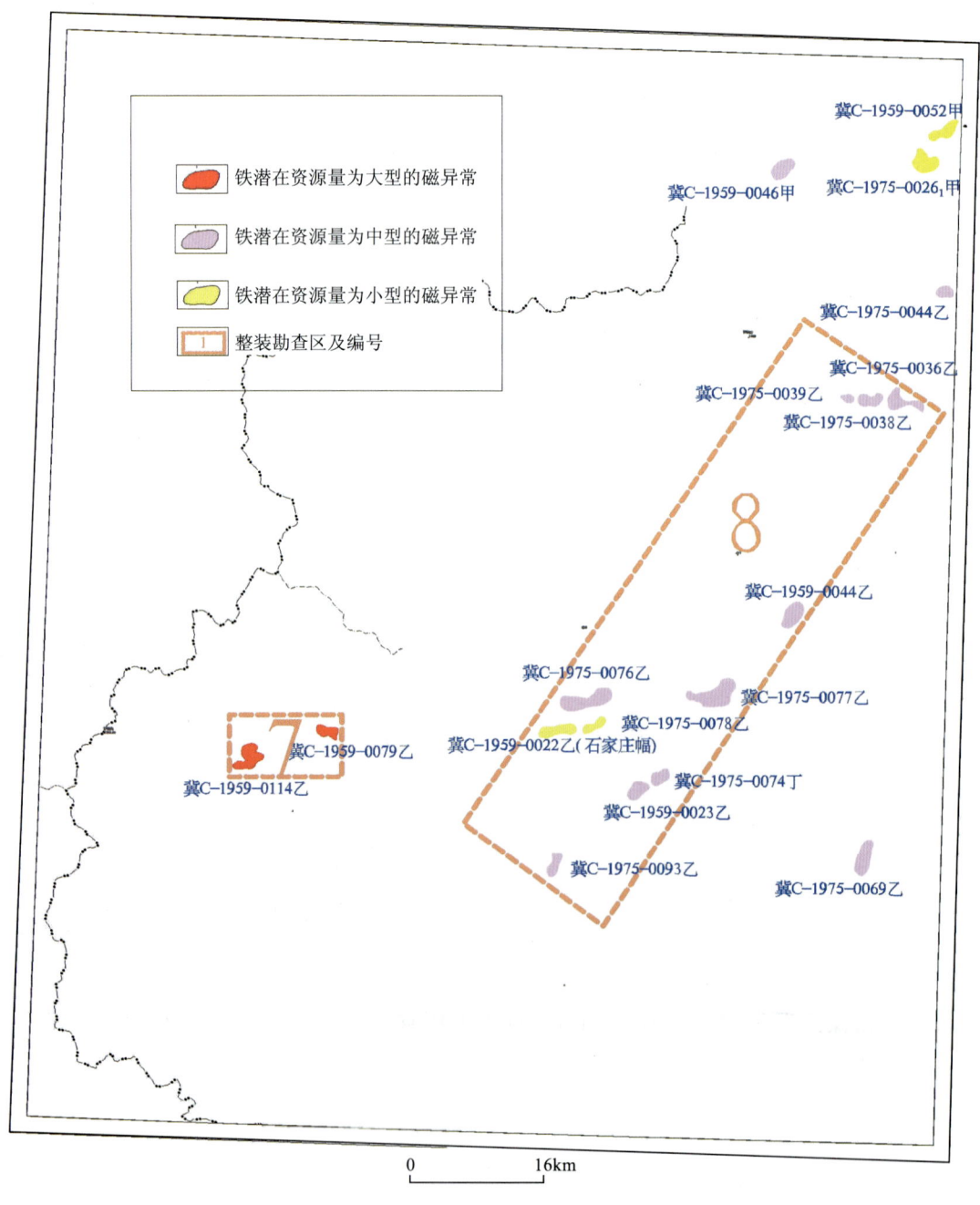

图 5-6　阜平铁矿预测区工作部署图

1. 将军墓整装勘查区(编号7)

该区位于阜平预测工作区西南部,面积103km^2,角点坐标见表5-8。

表5-8 将军墓整装勘查区角点坐标

角点	X	Y
1	113°45′37″	38°36′18″
2	113°55′03″	38°36′33″
3	113°55′15″	38°32′36″
4	113°45′45″	38°32′20″

本区位于五台-太行岩浆岩弧,出露地层主要为太古宙阜平群变质岩等,沉积变质型铁矿赋存在此地层中,成矿地质条件有利。区内由磁性铁矿或推断由磁性铁矿引起的磁异常2处,预测磁性铁矿大型2处,预测资源量为33 850.6×10^{4}t,资源潜力较大。综上本区划为磁性铁矿整装勘查区。

2. 走马驿-南燕川整装勘查区(编号8)

该区位于阜平预测工作区东部,面积1 487km^2,角点坐标见表5-9。

表5-9 走马驿-南燕川整装勘查区角点坐标

角点	X	Y
1	114°32′14″	39°02′59″
2	114°44′00″	39°57′15″
3	114°17′16″	38°23′37″
4	114°05′32″	38°29′48″

本区位于五台-太行岩浆岩弧,出露地层主要为太古代阜平群变质岩等,沉积变质型铁矿赋存在此地层中,成矿地质条件有利。区内由磁性铁矿或推断由磁性铁矿引起的磁异常11处,预测磁性铁矿中型10处、小型2处,预测资源量为28 461.1×10^{4}t,资源潜力较大。综上本区划为磁性铁矿整装勘查区。

(四)邯邢铁矿预测工作区工作部署

该区铁矿类型为矽卡岩型,预测资源量为137 858.6×10^{4}t,共划分1个整装勘查区,整装勘查区以外的磁性铁矿异常可依据异常范围及预测资源量布置点上的工作(图5-7)。

勘查工作投入方法如下。

(1)1∶1万地面高精度磁测,网度100m×20m。

(2)1∶5 000物探地质综合剖面,点距10m;投入方法有高精度磁测,考虑到斜磁化影响,必要时剖面上也可以辅以高精度重力测量、可控源音频大地电磁测深、激电测深等工作。

(3)槽探、钻探。

1. 邯邢整装勘查区(编号9)

该区位于邯邢预测工作区东北部,面积955km^2,角点坐标见表5-10。

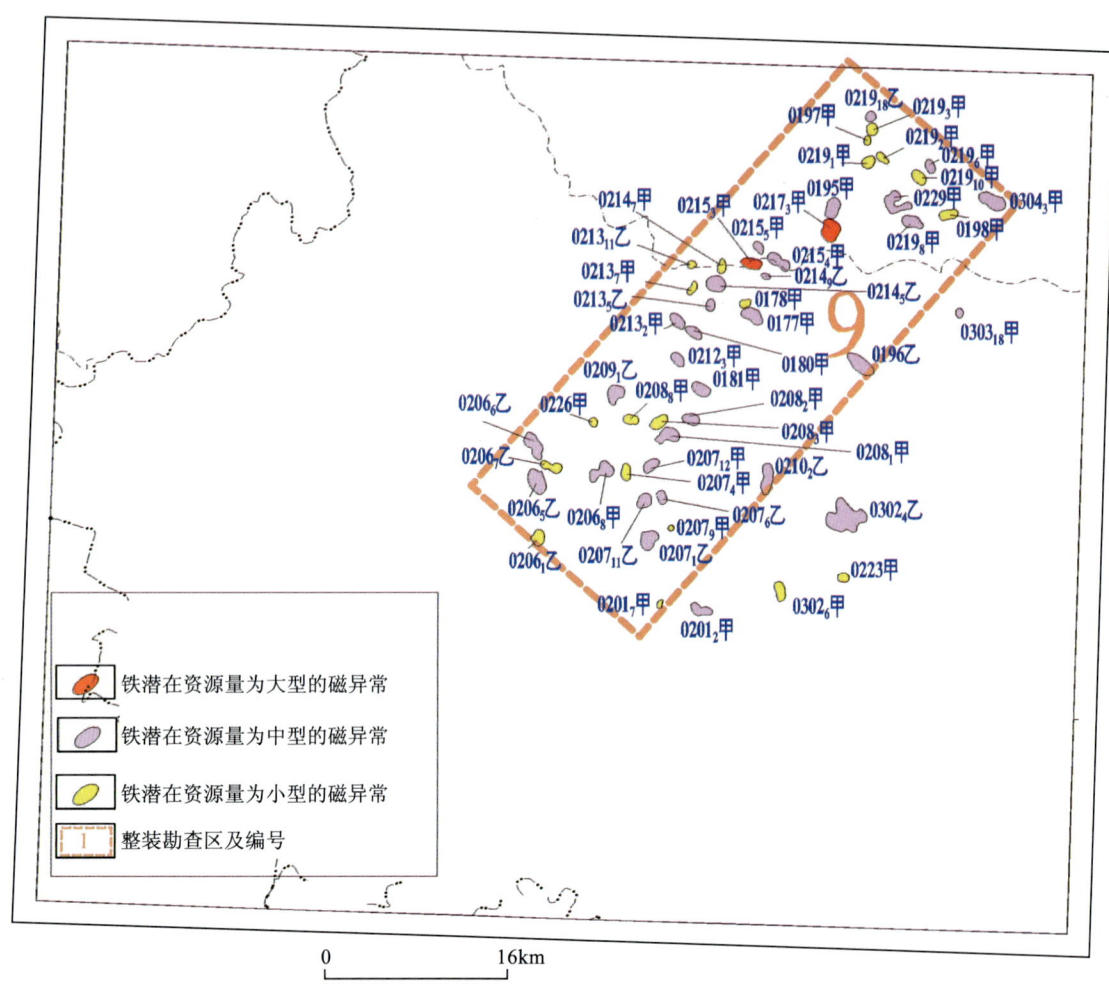

图 5-7　邯邢铁矿预测区工作部署图

表 5-10　邯邢整装勘查区角点坐标

角点	X	Y
1	114°15′44″	37°00′15″
2	114°25′44″	36°53′59″
3	114°04′39″	36°33′16″
4	113°54′39″	36°39′58″

本区位于晋东南碳酸岩台地，具有非常有利的矽卡岩型铁矿成矿地质条件。区内矽卡岩型铁矿产于碳酸盐岩与燕山期岩浆岩接触带，碳酸盐岩地层主要为中奥陶统马家沟组和磁县组及峰峰组地层，其中磁县组地层含矿性最好，一些大、中型矿床均赋存于该组地层中，如中关、西石门、王窑、北洺河铁矿等。马家沟组地层和峰峰组地层成矿条件相对较差，多为中型、小型矿床，前者如符山四矿、一矿、固镇、马家脑等，后者如矿山村、杨二庄等。区内岩浆岩十分发育，以燕山期中偏碱性岩浆岩为主。西部如符山岩体主要以闪长岩-角闪闪长岩为主；中部如矿山村岩体主要以闪长岩-二长岩类为主；东部洪山岩体以正长岩为主。与成矿关系密切的主要为燕山期第三阶段侵入的闪长岩类，其次为第二阶段的角闪闪长岩及闪长岩。本区由磁性铁矿或推断由磁性铁矿引起的磁异常45处，预测大型磁性铁矿2处、中型27处、小型16处，预测资源量$126\,230\times10^4$t，资源潜力巨大。综上本区划为磁性铁矿整装勘查区。

区内多处异常由已知铁矿引起，经预测其深部及外围找矿前景也较好，应注意已知矿深部或外围的找矿工作。

三、施工顺序建议

以上 9 个整装勘查区（见图 5-7）总面积 17 038km²，包含的资源潜力为 1 594 616.4×10⁴t，占全省预测资源量的 85.4%。综合考虑各整装勘查区的预测资源量大小和预测资源量密度，建议整装勘查区施工顺序为 4，3，1，2，9，7，5，6，8。具体情况见表 5-11。

表 5-11 整装勘查区施工顺序一览表

整装勘查区编号	预测区	预测资源量（$\times 10^4$t）			面积（km²）	预测资源总量（$\times 10^4$t）	预测资源量密度（$\times 10^4$t/km²）	施工顺序
		500m 以浅	1 000m 以浅	2 000m 以浅				
4	冀东（承德）	111 539.6	322 428.6	602 809.2	1 572	602 809.2	383.5	1
3		302 013	370 160.2	370 160.2	2 769	370 160.2	133.7	2
1		294 869.1	306 826.4	306 826.4	7 374	306 826.4	41.6	3
2		64 087.6	64 087.6	64 087.6	416	64 087.6	154.1	4
9	邯邢	61 551	126 230	126 230	955	126 230.0	132.2	6
7	阜平	28 792.1	33 850.6	33 850.6	103	33 850.6	328.6	5
5	涞易	39 283.4	40 162.1	40 162.1	1 315	40 162.1	30.5	7
6		19 869.3	22 029.2	22 029.2	1 047	22 029.2	21.0	8
8	阜平	20 647.8	28 461.1	28 461.1	1 487	28 461.1	19.1	9
合计		942 652.9	1 314 235.8	1 594 616.4	17 038	1 594 616.4	93.6	

注：预测资源量密度＝预测资源总量（$\times 10^4$t）/面积（km²）。

第四节 投入主要工作量及资金估算

初步估算主要工作量及资金投入，为决策部门提供可行性参考。

一、投入主要工作量估算

9 个整装勘查区总面积为 17 038km²，涉及由磁性铁矿引起的异常 244 处。根据这一基本情况，估算投入主要工作量如下。

1. 面积性高精度磁测

为统一工作精度和磁场水平，便于数据比对、处理和异常解释，本次工作建议全部勘查区按统一要求开展高精度磁测工作，面积性高精度磁测需布置面积 17 038km²，比例尺为 1∶10 000，网度 100m×20m。

2. 综合剖面

综合剖面投入的方法主要为高精度磁测、地质剖面测制，目的是解释高精度磁测工作中发现的异常，为进一步的工程布置提供依据。全部勘查区共包含 244 个磁性铁矿异常，经过地磁工作发现的异常可能会更多，初步按 244 个异常每个异常布置 10km 估算，全部剖面长度为 244（个）×10（km/个）＝2 440km。为提高异常解释的精度，建议比例尺为 1∶5 000，采用全仪法布设。

3. 探槽

由于 4 号司家营-滦南勘查区南部位于第四系覆盖区，有 6 处异常无法实施槽探工作，所以预计可实施槽探的异常约为（244－6）＝238 处，按每处初步投入探槽 500～1 000m³、平均 800m³ 计算，探槽总工作量为 238（处）×800（m³/处）＝190 400m³。

4. 钻探

由表 5-11 可知,500m 以浅预测资源量为 $942\,652.9\times10^4$ t,占预测资源总量的 59.1%;500～1 000m 以浅预测资源量为 $1\,314\,235.8-942\,652.9\times10^4$ t $=371\,582.9\times10^4$ t,占预测资源总量的 23.3%;1 000～2 000m 以浅预测资源量为 $1\,594\,616.4\times10^4$ t $-1\,314\,235.8\times10^4$ t $=280\,380.6\times10^4$ t,占预测资源总量的 17.6%。

根据以上预测资源量的在不同深度上的分布情况,初步估算钻探平均深度为 $500\text{m}\times59.1\%+1\,000\text{m}\times23.3\%+2\,000\text{m}\times17.6\%=880.5\text{m}$,约 900m。由于异常规模、资源量等不同,每个异常按 1～2 个钻孔、平均 1.5 个钻孔计算,投入的钻探总进尺为 $244(个)\times1.5(孔/个)\times900(\text{m}/孔)=329\,400\text{m}$。

5. 基本分析

槽探、钻探每一异常按 100 件计算,总计 $244(处)\times100(件/处)=24\,400$ 件。

二、投入资金估算

1. 估算依据

河北省财政厅、河北省国土资源厅、河北省物价局、河北省地质矿产勘查开发局印发的《河北省地质勘查项目预算标准(2010)(以下简称《省预算标准》)。

2. 取费

取费地形条件:考虑到邯邢、阜平、涞易等工作区主要为 4 级地形,冀东主要为 3 级地形,平均地形等级取为 3.5 级。

(1)1:10 000 高精度磁测取费标准为:8 556.5 元/km²。
(2)1:10 000 测网布设采用手持 GPS,取费标准为预算的 50%,$6\,022\times50\%=3\,011$ 元/km²。
(3)1:5 000 高精度磁测剖面点距 10m,取费标准为:2 247 元/km。
(4)1:5 000 地质剖面测量,中等复杂程度,取费标准为 2 183.83 元/km。
(5)剖面布设点距 10m,取费标准为 1 122.5 元/km。
(6)探槽,土石方,92 元/m³。
(7)钻探,0～900m,岩石级别Ⅶ级,取费标准为 1 212 元/m。
(8)钻探机台及青苗赔偿 65 000 元/个。
(9)基本分析,分析 TFe、mFe,取费:样品加工 45 元/件、TFe52 元/件、mFe38 元/件,合计 135 元/件。

3. 估算结果

根据以上情况,初步估算结果为 6.54 亿元,见表 5-12。费用估算不包括槽探、钻探素描、取样、工地建设等其他诸多费用,不包括地区系数,也不包括绩效评价、报告编写等内容。

表 5-12 投入资金估算表

工作方法	技术条件	单位	工作量	单位标准(元/单位)	估算(万元)
磁测	100m×20m	km²	17 038	8 556.5	14 578.6
测网布设	100m×20m	km²	17 038	3 011	5 130.1
磁测剖面	点距 10m	km	2 440	2 247	548.3
地质剖面测制	1:5 000,中等	km	2 440	2 183.83	532.9
剖面布设	点距 10m	km	2 440	1 122.5	273.9

续表 5-12

工作方法	技术条件	单位	工作量	单位标准(元/单位)	估算(万元)
探槽	土石方	m³	190 400	92	1 751.7
钻探	0～900m，Ⅶ	m	329 400	1 212	39 923.3
机台费、青苗费		个	366	65 000	2 379.0
基本分析	TFe，mFe	件	24 400	135	329.4
合计					65 447.2

从以上估算结果看，分阶段总计不足10亿元的投入，将带来河北省铁找矿的巨大突破，本工作部署经济及社会效益明显。

第五节 基础地质及找矿方面的一些建议

一、基础地质研究方面

本次工作收集和形成了一套较为系统的磁测资料和基础图件，在此基础上也进行了预测工作区及典型矿床的研究，推断了地质构造，取得了较好的效果。但仍可在基础地质研究方面发挥作用。

1. 利用重磁资料加强成矿规律的研究

本次工作对17个预测矿种划分了57个工作区，每一工作区都有明确的重点找矿元素，这些工作区的分布已经揭示了矿产空间分布的一些规律，但通过结合重磁资料研究仍可有新的发现。比如区内矿产主要分布在乌龙沟-上黄旗构重力梯级带上，在该带上矿产分布也有明显的规律，岩浆岩带的北端主要是银、萤石，中段主要是多金属，南段主要是铁、硫铁等；成矿时代上南端主要为燕山早期，而北端主要是燕山晚期；南段与成矿有关的岩体主要为中性岩，北端主要为酸性岩，等等。另外河北省的不同重力梯级带成矿专属性也不一样，如大庙-娘娘庙梯级带主要为铁、铬铁；密云-喜峰口主要为硫铁、金等。上述规律在重力及航磁特征上一定会有不同的反映，可以和地质结合研究其规律，等等。

2. 利用重磁资料研究深部地质信息

重磁场是浅表和深部地质体的综合反映，因而可以发挥重磁资料的优势，研究深部地质信息，为找矿预测服务。比如可以提取重力区域异常，与地震资料结合研究省内莫霍面的形态特征，进而划分深部地质构造。众所周知深部构造对浅部构造有明显的控制作用，不同的深部构造类型区域，其地层、构造及岩浆岩特点不同，成矿特点也不同。比如河北省多金属矿的产出主要与幔坡构造有关，而煤、石油、天然气等主要与幔隆构造有关，等等。因而利用重磁资料深入研究深部地质信息有利于查清矿产的分布规律，进而指导找矿预测工作。

二、找矿方面

通过本次找矿预测工作，基本查清了各工作区的航磁异常特征，结合地质矿产及其他物化探资料指出河北省今后找矿方向和工作建议。

1. 重视华北地台北缘多金属矿的找矿工作

华北地台北缘受东西向尚义-平泉深断裂带和北北东向乌龙沟-上黄旗断裂带的双重影响，构造岩浆活动强烈，海西期、燕山期岩体发育，同时发育有大规模的火山岩地层，为本区的成矿提供了有利的地质条件。从河北省地球化学图上看,银、钼等元素背景自南至北逐步增高,这些元素的地球化学异常也主要分布在河北省北部地区,因而河北省北部地区是银、钼等多金属元素的重点地区,有望实现突破。相关的工作区有围场小扣花营银矿预测工作区、丰宁营房银矿预测工作区、蔡家营-青羊沟银矿预测工作区、丰宁撒岱沟门-承德姑子沟钼矿预测工作区、承德县银矿预测工作区。这些工作区银、钼等多金属异常发育,是有利找矿区域,其找矿类型应以与火山岩次火山岩有关的热液型矿床为主。另外丰宁四岔口-万胜永萤石预测工作区、隆化-围场萤石预测工作区除主要寻找萤石外,其中的银、钼也应引起高度重视,其中发育有河北省重要的银、钼等多金属异常。在这些地区找矿,航磁可发挥重要的作用,利用航磁推断火山盆地、推断变质岩局部隆起都是有利的找矿部位。如蔡家营铅锌银矿、营房-牛圈子银矿都与结晶基底局部隆起有关。另外众多的银、钼多金属异常也主要分布在火山盆地边缘和局部隆起边缘。上述工作区中有大量的推断变质岩地层区、火山岩地层区,其边缘都是有利找矿部位,结合化探异常可以很快确定找矿靶区,迅速实现突破。

2. 重视太行山北段多金属找矿工作

河北省太行山北段位于乌龙沟-上黄旗构造岩浆岩带上,该带断裂构造及燕山期中酸性岩浆岩非常发育,多金属异常密布,是河北省重要的多金属成矿聚集区。该区域包括的预测工作区有大湾-镰巴岭银矿预测工作区、大湾-大河南钼矿预测工作区、涿鹿口前银矿预测工作区、宣化钼矿预测工作区。上述工作区均具有较好的成矿地质条件,是河北省实现银钼等多金属找矿突破的另一重点地区。航磁应重点发现其中的中酸性岩浆岩体引起的异常,主要表现为正的航磁异常,异常边部常常是岩体与元古宙地层的接触带,是接触交代型多金属矿的有利成矿部位;异常区内常常是斑岩型多金属矿的有利成矿部位。

3. 关于铁矿的找矿建议

(1)充分运用本次矿床资源潜力评价研究成果,在省内近 30 万 km^2 的区域内,总计部署 17 038km^2 的整装勘查工作,即可初步查清河北省 85.4% 的潜在铁矿资源。工作部署分为 9 个整装勘查区,投入的方法有地面高精度磁测、物探地质综合剖面、槽探、钻探等,经估算全部工作部署资金投入不足 10 亿元人民币,方案经济可行。为节省资金在整装勘查具体运行方面,可采取灵活的方式。比如财政资金负责完成面上的磁测工作,通过工作可筛选出一大批重点异常。对重点异常的后续勘查工作,可采取出让国有探矿权股权等的方式,大力引导社会资金投入,从而迅速高效地完成铁矿勘查工作。

(2)寻找盖层下隐伏铁矿。①从航磁异常图上看,司家营-滦南整装勘查区中部为负磁异常区,出露地层主要为中新元古代沉积岩,少见铁矿。但从地质上分析,中新元古代沉积岩之下为太古宙变质岩,推断其岩性与南北两侧的司家营、滦南地区一致,因此下伏变质岩也为含铁岩系,同样有较大的找矿前景,有望成为本区深部找矿的突破点,应引起今后工作高度重视。②在厚层第四系覆盖区,近年在冀东南鲁家坨、前所营等地区,通过 1:1 万地磁测量及钻探验证相继发现较好铁矿层,显示了厚层第四系覆盖区较好的找矿前景。这样的地区还有海兴异常区:位于沧州地区东部海兴县东南部,以漳卫新河为界与山东省接壤,异常区跨越两省边界。本区的航磁异常范围较大,航磁正异常呈北北东向、近南北向带状,长 60km,最宽 20km,峰值位于异常中南部,极大值 900nT,是河北省平原地区规模最大、强度最高的航磁异常。从地质上看,本区是一太古宇变质岩的隆起区,称为埕宁台拱。根据异常规模及强度推断,认为异常低值部分为变质岩引起,高值部分可能与变质铁矿有关。在变质岩中如果有铁矿赋存其规模一定可观。

(3)扩大已有铁矿床的找矿前景。已知矿区均为有利成矿部位,其成矿地质条件优越,在扩大找矿远景方面潜力巨大。首先通过综合分析地质、物化探资料确定矿区是否有新的找矿前景,其次对有进一步找矿前景的矿区确定找矿有利部位,必要时布置地面磁测,以期发现隐伏岩体、隐伏构造进而指导找矿勘探工作。本次航磁已知矿致异常(甲类)220 处,其中:已知沉积变质型铁矿引起的异常 129 处,分布在冀东区 119 处、阜平区 9 处、滦易区 1 处。岩浆岩型铁矿引起的异常 16 处,分布在承德区 13 处、阜平区 2 处、滦易区 1 处。矽卡岩型铁矿引起的异常 75 处,分布在邯邢区 62 处、滦易区 10 处、冀东区 3 处。因此应注意在甲类异常较多的冀东、承德区、邯邢区主要已知矿床外围和深部开展找矿工作。本次已知矿区新预

第五章 磁测工作部署建议

测资源量冀东区 $618\ 259.9\times10^4\text{t}$、承德区 $22\ 603.1\times10^4\text{t}$、邯邢区 $56\ 928.3\times10^4\text{t}$，总计 $697\ 791.3\times10^4\text{t}$，可见资源潜力巨大，是今后找矿工作的重点之一。

4. 关于部分覆盖区找矿建议及线索

(1) 金矿：金是河北省的重点优势矿种，主要分布在冀东、冀西、丰宁-隆化、涞易地区，已知矿及金异常在这些地区密集分布，地化特征较好的金异常多由已知矿引起。因此今后除重视已知矿外围及深部找矿外，应注意覆盖区的找矿工作。如冀西"金三角"地区东侧被大面积的侏罗系张家口组火山岩覆盖，覆盖区燕山期岩浆岩也很发育。覆盖层下应为变质岩，火山及岩浆岩侵入通道穿过下伏变质岩，为其中的金活化迁移富集成矿提供了条件，具有形成金矿的地质条件，应引起今后工作注意。

(2) 铅锌银多金属：夹于康保-围场断裂和尚义-赤城、丰宁-隆化断裂之间的东西向带状区域，即所谓的"内蒙地轴"是河北省重要的东西向铅锌银多金属成矿带。但该成矿带在张家口第三系汉诺坝玄武岩覆盖区被"屏蔽"了，覆盖区以东多金属矿和异常密集分布，这种密集分布的趋势是否会在覆盖区下部得以延续？这一问题应引起今后工作的重视，如有所发现，将是一个新的找矿突破点。

主要参考文献

成都地质学院等四院校编.应用地球物理学——磁法教程[M].北京:地质出版社,1980.
范正国,黄旭钊,熊盛青,等.磁测资料应用技术要求[M].北京:地质出版社,2010.
管志宁.地磁场与磁力勘探[M].北京:地质出版社,2005.
河北省地质矿产勘查开发局编.河北省地质·矿产·环境[M].北京:地质出版社,2006.
刘俊长,龚红蕾,刘军恒.河北省莫霍面和深部构造与矿集区的关系[J].物探与化探,2011,35(6):758.
刘俊长,龚红蕾,师淑娟.河北省地球化学异常集中区及其分布规律[J].物探化探计算技术,2012,34(4):475.
刘俊长,龚红蕾,张玉领,等.河北省1:50万区域物化探成果综合研究报告[R].河北省地球物理勘查院,2007.
裴荣富,翟裕生,张本仁.深部构造作用与成矿[M].北京:地质出版社,1999.
邢集善,刘建华,赵晋泉.华北板内深部构造[J].山西地震,2002,(4):3-12.
翟裕生,邓军,李晓波.区域成矿学[M].北京:地质出版社,1999.
张明华,乔计花,黄金明,等.重磁电数据处理解释软件RGIS[M].北京:地质出版社,2011.
张素兰,姚敬金,曹洛华.河北蔡家营铅锌银矿床地球物理——地球化学找矿模型[J].物探与化探,1999,23(3):161.